WISO: Immobilienfinanzierung

Michael Hölting war lange Zeit Chef vom Dienst bei WISO. Er ist jetzt in gleicher Funktion bei *Frontal 21*

Michael Hölting
Michael Opoczynski, Martin Leutke (Hrsg.)

Immobilien-
finanzierung

Campus Verlag
Frankfurt/New York

Immer aktuell

Über Gesetzesänderungen, die sich nach Redaktionsschluss ergeben haben, informieren wir Sie hier:

  www.campus.de/wiso/immobilienfinanzierung

Einfach den QR-Code scannen oder
auf unserer Website zum Buch nachschauen!

MIX
Papier aus verantwor-
tungsvollen Quellen
FSC® C008492
FSC
www.fsc.org

ISBN 978-3-593-39790-0

Copyright © 2012 Campus Verlag GmbH, Frankfurt am Main
Umschlaggestaltung: hauser lacour, frankfurt; melanie opad
Umschlagmotiv: © plainpicture
Gesetzt aus der Swiss 721 BT
Typografie & Herstellung: Julia Walch, Bad Soden
Druck und Bindung: Beltz Druckpartner, Hemsbach
Printed in Germany

Dieses Buch ist auch als E-Book erschienen.
www.campus.de

Inhalt

Einleitung

Mag der »Traum von den eigenen vier Wänden« noch so klischeehaft sein: Irgendwann wünscht sich jeder einmal eine eigene Immobilie. Die Beweggründe sind vielfältig. Der eine will unabhängiger sein und nicht regelmäßig eine Mieterhöhung akzeptieren müssen, der andere möchte die Sicherheit haben, nicht irgendwann einmal die Kündigung in den Händen zu halten. Wieder andere machen sich Gedanken über ihre Altersvorsorge und wollen vorbauen, damit sie ihr Leben später angenehm verbringen können. Der eine möchte die Immobilie selbst nutzen, der andere sieht sie als relativ sichere Kapitalanlage.

Im krassen Widerspruch zu diesem Sicherheitsdenken stehen Berichte von Menschen, die sich bei ihrer Immobilienfinanzierung total überschätzt oder verkalkuliert haben und für den Rest ihres Lebens einen Schuldenberg angehäuft haben. Häufig steckt dahinter, dass ihre Pläne unrealistisch waren, ihre Strategie falsch war oder sie auf die falschen Leute gesetzt haben. Genau dieses Schreckensszenario hält viele potenzielle Immobilieneigentümer von der Umsetzung ihrer Träume ab. Dabei ist die Lösung ihres Problems relativ naheliegend: Der Schlüssel zum Eigenheim heißt Information.

Das Spektrum der Immobilieninteressierten reicht weit. Da gibt es diejenigen, die noch keine konkreten Vorstellungen haben oder sich nicht so recht im Klaren sind, welche Immobilie sie sich überhaupt leisten können. Bei anderen geht es vielleicht um handfeste Fragen der Finanzierung, von der Erstinvestition bis zur Anschlussfinanzierung und zu steuerlichen Problemen.

Dieses Buch bietet allen etwas. Fragen werden beantwortet, andere werden neu aufgeworfen, um Problembewusstsein zu schaffen. Wer sich zum ersten Mal mit der Finanzierung einer Immobilie beschäftigt, sollte dieses Buch von vorne lesen, um Schritt für Schritt an seine Immobilie herangeführt zu werden. Der Profi wird sich für bestimmte Details der Objektfinanzierung interessieren. Er kann dieses Buch deshalb wie ein Nachschlagewerk verwenden und sich bestimmte Abschnitte herausgreifen.

Wie gesagt: Der Schlüssel zur Immobilie liegt darin, informiert zu sein. Dabei soll dieses Buch helfen. Ob er sich letztlich für oder gegen eine Immobilie entscheidet, muss jeder für sich selbst bestimmen. Um im Bild zu bleiben: Den Schlüssel muss am Ende jeder selbst umdrehen.

Immobilien-
erwerb

Selbstverständlich spielen vor allem finanzielle Gründe eine große Rolle, doch es gibt auch psychologische Hemmschwellen: Die meisten Immobilieninteressierten haben niemals zuvor in ihrem Leben eine so schwerwiegende und langfristige Entscheidung getroffen – sieht man einmal von Ehe und Familie ab. Es ist für viele im wahrsten Sinne des Wortes unvorstellbar, sich für eine so lange Zeit an ein Objekt zu binden. Zudem denken die meisten nur an zwei Möglichkeiten, wozu sie die Immobilie brauchen, nämlich als Kapitalanlage oder um selbst darin zu wohnen. Dabei gibt es durchaus interessante Alternativen, eine Immobilie zu erwerben oder zu nutzen.

Die Nutzung als Eigenheim

Immerhin fast die Hälfte der über 36 Millionen Privathaushalte sind Eigentümer an Grundstücken, Gebäuden und Wohnungen. Allerdings sind nur etwa zwei Drittel aller Haus- und Grundbesitzer Alleineigentümer von Eigenheimen oder Mehrfamilienhäusern, was wiederum das Vorurteil nährt: Die Deutschen sind im Vergleich zu den Europäischen Nachbarn so richtige Eigenheim-Muffel (die Eigenheimquote liegt in Deutschland bei rund 45 Prozent). Dennoch wünschen sich die meisten nichts sehnlicher als die eigenen vier Wände, es ist für sie nach wie vor das wichtigste Ziel im Leben.

Eine eigene Immobilie ist eine ziemlich teure Angelegenheit und bindet ihren Eigentümer unter Umständen finanziell ein Leben lang. Kurzfristig betrachtet fällt der Vermögensvergleich deutlich zugunsten des Mieters aus, gemessen daran, wie hoch seine monatliche Belastung durch die Miete im Vergleich zu den Finanzierungskosten eines Eigenheims im gleichen Zeitraum ausfällt. In der Regel ist mindestens in den ersten 15 Jahren die finanzielle Belastung des Immobilieneigentümers größer als die des Mieters.

Danach verkehrt es sich aber zunehmend ins Gegenteil. Und je mehr Jahre vergehen, umso besser schneidet der Eigenheimbesitzer ab. Unterm Strich kann ein Mieter seinem Vermieter in 30 Jahren knapp 275 000 Euro zahlen – ein Betrag, der viel sinnvoller in die eigene Immobilie investiert werden könnte. Zudem steigen ja häufig die Mieten immer weiter. Das trifft vor allem dann die Älteren unter uns. Denn wer kann schon davon ausgehen, dass die Rentenerhöhungen mit den zu erwartenden Mietsteigerungen Schritt halten? Gerade im Alter müssen deshalb Menschen immer mehr von ihrer monatlichen Rente für eine Mietwohnung ausgeben.

Immobilie als Kapitalanlage

Erst die Bankenkrise 2008 und dann die folgende Finanzkrise machte vielen Anlegern klar, wie unsicher die Investition in Aktien und andere Wertpapiere quasi über Nacht sein kann. Es wuchs die Erkenntnis, dass eine Immobilie eine vergleichsweise sichere Geldanlage ist. Inflationsängste heizen das Kaufinteresse bei Immobilien zusätzlich an. Weil außerdem jahrelang zu wenige Wohnungen gebaut wurden, werden die Immobilienpreise kräftig in die Höhe getrieben. Das war nicht immer so: Immobilieneigentümer schauten um die Jahrtausendwende etwas neidisch auf alle Aktienbesitzer, die von unglaublichen Wertsteigerungen und Renditen erzählen konnten. Nach dem steilen Aufstieg der Aktie kam aber der ebenso steile Absturz.

Doch auch mit Immobilien kann man schlechte Erfahrungen machen. Es war das »Betongold« der 1990er Jahre, das Heerscharen von Steuersparern in die neuen Bundesländer trieb und in Immobilien investieren ließ, staatlich sanktioniert durch unglaublich hohe Steuergeschenke. Goldgräberstimmung in Ostdeutschland: Auf grünen Wiesen, am Rande von mehr oder weniger maroden Städten, entstanden riesige Wohngebiete und Siedlungen, deren Gebäude nach Aussehen und Ausstattung nichts zu wünschen übrig ließen. Nach dem Motto: Je teurer, desto größer die Steuervorteile.

Bei aller Steuerspar-Euphorie – oder eher -Hysterie – hatten die Immobilienanleger etwas schlicht übersehen: Es fehlten die Menschen, die es sich leisten konnten, in diesen Prachtbauten zu wohnen. Deshalb sieht es dort noch heute vielfach ähnlich wie in den Geisterstädten früherer Goldfundstätten aus. Zwar muten die Gebäude sehr schmuck an, nur sind sie leider nicht mehr bewohnt und waren es vielfach auch noch nie.

Die Immobilieneigentümer hatten nicht bedacht, dass neben der Rendite auch die Lage eines Objekts darüber entscheidet, ob es sich lohnt, sein Geld in eine Immobilie zu stecken. Das dicke Ende kam, als es mit den Steuergeschenken vorbei war.

Rendite

Fehler Nummer eins, den diese Anleger gemacht haben: Der Kauf oder Bau einer Immobilie sollte sich nicht erst nach Steuern rechnen, sondern schon davor. Die erste Frage also, die sich ein Investor immer stellen muss: Bekomme ich für mein Objekt so viel Miete, dass mindestens meine Finanzierungskosten gedeckt sind? Und damit es darüber hinaus tatsächlich ein Renditeobjekt ist: Sind die Einnahmen aus der Immobilie außerdem so hoch, dass mein eingesetztes Kapital ausreichend verzinst wird, jedenfalls langfristig gesehen?

Erst dann kommen die Steuervorteile ins Spiel, die der Staat beim Bau oder Kauf einer Immobilie einräumt. Die Steuerersparnis ist quasi das Sahnehäubchen, eine Zusatzrendite, deren Höhe davon abhängt, wie geschickt man den Gestaltungsspielraum nutzt, um – wohlgemerkt: ganz legal – zusätzlich Steuern zu sparen. Im »Fall Ostdeutschland« haben sehr viele Anleger nur nach dieser Zusatzrendite geschielt und leider nie danach gefragt, ob die »eigentliche« Rendite stimmt.

Lage

Fehler Nummer zwei dieser Ost-Anleger: Sie haben sich zu wenig für die Lage ihrer Immobilie interessiert und damit so ziemlich alles vernachlässigt, was Miet- und Wertzuwächse eines solchen Objekts beeinflusst. Es gibt eine alte Anlegerweisheit: Man kaufe das schlechteste Haus in der besten Lage. Der Grund ist simpel. Immobilie kommt von immobil und heißt unbeweglich. Das bedeutet: Die Lage einer Immobilie ist nicht veränderbar, wohl aber deren baulicher Zustand und Ausstattung.

Je nachdem, wo sich das Gebäude befindet, wird man in Zukunft mit Wertsteigerungen der Immobilie rechnen können. Jetzt stellt sich die Frage: Woran erkennt man eine gute Lage? Die Antwort: Es kommt auf mehrere Dinge an, zum Beispiel auf die Anbindung an öffentliche Verkehrsmittel, auf die Infrastruktur, auf Einkaufsmöglichkeiten, auf das Schulangebot, darauf, welche kulturellen Einrichtungen vorhanden sind, wie groß der Erholungswert ist, also welche Freizeitangebote und welche Möglichkeiten der Naherholung es gibt.

WISO Tipp

Um die Lage einer Immobilie richtig beurteilen zu können, müssen Sie sich vor Ort selbst einen Eindruck verschaffen. Die einfachste Messgröße ist immer noch das eigene Wohlbefinden: Wenn Sie die Frage mit »Ja« beantworten können, ob Sie unter Umständen selbst dort in eine Wohnung oder in ein Haus einziehen würden, haben Sie schon die halbe Miete beisammen.

Außerdem sollte darauf geachtet werden, ob sich die Immobilie in einer Gegend mit hoher Arbeitslosenquote befindet oder ob es sich um eine prosperierende Region handelt. Handelt es sich um eine Universitätsstadt (Bedarf an kleinen Wohnungen) oder um eine Vorstadt mit jungen Familien (Bedarf an größeren Wohnungen)? Letztlich hängt es auch davon ab, ob das Wohnungsangebot in der Gegend, in der man kaufen (oder bauen) will, schon groß genug ist oder ob weiterhin Nachfrage besteht.

Das sind alles Fragen zur »Lagebeurteilung«, die ein Makler oder ein Hochglanzprospekt aus der Ferne mit Sicherheit nicht beantworten können. Deshalb führt kein Weg an einer persönlichen Besichtigung vorbei.

Leider hatten sich viele Käufer von Immobilien in Ostdeutschland diese Frage wohl nie gestellt. Zwar profitierten sie zunächst von der Steuerersparnis, doch irgendwann will schließlich auch das Darlehen getilgt werden. Als die versprochenen Mieterträge und deren Zuwächse ausblieben, wurde das Immobilienengagement langfristig zu einer echten Schuldenfalle.

Günstig im Alter wohnen

Wer in eine Immobilie in erster Linie deshalb investiert, damit er im Rentenalter finanziell möglichst wenig belastet und unabhängig wohnen kann, hat durchaus weitere Möglichkeiten, als nur mietfrei in den eigenen vier Wänden zu wohnen: betreutes Wohnen, Verkauf auf Rentenbasis, ein Umkehrdarlehen oder das Wohnungs- und Nießbrauchrecht.

Betreutes Wohnen

Betreutes Wohnen wird in Deutschland immer beliebter. Alte Menschen wohnen dabei eigenständig in abgeschlossenen Wohneinheiten, die alten- und behindertengerecht sind. Ihre Bewohner können Serviceleistungen individuell auswählen und bezahlen nur für die Hilfe, die sie wirklich beanspruchen. Das ermöglicht auch im hohen Alter ein weitestgehend unabhängiges Leben in den eigenen vier Wänden.

In diesen Anlagen kann man sich je nach Projekt und Konzept eine Wohnung mieten oder kaufen. In beiden Fällen hat man für die Miete oder die Ratenzahlungen sowie für die laufenden Kosten der Wohnung aufzukommen. Der zusätzliche Service, wie Putzen oder Einkaufen, kann je nach Wunsch hinzugekauft werden. In einigen Wohnanlagen ist es sogar möglich, als Pflegefall eigenständig zu wohnen. Allerdings kann das sehr teuer werden, unter anderem deshalb, weil die Pflege in betreuten Wohnanlagen als ambulantes Angebot angesehen wird, dessen Pflegesatz deutlich niedriger liegt als bei der stationären Pflege.

WISO Tipp

Wenn Sie sich also zum Service-Wohnen entschließen, müssen Sie sich des Risikos bewusst sein, dass Sie finanziell schnell in die Enge geraten können, falls es Ihnen gesundheitlich schlechter geht.

Wer sich eine solche Wohnung kauft, muss meistens sein Erspartes opfern oder eine andere Immobilie verkaufen. Oder er investiert langfristig in eine solche Immobilie, zum Beispiel über einen geschlossenen Immobilienfonds. Bei diesem Modell kann die Wohnung an jemanden vermietet werden, bis man später selbst dort einziehen möchte. Ein solcher Fonds ist wegen möglicher Sonderabschreibungen auch steuerlich interessant.

Wie bei Immobilieninvestitionen generell kommt es bei diesen Wohnanlagen auf den Preis und erst recht auf die Lage des Objekts an. Wichtig ist hier zum Beispiel eine günstige Infrastruktur, die von der Post bis zur Nahverkehrsanbindung alles bietet, damit man sich auch als älterer Mensch wohlfühlt und nicht bei den Erledigungen im Alltag ständig auf die Hilfe anderer angewiesen ist.

DIN-Norm 77800

Vorsicht vor »umetikettierten« Wohnanlagen: Es gab in der Vergangenheit mehrere Objekte, bei denen ganz normale Wohnanlagen wegen ihrer schlechten Vermarktungs- und Verkaufschancen einfach zu Service-Wohnprojekten erklärt wurden. Ein möglicher Indikator, um »echte« von »umetikettierten« Anlagen unterscheiden zu können, ist die DIN-Norm 77800, die für interessierte Kunden, aber auch für Bauträger und Dienstleistungsanbieter entwickelt wurde, um einen einheitlichen Qualitätsmaßstab zur Verfügung zu haben. Sie ist eine Dienstleistungs- und keine Produktnorm, das heißt, nicht die baulichen Anforderungen bilden den Schwerpunkt, sondern die unter dem Begriff betreutes Wohnen zu fassenden komplexen Dienstleistungen. Die Norm behandelt deshalb ganz unterschiedliche Aspekte, also die erforderliche Transparenz des Leistungsangebots, zu erbringende Grund- und Wahlleistungen, die Anforderungen an das Wohnangebot (zum Beispiel an Größe und Ausstattung, ob es behindertengerecht ist), aber auch Fragen der Vertragsgestaltung.

Die Mehrkosten, die zur Einhaltung der Norm anfallen, sind gar nicht so hoch. Experten meinen, dass sie höchstens um 5 Prozent über den Kosten anderer Wohnungen liegen sollten. Teuer ist das Service-Wohnen vor allem durch die Gemeinschaftsanlagen, die anteilig gezahlt werden müssen. In Großstädten wie München muss teilweise doppelt so viel für eine solche Wohnung gezahlt werden wie für eine herkömmliche. Ungerechtfertigt, meinen die Experten.

Wichtig ist auch, wie hoch die Grundpauschale ist, die alle Bewohner für die Notrufanlage oder Gebäudeinstandhaltung entrichten müssen. Die Pauschale liegt in der Regel zwischen 30 und 100 Euro im Monat.

Verkauf auf Rentenbasis

Eine Alternative ist der Verkauf der eigenen Immobilie auf Rentenbasis. Das bedeutet: Jemand kauft die Immobilie, indem er dem Eigentümer anstelle des Kaufpreises in den nächsten Jahren eine laufende Rente zahlt. Diese Rente steuert zum Lebensunterhalt des Verkäufers bei. Dabei kann das Rentenmodell ganz unterschiedlich gestaltet sein, etwa als gleich hohe monatliche Zahlungen oder als hoher Einmalbetrag, dem geringere Rentenbeiträge folgen. Ein Rentenvertrag muss notariell beurkundet werden.

WISO Tipp

Wenn Sie absolut auf Nummer sicher gehen möchten, sollten Sie sich von einem Sachverständigen bestätigen lassen, dass die Wohnung die DIN-Norm erfüllt.

WISO Tipp

Die Wohnung in einem solchen Objekt sollte nicht mehr als 15 bis 20 Prozent über dem ortsüblichen Verkaufspreis anderer Wohnungen liegen.

Man kann sich für eine Leib- oder eine Zeitrente entscheiden. Eine Leib- Leibrente
rente wird bis zum Tode des Verkäufers gezahlt und bedeutet aus seiner
Sicht Sicherheit bis an sein Lebensende. Dafür sind die monatlichen Raten geringer. Bei einer Zeitrente werden die Höhe und die Anzahl der Zeitrente
Renten genau festgelegt. Lebt der Verkäufer länger, muss er ohne diese
Zusatzrente auskommen. Deshalb wird in den meisten Fällen eine Leibrente vereinbart.

Problematisch ist die Höhe der Rentenzahlungen. Zum einen richtet sie
sich nach dem Kaufpreis der Immobilie, meistens nach dem Verkehrswert
(siehe auch Kapitel Abschreibungen Seite 198), wobei auch geklärt werden muss, wie hoch dieser Kaufpreis Jahr für Jahr verzinst werden soll.
Zum anderen muss die Lebenserwartung des Verkäufers berücksichtigt
werden. Daraus ergibt sich die Laufzeit und mit der Vereinbarung über die
Verzinsung des Kaufpreises auch die Höhe der zukünftigen Rentenzahlungen.

Für die Rentenzahlungen gelten folgende Grundsätze, die der Bundesfinanzhof aufgestellt hat (Urteil v. 18. 5. 2010, AZ: X R 32-33/01):

- Der Ertragsanteil, also der Zinsanteil aus den Rentenzahlungen, kann
  nicht als Sonderausgabe abgezogen werden. Er stellt ein Entgelt für die
  Überlassung von Kapital dar.
- Nur für den Sonderfall der Vermögensübergabe gegen Versorgungs-
  leistungen kommt ein steuerlicher Abzug als dauernde Last in Betracht.
  Wenn wie im Regelfall die wiederkehrenden Leistungen jedoch als Ver-
  äußerungsrente auf einem entgeltlichen gegenseitigen Austauschver-
  trag beruhen, kommt es nur zu einer zeitlich gestreckten entgeltlichen
  privaten Vermögensumschichtung.
- Beim Empfänger wird der Ertragsanteil im Rahmen der Ren-
  teneinkünfte und nicht im Rahmen der Kapitaleinkünfte versteuert. Damit ist der nur bei Kapitaleinkünften abziehbare
  Sparerfreibetrag bzw. Sparer-Pauschbetrag nicht anwendbar.

Eine ähnliche Konstruktion mit einer völlig anderen Zielrichtung
ist die vorweggenommene Erbfolge: Eltern überlassen ihren
Kindern schon zu Lebzeiten eine vermietete Immobilie mit der
Maßgabe, dass ihnen aus den Mieteinkünften Versorgungsleis-
tungen zukommen, etwa in Form von Rentenzahlungen. Das
kann auch steuerlich sehr interessant sein, denn unter bestimmten Voraussetzungen sind für die Kinder diese Unterhaltszah-
lungen als Sonderausgaben bei der Einkommensteuer abzugs-

WISO Tipp

Prüfen Sie gemeinsam
mit einem Steuerberater, ob
die Verträge wasserdicht sind
und das Verhältnis von Miet-
erträgen zu Unterhaltszahlun-
gen eine bestimmte Größenordnung hat. Sonst akzeptiert
das Finanzamt eine vorweggenommene Erbfolge nicht –
mit dem Ergebnis höherer
Steuerbelastungen!

fähig. Im Gegenzug müssen die Eltern diese Leistungen zwar versteuern, unterliegen aber unter Umständen einem viel geringeren Steuersatz als ihre Kinder, weil sie im Ruhestand sind und weniger Einkommen haben.

Umkehrdarlehen

Seit einiger Zeit bieten Kreditinstitute in Deutschland sogenannte Umkehrdarlehen an. Eigenheimbesitzer können damit ihr monatliches Einkommen aufbessern, ohne die Immobilie verkaufen zu müssen; am Grundbucheintrag ändert sich nichts. Der Kreditgeber zahlt das Darlehen entweder in einem einmaligen Betrag oder in monatlichen Raten aus. Im Gegenzug belastet er die Immobilie in Höhe des Kredits inklusive Zinsen. Voraussetzung für ein Umkehrdarlehen ist, dass die Immobilie ganz oder wenigstens nahezu schuldenfrei ist.

Der Vertrag endet in der Regel mit dem Tod des Kreditnehmers. Die Erben müssen dann entscheiden, ob sie das Darlehen zurückzahlen und das Haus behalten wollen oder ob sie die Immobilie dem Kreditgeber überlassen, der damit das Kreditkonto ausgleicht. Erzielt das Institut dabei einen Erlös, der über die Darlehenssumme hinausgeht, bekommen die Erben den Restbetrag.

WISO Tipp

Es gibt auch Verträge, die nicht nur durch den Tod des Kreditnehmers enden, sondern auch durch einen Umzug, etwa wenn man – und sei es nur übergangsweise – in ein Pflegeheim muss. Wer also auszieht, kann womöglich nicht mehr in sein Haus zurück. Daher sollten Sie sich genau überlegen, ob Sie nicht von vornherein einen solchen Fall vertraglich ausschließen.

Interessant ist ein Umkehrdarlehen für denjenigen, der keine Kinder hat oder bei dem die Erben kein Interesse daran haben, die Immobilie selbst zu nutzen. Der finanzielle Verlust bei einem frühzeitigen Tod ist – anders als bei einer Leibrente – klein. Sollte der Kreditnehmer nur wenige Monate nach Vertragsabschluss sterben, sind auch seine Schulden gering.

Der Kreditgeber geht aus seiner Sicht bei einem Umkehrdarlehen ein erhöhtes Risiko ein, weiß er doch zum Beispiel nicht, wie sich die Immobilienpreise entwickeln werden, wie viel also die Immobilie am Ende der Laufzeit wert ist, und – eng damit verknüpft – wie alt der Kreditnehmer wird. Der Beleihungswert liegt deswegen manchmal nur bei 30 bis 40 Prozent (siehe auch das Kapitel Beleihungswert auf Seite 71 ff.), weswegen die monatlichen Auszahlungen auch sehr gering ausfallen können. Alternativ kann die Rente auch über eine vorab festgelegte Zeit vereinbart werden. Das minimiert das Risiko für den Kreditgeber und erhöht die Rente. Leben die Eigentümer nämlich dann länger, wird die Rentenzahlung eingestellt. In jedem Fall gilt: Je älter der Immobilieneigentümer bei Vertragsabschluss ist, umso höher sind die monatlichen Zahlungen.

Wohnungs- und Nießbrauchrecht

Es besteht außerdem die Möglichkeit, die eigene Immobilie zu verkaufen, sich aber vertraglich das Recht einräumen zu lassen, die Immobilie oder wenigstens einen Teil davon weiter bewohnen zu dürfen (Wohnungsrecht) oder sämtlichen Nutzen aus der Immobilie ziehen zu können (Nießbrauchrecht).

Der Fall des Wohnungsrechts kann dann interessant sein, wenn es sich zum Beispiel um ein Mehrfamilienhaus handelt. Die Immobilie wird verkauft, man lässt sich aber das Recht einräumen, eine der Wohnungen selbst zu nutzen, das heißt, sie auch vermieten zu dürfen, ohne dass der Eigentümer dagegen etwas einwenden kann. Die anderen Wohneinheiten werden vom Eigentümer bewirtschaftet. Häufig wird ein Wohnungsrecht im Familienverbund eingeräumt, wenn zum Beispiel die Eltern den Kindern ein Haus überlassen. Ein Wohnungsrecht muss notariell beurkundet und im Grundbuch eingetragen werden. Es ist weder vererb- noch veräußerbar, es sei denn, dies ist im Vertrag gestattet. Wenn der Rechteinhaber dort ausdrücklich auf die Ausübung seines Rechts verzichtet, kann die Überlassung des Wohnrechts sogar formlos erfolgen beziehungsweise sich stillschweigend vollziehen. Wohnungsrecht

Ähnlich dem Wohnungsrecht, nur viel umfänglicher, ist das Nießbrauchrecht. Sehr weit gefasst kann dieses Recht bedeuten, dass jemand eine Immobilie verkauft, der Nutzen daraus aber bei ihm als Nießbraucher verbleibt. So kann zum Beispiel ein vermietetes Mehrfamilienhaus verkauft werden, sodass der Eigentümer wechselt, doch sämtliche Mieteinnahmen gehen an den Nießbraucher. Nießbrauchrecht

Normalerweise muss der Nießbraucher dann auch sämtliche Lasten tragen, die mit der Bewirtschaftung einer Immobilie verknüpft sind. Diese Nutzungsrechte können aber modifiziert werden, beispielsweise so, dass der Eigentümer sämtliche Lasten trägt. Umgekehrt können auch die Nutzungsrechte für den Nießbraucher eingeschränkt werden. Ein Nießbrauchrecht muss jedenfalls beurkundet und im Grundbuch eingetragen sein. Das Recht erlischt mit dem Tod des Nießbrauchers.

Nießbrauchrechte werden häufig im Familienverbund angewendet. Die Eltern überlassen ihren Kindern beispielsweise eine Immobilie, verbringen dort aber ihren Lebensabend, und mit ihrem Tod geht der Nutzen aus dieser Immobilie an die Kinder über.

Bei einem Zuwendungsnießbrauch lassen sich Mieteinkünfte auf andere übertragen, etwa auf die eigenen Kinder. Die Eltern bleiben beim Zuwen- Zuwendungs-
nießbrauch dungsnießbrauch Eigentümer mit allen Rechten und Pflichten, den Ertrag haben aber andere, was im Grundbuch eingetragen wird. Der Vorteil: Kinder, egal welchen Alters, haben einen eigenen Grundfreibetrag beim Finanzamt. Die Nachteile: Es geht die Abschreibung verloren, weil der Immobilieneigentümer keine Einnahmen mehr hat. Der Nutznießer wiederum hat kein Abschreibungsrecht, weil er keine Anschaffungs- und Herstellungskosten hatte.

Der Zuwendungsnießbrauch unterliegt als Schenkung der Steuer, und zwar generell mit dem sogenannten Kapitalwert des Nießbrauchs. Das ist der hochgerechnete Finanzvorteil des Nutznießers. Dafür gibt es wie bei anderen Schenkungen auch alle zehn Jahre wieder neu die steuerlichen Freibeträge.

Vorbehaltsnießbrauch Beim Vorbehaltsnießbrauch wird der Nutznießer neuer Eigentümer, die Erträge bleiben beim alten Eigentümer. Die verfügen zwar nicht mehr über das Eigentum selbst, können aber weiter über die Erträge Werbungskosten sowie Abschreibungsabzug geltend machen. Eltern können so ihr Vermögen nach und nach auf die Kinder übertragen und die alle zehn Jahre möglichen Freibeträge ausschöpfen. Damit lässt sich oft verhindern, dass beim späteren Erbfall die Kinder Erbschaftsteuer zahlen müssen, weil die Freibeträge überschritten wurden.

Wohnungs- und Nutzungsrechte haben unterm Strich zwei entscheidende Nachteile: Zum einen ist eine mit diesen Rechten belastete Immobilie praktisch unverkäuflich, was ja durchaus im Sinne der Rechte-Inhaber sein mag. Zum anderen sind damit in einigen Fällen – je nach Vertragskonstruktion – erhebliche steuerliche Nachteile verknüpft, sowohl für den Eigentümer als auch für den Rechte-Inhaber. Wer sich also zu einem solchen Schritt entschließt, sollte vorab einen in Immobilienangelegenheiten gewieften Steuerberater zurate ziehen.

Fazit

Langfristig rechnet sich Immobilieneigentum gegenüber der Miete. Wer sich eine Immobilie als Kapitalanlage anschafft, sollte zunächst auf zwei Dinge achten:

– auf die Rendite des eingesetzten Kapitals, und zwar *vor* Steuern,

– auf die Lage der Immobilie, die für die Wertentwicklung entscheidend ist.

Wer seine Immobilie in erster Linie als eine Form der Altersvorsorge betrachtet, der hat im Alter neben der Selbstnutzung vielfältige Möglichkeiten der Verwendung und Verwertung.

Die passende Immobilie finden

Das passende Haus oder die passende Wohnung zu finden dürfte wohl die größte Hürde auf dem Weg zum Immobilieneigentümer sein. Hier sollen zunächst einige grundlegende Aspekte beleuchtet werden, die bei der Suche nach der passenden Immobilie wichtig sind: Will ich die Immobilie selbst nutzen oder als Kapitalanlage? Soll ich kaufen oder bauen? Und was gilt es zu beachten, wenn ich die Dienste von Maklern oder Bauträgern in Anspruch nehme?

Kaufen

Wer sich für den Kauf einer Immobilie entscheidet, muss zwar Einbußen bei der Individualität des neuen Eigenheims hinnehmen, kann aber unter Umständen auf ein günstiges Angebot stoßen und vermeidet den ganzen Ärger, der in der Regel mit dem Bau eines Hauses verbunden ist. Trotzdem birgt natürlich auch der Kauf einige Risiken.

Ein geeignetes Objekt lässt sich über die Zeitung, über einen Makler, über das Internet, bei Zwangsversteigerungen (siehe unten), bei Bausparkassen und Banken, auch der eigenen Hausbank, finden.

Makler

Wenn ein Makler helfen soll: Woran kann man einen seriösen Anbieter erkennen? Ein Makler macht nichts anderes, als dem Immobilieninteressierten die Arbeit abzunehmen, sich selbst nach einem geeigneten Objekt umzuschauen. Er soll als Vermittler den Nachfrager an den Anbieter einer Immobilie heranführen, damit die beiden einen Bau- oder Kaufvertrag abschließen. Für diese Dienstleistung bekommt er eine Provision.

Soweit die Theorie. In der Praxis kommt es jedoch häufig genug vor, dass man als Laie an schwarze Schafe gerät, die einem das Blaue vom Himmel herunterlügen und das Geld kassieren, ohne eine echte Gegenleistung erbracht zu haben. Das Hauptproblem dabei ist: Die Maklertätigkeit ist kein Ausbildungsberuf, es bedarf keiner besonderen Kenntnisse oder Fertigkeiten und keiner speziellen Eignungsprüfung – sieht man davon ab, dass ein Makler nicht vorbestraft sein darf.

Damit man nicht an einen Gelegenheitsmakler gerät, sollte er zumindest Mitglied in einem Berufsverband sein, nämlich beim Immobilienverband Deutschland (IVD), zum dem sich die früheren Berufsverbände, der Ring Deutscher Makler (RDM) und der Verband Deutscher Makler (VDM) zusammengeschlossen haben.

Wichtig ist auch der äußere Eindruck eines Maklerbüros. Deshalb sollte man den Makler immer dort besuchen. Ist er zu normalen Geschäftszeiten erreichbar, gibt es einen Festanschluss oder nur eine Handynummer? Beginnt der Makler seine Tätigkeit, ohne sofort Geld zu verlangen? Wenn ja, sollte man seine Mithilfe sofort ablehnen. Kennt er sich in rechtlichen und steuerlichen Fragen aus? Besser noch: Hat er Mitarbeiter zur Hand, die ihn in solchen Fragen unterstützen? Schließlich kann einer auch nicht alles wissen.

WISO Tipp

Die Zugehörigkeit zu einem Berufsverband ist keine Garantie, dass Sie es mit einem kompetenten Makler zu tun haben. Umgekehrt ist ein Nichtmitglied nicht unbedingt unseriös.

Wichtige Kriterien für die Glaubwürdigkeit eines Maklers sind auch Art und Zeitpunkt von Objektangeboten. Er muss dem Immobilieninteressierten genaue Auskunft über das angebotene Objekt geben können, bei gebrauchten Immobilien also über Alter, Bauzustand, Verkäufer, Gründe für den Verkauf, bei Neubauten über Baupläne, Fertigstellungsdaten und den möglichen Bauträger. Hat ein Makler angeblich sofort das passende Objekt zur Hand, ohne nach den persönlichen Wünschen oder nach der finanziellen Situation gefragt zu haben, sollte man auf jeden Fall auf seine Dienste verzichten. Denn ohne diese Informationen kann er die passende Immobilie nicht finden.

Letzter Punkt ist der Maklervertrag. Er darf nicht so formuliert sein, dass man nur mit hohen Kosten aus dem Vertrag herauskommt. Im Gegenteil: Ein Makler darf bei Misserfolg seiner Tätigkeit eigentlich gar kein Geld verlangen. Außerdem muss im Vertrag die Höhe der Courtage genau festgelegt sein.

Zum Schluss: Nicht selten steht in Zeitungsanzeigen »courtagefrei für den Käufer«. Dieser Hinweis ist in den meisten Fällen schlichtweg Augenwischerei. Denn natürlich hat der Verkäufer die Kosten für den Makler dann auf den Preis der Immobilie aufgeschlagen.

WISO Tipp

Fragen Sie den Makler immer nach Adressen von ehemaligen Kunden, die mit der Vermittlungstätigkeit dieses Maklers zufrieden sind.

WISO Tipp

Vorsicht, wenn der Makler schwarz Provision von Ihnen verlangt. Das ist illegal und macht den Maklervertrag ungültig. Wenn der Bau- oder Kaufvertrag doch nicht zustande kommt, ist das Geld wahrscheinlich für immer verschwunden.

Auswahl des Objekts

Was spielt denn nun bei der Auswahl des Objekts eine wichtige Rolle? Zuerst sollte man sich über die gewünschte Lage des Objektes im Klaren sein. Wie sollte die Infrastruktur sein (Verkehrs- und Nahverkehrsanbindungen, Einkaufsmöglichkeiten, Schulen, Kindergarten und so weiter), welche Art von Wohngebiet will man, wie soll die Lage sein (reines Wohngebiet, Umfeld, Grundstücksausrichtung und so weiter).

Hat man ein vermeintlich geeignetes Objekt gefunden, muss man es einer genauen Prüfung unterziehen. Wichtig ist vor allem das Baujahr, denn daraus lassen sich Rückschlüsse auf die für die jeweilige Zeit typischen Baumängel ziehen. So können bei Nachkriegsbauten oft qualitativ geringwertige Materialen verwendet worden sein. Immobilien aus den 1950er und 1960er Jahren fehlt es fast immer an ausreichender Wärme- und Schallisolierung. Dies kann bedeuten, dass später teure Modernisierungen zu übernehmen sind.

Sanierungen können auch fällig werden, wenn an verschiedenen Hausteilen bereits Schäden zu verzeichnen sind. Deshalb sollte der Kaufinteressent besonders die folgenden Elemente auf mögliche Beschädigungen beziehungsweise Mängel hin untersuchen:

Mögliche Mängel

- Dach (Sattel- oder Flachdach, Zustand des Dachstuhls, Dämmungen vorhanden?)
- Leitungen (Elektro-, Wasser-, Entwässerungssysteme prüfen)
- Fenster (Material, Schall- und Wärmedämmung?)
- Keller (Feuchtigkeit?)
- Fassade (Risse, Feuchtigkeit, Wärmedämmung?)
- Dachrinnen (Kupfer, Zink, Alter?)
- Innenwände (Massiv- oder Leichtbau, feuchte Stellen?)
- Heizung und Bad (Art, Alter, späterer Umbau erwünscht?)
- Geschossdecken (Holz, Beton?)
- Aufteilung der Räume (Entspricht der Grundriss den persönlichen Bedürfnissen?)
- Ausstattung (Sollen Einbauten übernommen werden?)

WISO Tipp

Sachverständige vermittelt die IHK. Die Kosten für ein solches Gutachten sind relativ gering. Ein Verkehrswertgutachten hilft Ihnen auch bei der Frage, welcher Preis für die Immobilie zu zahlen ist. Ferner akzeptieren Kreditinstitute in vielen Fällen dieses Gutachten, um festzulegen, wie hoch sie das Objekt beleihen wollen.

All diese und noch sehr viele weitere Punkte bestimmen den Wert und damit auch den Preis eines Gebäudes. Wer sich hier nicht gut auskennt, sollte vor Abschluss eines Kaufvertrages ein Verkehrswertgutachten einholen.

Die nach dem Kauf anfallenden Renovierungsaufwendungen sind oft erheblich. Auch darauf macht ein Gutachter aufmerksam. Dieser kann somit in technischer wie auch finanzieller Hinsicht vorsorgen. Bei umfangreicheren Renovierungen sollte man einen Architekten hinzuziehen, mit dem man gemeinsam die Modernisierungsziele und nötigen Baumaßnahmen plant und der die anfallenden Kosten kalkuliert. Dabei gilt: Wirklich notwendige Sanierungen müssen vor Sonderwünschen Vorrang haben!

Preis

Wie teuer darf die Immobilie eigentlich sein? Was ist der richtige Preis? Eine einfache Antwort darauf gibt es nicht. Immerhin dient als Anhaltspunkt der Verkehrswert, also der auf dem Markt erzielbare Preis einer Immobilie. Doch selbst für versierte Immobilienanleger sind solche Berechnungen häufig kompliziert. Leider gilt deshalb die Grundregel: Den absolut richtigen, den wahren und objektiv messbaren Wert einer Immobilie gibt es nicht. Er kann immer nur geschätzt werden.

Einige Immobilienexperten empfehlen als Alternative den sogenannten Kaufpreis- beziehungsweise Mietpreisfaktor, um Ob-
jektwerte zu schätzen. Dieser Faktor lässt sich auch für die
selbst genutzte Immobilie anwenden, allerdings nur unter der
Bedingung, dass fiktive Mieteinnahmen veranschlagt werden.
Für deren Höhe müssen Objekte gleicher Lage und Ausstattung
zum Vergleich herangezogen werden.

Beispiel
Eine Wohnung soll selbst genutzt werden, sie kostet 225 000 Euro und
ist 110 Quadratmeter groß: Die mögliche (fiktive) Mieteinnahme von
8 Euro kalt pro Quadratmeter ergibt eine Jahresmiete von 10 560 Euro
(110 x 8 Euro x 12 Monate). Nun wird der Kaufpreis von 225 000 Euro
durch die Jahresmiete (10 560 Euro) geteilt und das ergibt einen
Kauf- beziehungsweise Mietpreisfaktor von rund 21,3.

WISO Tipp

Trotzdem wollen Sie
natürlich wissen, ob das angebotene Objekt überteuert
oder seinen Kaufpreis wert
ist. Eine Möglichkeit besteht
darin, dass Sie einen Sachverständigen vor dem Kauf
der Immobilie zurate ziehen.
Der verlangt für seine Dienste
allerdings Geld, mindestens
0,2 Prozent des von ihm ermittelten (Verkehrs-)Wertes.

Nun sagen Experten, dass der sich daraus ergebende Faktor zwischen
12 (preiswert) und 28 (sehr teuer) liegen muss. Und: Im Durchschnitt
beträgt der Faktor für Vermietungsobjekte rund 14, für selbst genutzte
Immobilien etwa 22. Das heißt also: Je niedriger der Kaufpreis- beziehungsweise Mietpreisfaktor, umso günstiger ist das Objekt.
Diese Rechenmethode hat eine Schwäche: Sie macht es bei selbst genutzten Immobilien notwendig, vergleichbare Objekte zu finden, die vermietet werden. Wenn man jedoch für diese Recherche einen solchen
Aufwand treiben muss, kann man eigentlich auch gleich nach den Preisen
vergleichbarer Immobilien fragen.
Sehr viel einfacher, um nicht zu sagen effektiver, ist eine andere Herange-
hensweise: Man nutzt einschlägige Preisspiegel.
Solche Preisspiegel sind immerhin so detailliert, dass auch »gute« und »schlechte« Wohnlagen in Regionen oder Stadtteilen
berücksichtigt werden.
Aber Vorsicht: Die Betonung liegt hier auf »grober Anhaltspunkt«. Natürlich ist es im Interesse der Makler, ein Objekt möglichst hoch zu bewerten. Denn je höher der Preis, umso mehr
verdienen Makler, denn ihr Honorar richtet sich (prozentual)
nach dem Verkaufspreis.
Mithilfe dieser Listen lässt sich zudem schnell erkennen, wo und
wie regional sehr unterschiedlich hoch die Preise beziehungsweise die entsprechenden Mieteinnahmen ausfallen. Gründe

WISO Tipp

Als groben Anhaltspunkt
für die Bewertung einer Immobilie können Sie Preisspiegel zurate ziehen, die regional
bedeutende Maklerfirmen und
vor allem der Immobilien Verband Deutschland (IVD, www.
ivd.net) regelmäßig veröffent-
lichen.

dafür gibt es viele, unter anderem spielt eine Rolle, ob die Immobilie im Einzugsgebiet einer Großstadt liegt, wie die Infrastruktur oder wie stark das Einkommensgefälle unter der Bevölkerung ist. Im Übrigen sollte man sich bei der Auswahl der Immobilie genügend Zeit lassen.

Ersteigern

Bei Versteigerungen kann immer ein Immobilien-Schnäppchen dabei sein. Bei gerichtlichen Zwangsversteigerungen kann man als Selbstnutzer oder Kapitalanleger eine Immobilie deutlich unter ihrem eigentlichen Wert erwerben, denn die so genannten Steigpreise (Ersteigerungspreise) liegen regelmäßig unter dem tatsächlichen Verkehrswert des Objektes. Neben Zwangsversteigerungen gibt es Teilungsversteigerungen, die dann anberaumt werden, wenn sich zerstrittene Erben- oder Eigentümergemeinschaften die Vermögensmasse teilen lassen möchten.

Für Immobilienversteigerungen ist nicht der Gerichtsvollzieher zuständig, sondern der Rechtspfleger beim Amtsgericht, in dessen Bezirk das Grundstück liegt oder im Grundbuch eingetragen ist. In einigen Gemeinden werden Zwangsversteigerungen bei den größeren Amtsgerichten zentral abgehalten. Dies kann man beim zuständigen Gericht erfragen. Wann und wo welche Objekte versteigert werden, erfährt man aus der Tageszeitung oder am Aushang des Amtsgerichts.

Der verantwortliche Rechtspfleger handelt stets unparteiisch. Er erledigt seine Aufgabe selbstständig und ist nicht weisungsgebunden. Das heißt, er ist lediglich der Wahrung der Gesetze und seinem eigenen Gewissen unterworfen. Gegenüber allen am Verfahren Beteiligten hat er eine umfassende Aufklärungs- und Belehrungspflicht. Seine Aufgabe ist es, dafür zu sorgen, dass alle für die Versteigerung notwendigen Informationen vollständig und wahrheitsgemäß vorgetragen werden und kein für die Entscheidung unerlässlicher Gesichtspunkt übersehen wird.

Über das Gericht lassen sich folgende Objektarten ersteigern:

- bebaute und unbebaute Grundstücke, wie zum Beispiel Ein- oder Mehrfamilienhäuser, Industriegrundstücke, Bau- oder Ackerland
- Wohnungseigentumseinheiten, wie zum Beispiel Dreizimmerwohnungen oder Apartments
- Teileigentumseinheiten, wie zum Beispiel Ladenlokale, Büroeinheiten, Gaststätten oder auch Kfz-Stellplätze
- Erbbaurechte

Der Immobilieninteressent sollte sich die Aufklärungs- und Belehrungspflicht des zuständigen Rechtspflegers zunutze machen und bei jeder Unklarheit oder bei auftretenden Verständnisproblemen umgehend nachfragen. Beim Amtsgericht kann man auch ein Gutachten einsehen, das über den baulichen Zustand der Immobilie und über den festgesetzten Wert informiert. Da das Gericht keinen Vorbesitzer, Schuldner oder Mieter dazu zwingen kann, Besichtigungen des betreffenden Objektes zu ermöglichen, kann man sich über den tatsächlichen Zustand, vor allem was den Innenausbau betrifft, keine hundertprozentige Gewissheit verschaffen. Die Interessenten müssen sich auf das Verkehrswertgutachten verlassen, das bei jeder Versteigerung von einem vom Gericht beauftragten Immobiliensachverständigen ausgestellt wird.

Falls übrigens der Gutachter selbst auch keine Möglichkeit hatte, die Immobilie von innen zu besichtigen, weil der Eigentümer ihn nicht eingelassen hatte, wird er durch einen sogenannten Sicherheitsabschlag den Wert des Objekts mindern. Damit reduziert er das Risiko des Ersteigerers.

Der Erwerb ist nach dem Zwangsversteigerungsgesetz (ZVG) verbindlich durch die sogenannten Versteigerungsbedingungen geregelt. Im Versteigerungstermin müssen diese noch vor der Gebotsabgabe erläutert werden.

Am Anfang der Versteigerung gibt der Rechtspfleger bekannt, ob der Ersteher der Immobilie zusätzlich Grundbuchrechte übernehmen muss. Anschließend wird das geringste Gebot bekannt gegeben. Dabei handelt es sich um das Mindestgebot, zu dem – falls nicht höher geboten wird – der Rechtspfleger den Zuschlag erteilen kann. Eine Bieterrunde dauert immer 30 Minuten. Der Zuschlag kann von Amts wegen verweigert werden, wenn beim ersten Versteigerungstermin nicht die Hälfte des Verkehrswertes erreicht wird. Auch der Gläubiger kann das Verfahren abbrechen, werden nicht sieben Zehntel des Verkehrswertes erreicht.

Wer mit realistischen Preisvorstellungen zu einer Versteigerung erscheint, kann bei Kaufabschluss durchaus mit Preisnachlässen von 20 bis 30 Prozent rechnen.

Bei der Abgabe eines Gebotes werden die Personalien festgehalten. Falls man den Zuschlag erhält, müssen sofort 10 Prozent des Kaufpreises als Sicherheit geleistet werden, nicht unbedingt bar, aber mit einem bestätigten Bankscheck oder einer Bankbürgschaft. Das ZVG legt ausdrücklich folgende verbindliche

WISO Tipp

Gehen Sie drei- oder viermal zu einem Versteigerungstermin von Objekten, die Sie interessieren könnten, bevor Sie mitsteigern. Lernen Sie das Prozedere kennen, die Taktiken beim Mitsteigern und die Tricks von Mitbietern.

WISO Tipp

Setzen Sie sich ein bestimmtes Preis-Limit, bis zu dem Sie bereit sind mitzusteigern. Halten Sie es ein!

Erwerbsbedingungen fest:

- Mit der Erteilung des Zuschlages bei der Versteigerung geht das Objekt an den neuen Eigentümer über, auch wenn er zu dem Zeitpunkt noch nicht als solcher im Grundbuch eingetragen ist.
- Rechte, die im Grundbuch eingetragen sind, die der neue Eigentümer nach den Versteigerungsbedingungen nicht übernehmen muss, erlöschen.
- Mit dem Zuschlag erhält man auch das Recht zur sofortigen Nutzung der Immobilie, sei es durch eigenen Einzug oder durch Mieteinnahmen.
- Man übernimmt natürlich auch alle Lasten wie Grundsteuern oder Zinsen, falls Rechte ausdrücklich bestehen geblieben sind.

WISO Tipp

Sie müssen bei einer Versteigerung mit zusätzlichen Kosten von etwa 1,5 Prozent der Kaufsumme rechnen: Bekommen Sie den Zuschlag, werden Zuschlaggebühr und Verfahrenskosten fällig.

Mit der Erteilung des Zuschlages wird man zwar unmittelbar Neueigentümer der betreffenden Immobilie, muss aber den Erlös nicht direkt zahlen. Dies erfolgt in der Regel sechs bis acht Wochen nach der Versteigerung zum sogenannten Verteilungstermin. Dabei wird der neue Eigentümer ins Grundbuch eingetragen, aber erst wenn er die Grunderwerbsteuer gezahlt hat und eine Unbedenklichkeitsbescheinigung des Finanzamts vorliegt. Selbstverständlich wird dann auch die restliche Kaufsumme fällig.

keine Gewährleistung

Dem großen Vorteil, eine Immobilie vielleicht billiger zu bekommen, stehen auch Nachteile gegenüber. Dazu zählt besonders die fehlende Gewährleistung bei auftretenden Mängeln. Der Ersteher handelt auf eigenes Risiko, da der zuständige Rechtspfleger weder bestimmte Eigenschaften zusichern noch für spätere Mängel oder Schäden haften kann.

Erbbaurecht

Wer hat schon einmal daran gedacht, ein Grundstück im Erbbaurecht, quasi auf Zeit, zu erwerben? Das macht angesichts der Tatsache, dass Grund und Boden immer knapper und immer teurer wird, durchaus Sinn. Denn die Zinsen, die beim Erbbau verlangt werden, sind niedriger als bei einem Darlehen, mit dem man ein Grundstück kaufen würde.

Das funktioniert so: Ein Grundstück wird einem per Erbbaurecht für 99 Jahre überlassen, manchmal auch für kürzere Zeit. Darauf kann man ein Gebäude errichten. Für die Nutzung des Grundstücks zahlt man dem Grundstückseigentümer den Erbbauzins. Allerdings gibt es Auflagen: Man darf nur das darauf bauen, was vertraglich erlaubt ist, etwa ein Eigenheim als Doppelhaus oder Reihenhaus oder nur ein Mietshaus mit Garage(n).

Ein Erbbaurecht kann man veräußern, aber auch vererben. Kündigen können weder der Pächter noch der Grundstückseigentümer während der Laufzeit. Das Erbbaurecht gibt dem Rechte-Inhaber eine fast gleichwertige Stellung wie einem »richtigen« Grundstückseigentümer. Der Vertrag muss vor einem Notar abgeschlossen und ins Grundbuch eingetragen werden, in diesem Fall in das sogenannte Erbbaugrundbuch. Ein Erbbaugrundstück kann übrigens auch beliehen werden. Die Hypothek wird nicht auf das Grundstück, sondern auf das Erbbaurecht eingetragen. Erschließungskosten müssen vom Erbbauberechtigten übernommen werden.

Erbbaugrundstücke werden von den Kirchen angeboten, vor allem von der katholischen Kirche, aber auch von Städten und Gemeinden. Insbesondere sozial schwache oder kinderreiche Familien werden bedacht. Informationen gibt es bei den Pfarrgemeinden beziehungsweise beim zuständigen Liegenschaftsamt.

Die Erbbauzinsen betragen normalerweise zwischen 3 und 5 Prozent, in besonderen Fällen, etwa bei kinderreichen Familien, auch nur 2 bis 3 Prozent. Dass sich das für den Pächter rechnet, zeigt folgendes Beispiel:

Erbbaurecht

WISO Tipp

Im Erbbauvertrag sollten Sie genau festlegen, wofür die Erschließungskosten zu zahlen sind, also für Straßenanschluss, Kanalisation und so weiter. Denn sonst kommen unter Umständen noch Jahre später Zahlungen auf Sie zu, die Sie nicht einkalkuliert haben.

Beispiel

Der Grundstückspreis beträgt 50 000 Euro. Bei einem langjährigen durchschnittlichen Hypothekenzins von 6 Prozent zuzüglich 1 Prozent Tilgung ergibt sich eine jährliche Belastung von 3500 Euro. Bei einem Erbbauzins von 4 Prozent fallen aber nur 2000 Euro im Jahr an.

Je höher der aktuelle Hypothekenzins ist und je niedriger der Erbbauzins, umso eher rechnet sich das Erbbaurecht.

Aber Vorsicht: Der Zinssatz wird fast immer mit einer Anpassungsklausel verknüpft. Häufig wird die Klausel an einen amtlichen Index gekoppelt, zum Beispiel an den Diskontsatz der Bundesbank oder den Lebenshaltungskostenindex. Die Anpassung darf nicht über die »allgemeinen wirtschaftlichen Verhältnisse« hinausgehen und auch nur alle drei Jahre gefordert werden.

Wer das Grundstück in Erbbaurecht erworben hat und ein Gebäude darauf erstellt, ist Eigentümer der Immobilie. Er selbst oder seine Nachkommen können sie umbauen, sanieren oder abreißen und wieder neu auf-

WISO Tipp

Falls Sie also die Immobilie und damit das Erbbaurecht verkaufen wollen, sollten Sie auf einen solventen Käufer achten. Dann kann Ihnen der Grundstückseigner keine Schwierigkeiten machen.

WISO Tipp

Im Vertrag sollten Sie unbedingt festlegen, dass ein Heimfall nur eintreten kann, wenn das Gebäude nicht fristgerecht errichtet oder zweckentfremdet wird.

bauen. Wird das Erbbaurecht verkauft, geht das Eigentum an dem Gebäude auf den anderen über. Gleiches gilt auch im umgekehrten Fall, also wenn das Gebäude verkauft wird. Das heißt: Grundstück und Gebäude werden immer gemeinsam veräußert. Meistens wird deshalb vorher festgelegt, dass bei einem Hausverkauf die schuldrechtlichen Verpflichtungen aus dem Erbbauvertrag an den Erwerber übergehen. Häufig besteht der Grundstückseigentümer auf seiner Zustimmung, soll das Erbbaurecht samt Gebäude weiterverkauft werden. Das kann er aber nur, wenn er nachweist, dass der Käufer die Verpflichtungen aus dem Erbbauvertrag aller Voraussicht nach nicht erfüllen kann, dass also der Erbbauzins in Gefahr ist.

Ein anderes Problem beim Erbbaurecht ist der sogenannte Heimfall, vor allem wenn das Grundstück nicht von der Kirche oder Gemeinde erworben wurde. Darunter werden Gründe verstanden, bei deren Eintreten das Grundstück dem Eigentümer wieder »anheimfällt«, zum Beispiel weil Eigenbedarf angemeldet wird. In einem solchen Fall geht das Grundstück gegen eine Entschädigungszahlung an den Grundstückseigentümer zurück.

Das Grundstück und damit das errichtete Gebäude gehen nach 99 Jahren wieder an den Grundstückseigentümer über. Dann muss er den Erben, sofern diese das Haus noch besitzen und es nicht mit dem gesamten Erbbaurecht schon weiterverkauft haben, eine Entschädigung zahlen. Die muss dem Marktwert des Hauses in 99 Jahren entsprechen. In vielen Fällen wird im Erbbauvertrag eine Kaufoption auf das Grundstück eingeräumt. Diese greift, wenn der Grundstückseigentümer vorzeitig verkaufen will.

Bauen

Für den Bau der eigenen Immobilie stellt sich zunächst die Frage, wie man möglichst günstig an ein passendes Grundstück kommt. Wichtig ist dabei der gewünschte Standort: Dieser bestimmt mit über Grundstücksgröße, über Haustyp und Größe der Immobilie. Während der Bauinteressent außerhalb von Ballungszentren niedrigere Bodenpreise bei einer größeren Auswahl an Grundstücken findet, kommt in unmittelbarer Stadtnähe oft nur der Kauf eines Reihenhauses von einem Bauträger in Betracht.

Günstige Wege zum Grundstück

Üblicherweise findet sich ein Baugrundstück über Zeitungsannoncen oder über Immobilienmakler. Genauso erfolgreich kann eine Anfrage bei der jeweiligen Gemeinde sein, die häufig Informationen über Baugrund hat. Der Kaufinteressent kann beim Bauamt der Gemeindeverwaltung Einsicht in die örtlichen Bebauungspläne nehmen. Auskünfte über Bodenwerte von Grundstücken, aus denen sich grob die Kaufpreise herleiten lassen, erhält man bei der Geschäftsstelle des Gutachterausschusses und den Katasterämtern. Durch die Kartenübersicht kann der künftige Bauherr die jeweils aktuellen Bodenrichtwerte in Erfahrung bringen, die einen ersten Anhaltspunkt für den jeweiligen Grundstückspreis geben.

Um verschiedene Angebote einzuholen und gegeneinander abwägen zu können, muss man zwar nicht gleich einen Makler beauftragen, kann ihn aber nach geeignetem Grund fragen. Auch ein Immobiliengesuch in der Zeitung kann hilfreich sein. Hat man einen bestimmten Standort schon ins Auge gefasst, kann man versuchen, Kontakt herzustellen, zum Beispiel über das Rathaus oder über Aushänge in Supermärkten.

Egal, wo und wie man Kontakte knüpft: Vor dem Kauf sollte man in jedem Fall klären, ob es sich bei dem infrage kommenden Grundstück tatsächlich um Bauland handelt. Das ist dann der Fall, wenn

– die Erschließung gesichert ist und das Vorhaben im Einklang mit dem Bebauungsplan steht,
– das Grundstück nicht unbedingt im Geltungsbereich eines Bebauungsplanes, aber innerhalb eines im Zusammenhang bebauten Ortsteiles liegt, sich in die Umgebung einfügt, das Ortsbild nicht beeinträchtigt und die Erschließung gesichert ist,
– es nicht einem land- oder forstwirtschaftlichen Betrieb oder anderen privilegierten Zwecken dient und sonstige Vorhaben öffentlicher Belange nicht beeinträchtigt.

Neben den eigentlichen Baukosten kommt es in den späteren Jahren zu weiteren finanziellen Belastungen, weil der Grundstückseigentümer regelmäßig Gebühren für die verschiedenen Ent- und Versorgungswege an die Behörden zu zahlen hat. Jedes Grundstück, auf dem gebaut werden soll, muss erschlossen sein. Dadurch wird die Zu- und Abfuhr von Wasser (Wasserwerke), die Versorgung mit Strom (Elektrizitätswerke), eventuell mit Gas (Gaswerke), durch Fernheizung (Gemeinde), mit Telefon (Telekom) und die Abwasser- und Abfall-Entsorgung (Gemeinde) garantiert.

Bauamt

Katasteramt

Bereits vollständig erschlossene Grundstücke sind in der Regel teurer, denn der Voreigentümer wird seine Erschließungskosten in den Verkaufspreis einkalkulieren. Entscheidet man sich für Bauland, das noch nicht erschlossen ist, sollte man sich vorab auf jeden Fall über die Höhe der Zusatzkosten informieren. Es gibt da keine festen Größen, aber mit mehreren Tausend Euro sollte man rechnen. Gebühren werden anfallen für:

- die Kanalerschließung, um Abwässer abzuleiten. Die Höhe der Gebühren variiert von Gemeinde zu Gemeinde und richtet sich nach der Grundstücksgröße und dem Gebäudevolumen.
- die Gehsteigherstellung, wobei die zuständige Behörde Breite, Höhenlage und Bauart vorschreibt. Ist bereits ein Bürgersteig vorhanden, müssen die Kosten anteilig ersetzt werden.
- die Kosten zur Herstellung von Verkehrsflächen. Die Gemeinde kann beim erstmaligen Anbau an Verkehrsflächen (zum Beispiel Parkplätze oder Straßen) vom Bauherrn einen Beitrag zu den Herstellungskosten erheben. Über die jeweiligen Gebühren und Berechnungsgrundlagen gibt die Gemeinde Auskunft.
- den Wasseranschluss, damit Gebäude mit Aufenthalts- und Wohnräumen mit Trinkwasser versorgt sind. Darüber hinaus fallen laufend Gebühren an, wie die Wasserbezugsgebühr für das verbrauchte Wasser oder die Wasserzählergebühr für die Bereitstellung und Wartung des Wasserzählers. Wie die Kanalgebühren richten sich die Kosten auch hier nach der Grundstücksgröße und dem Gebäudevolumen.
- generelle Straßenkosten, die sich nach den tatsächlich entstehenden Kosten richten. Einen kleinen Teil übernimmt die Stadt, der Rest entfällt auf die Grundstückseigentümer. Breitere Gehwege, verkehrsberuhigende Maßnahmen, Grünflächen mit Bäumen oder auch Parkplätze lassen die Straßenkosten steigen.

Die jeweils aktuell geltenden Berechnungswerte für die Gebühren bekommt man vom Bauamt der zuständigen Gemeinde oder bei der Stadtverwaltung.

Auswahl des Bauträgers

Beim Neubau eines Hauses kann man entweder selbst bauen oder einen Bauträger beauftragen. Entscheidet man sich für Letzteres, ist ein Bauträger der Geschäfts- und Vertragspartner. In diesem Fall kommt man als Auftraggeber weder mit Architekten noch mit Handwerkern in Berührung.

Das bedeutet auch: Bei eventuellen Konflikten muss und kann man nur mit dem Bauträger verhandeln. Dieser baut in eigenem Namen und auf eigene Rechnung. Er stellt das Grundstück, ist zusätzlich für dessen Erschließung verantwortlich und zieht das Gebäude hoch.

Demzufolge ist er dann auch der eigentliche Bauherr des Bauvorhabens, das heißt, ihm obliegen die nach öffentlich-rechtlichen Vorschriften erforderlichen Anträge, Vorlagen und Anzeigen an die Bauaufsichtsbehörde.

Da dem Bauträger also beinahe alle Verantwortung übertragen wird, ist die Wahl des richtigen Vertragspartners für die Qualität der Ausführung von entscheidender Bedeutung. In der Regel werden Schäden am Bau wegen Schlamperei und schlechter Arbeit erst nach Jahren festgestellt – und dann existiert unter Umständen das beauftragte Unternehmen nicht mehr, zumal Gewährleistungsansprüche nach einiger Zeit verjähren. Vor allem deshalb sollte man über die wirtschaftliche Lage des Partners Erkundigungen einziehen – schließlich stehen auch Bauunternehmen häufig genug vor der Pleite. Wichtig ist, wie lange das Unternehmen bereits existiert. Dabei gilt: Je länger, desto besser, denn schlechte Bauträger werden nicht allzu häufig Aufträge bekommen. Qualifikationen muss ein Bauträger übrigens nicht nachweisen, als einzig nötiger Nachweis gilt eine Zulassung vom Ordnungsamt.

Woran erkennt man nun einen guten Bauträger? Am besten besorgt man sich Referenzen von Kunden, die mit diesem Bauträger bereits zu tun hatten. Handelt es sich um einen guten Anbieter, wird er kaum Probleme damit haben, an die entsprechenden Adressen zu verweisen.

Eine weitere Informationsquelle sind die mit der Finanzierung von Bauvorhaben betrauten Kreditinstitute. Die kennen nämlich ihre »Pappenheimer«. Allerdings sollte das Institut nicht der einzige Informant bleiben, weil es in der Vergangenheit schon Fälle gegeben hat, dass Kreditgeber und (unseriöse) Bauträger unter einer Decke stecken. Falls ein Finanzierer aber von schlechten Erfahrungen berichtet, sollte man in jedem Fall die Finger von dem Bauträger lassen!

WISO Tipp

Wenn Sie ganz sicher gehen möchten, können Sie Mitglied in einem Verein oder Verband werden, der Schutz vor schlechten Bauträgern verspricht.

Gegen einen monatlichen Beitrag bieten Vereine oder Interessenverbände fachliche Beratung beim Bauen, sie organisieren gegen zusätzliches Entgelt einen unabhängigen Sachverständigen, der bei Bauprojekten nicht nur das Vertragswerk, sondern auch den Fortgang und die Ausführung der Bauabschnitte begutachtet. Zudem wird man juristisch beraten, falls trotz aller Vorsorge etwas schief läuft. Als größere Institutionen sind derzeit bekannt:

www.bsb-ev.de – der Bauherren-Schutzbund, Kleine Alexanderstr. 9/10, 10178 Berlin, Tel.: 030/312 80 01;

www.vpb.de – der Verband privater Bauherren, Chausseestr. 8, 10115 Berlin, Tel.: 030/27 89 010;

www.verbraucherbera-tung-immobilien.de – Verbraucherberatung für Wohnungs- und Hauskäufer, Aidenbachstr. 78, 81379 München, Tel.: 089/78 07 80 00;

www.hausundgrund.de – Haus & Grund Deutschland, Mohrenstr. 33, 10117 Berlin, Tel.: 030/20 21 60.

Beim schlüsselfertigen Bauen – wie dies der Fall ist, wenn ein Bauträger den Auftrag erhält – wird ein Gebäude nach einer genau definierten Baubeschreibung zu einem Festpreis erstellt. Indem er die Rolle des Bauherrn übernimmt, ist der Bauträger dafür verantwortlich, dass folgende Leistungen erbracht werden:

– sämtliche Architekten- und Ingenieurleistungen
– das Einholen der Baugenehmigung und aller sonstigen Genehmigungen
– sämtliche Bauleistungen gemäß der Baubeschreibung
– technische und wirtschaftliche Beratung

WISO Tipp

Bauträger machen bei ihrer Auftragserfüllung oft an vielen Stellen Abstriche. Deshalb müssen Sie als Auftraggeber selbst auf Qualität, gutes Material und eine qualifizierte Ausführung am Bau achten. Hinzu kommt, dass die Ausstattungen oft nur von mittlerer Qualität sind und Sie bei Sonderwünschen mit zum Teil erheblichen Preissteigerungen rechnen müssen.

Da der Bauträger als Verkäufer seiner Leistung natürlich nicht uneigennützig auftritt, sollte man dessen Beratungsleistung genau auf deren Wirtschaftlichkeit überprüfen. Einen günstigen Gesamtpreis kann man erkennen, wenn man die verschiedenen Baubeschreibungen und die Preise pro Quadratmeter Wohnfläche miteinander vergleicht.

Der Vertrag mit einem Bauträger muss detaillierte Bau- und Leistungsbeschreibungen enthalten. Diese sollten Informationen zu Form, Größe und Ausstattung des Hauses sowieso zu allen anderen Leistungen enthalten. Jedes Gewerk und jeder Ausstattungsbereich sind aufzuführen und die einzelnen Baustoffe präzise mit eindeutigen Material-, Mengen- und Qualitätsangaben aufzulisten.

Im Vertrag sollte man eine sogenannte Vertragserfüllungsbürgschaft vereinbaren. Das sichert gegen alle Arten von Schäden ab, die durch Bauverzögerungen entstehen können, beziehungsweise gegen Mehrkosten, die mit der Fertigstellung des Bauwerks durch ein anderes Unternehmen entstehen. Die Bürgschaft sollte etwa 10 Prozent der Bausumme betragen. Sie ist gleichzeitig ein Indiz für die Bonität des

Unternehmers, denn seriöse Betriebe dürften damit eigentlich kein Problem haben und eine Vertragserfüllungsbürgschaft bereitwillig unterzeichnen.

Ein Bauträger wird in den allerwenigsten Fällen die Arbeiten selbst ausführen. Bauträger treten heute als Generalunternehmer auf, die als Dienstleister alles anbieten, von der Ausschreibung der Arbeiten bis zur schlüsselfertigen Übergabe. Das bedeutet wiederum, dass die Arbeiten selbst von Unternehmen durchgeführt werden, mit denen man direkt gar nichts zu tun hat. Leider hat es inzwischen überhandgenommen, dass dabei Billigstanbieter tätig werden – und der Bauherr hinterher den Ärger hat, die Mängel am Bau beseitigen zu lassen. Häufig genug kommt es zu Pfusch am Bau.

Empfehlenswert ist es deshalb, im Vertrag festzuhalten, dass nur solche Subunternehmen zum Zuge kommen, die im Unternehmer- und Lieferantenverzeichnis (ULV) eingetragen sind oder ersatzweise Unbedenklichkeitsbescheinigungen von Finanzamt, Sozialversicherungsträger und Berufsgenossenschaft vorlegen können. Das gibt eine gewisse Sicherheit, dass die Arbeit auch vom Subunternehmen vertragsgemäß ausgeführt wird. Im Übrigen haftet für dessen Arbeit der Bauunternehmer, mit dem der Vertrag abgeschlossen wurde.

Die Gesamtkosten, die beim Bau durch einen Bauträger entstehen, lassen sich nach Fertigstellung der Immobilie nur noch schwer durchschauen. Erfahrungsgemäß verdient das durchführende Unternehmen rund 15 Prozent vom Gesamtbetrag.

Natürlich gibt es auch beim Einschalten eines Bauträgers Überlegungen, die dafür beziehungsweise dagegen sprechen.

Vorteile:
– geringer Aufwand
– große Kalkulationssicherheit bei Terminen und Kosten

Nachteile:
– geringe Einflussmöglichkeit auf Planung, Bauleistung und Kosten
– keine objektive Beratung, deshalb zusätzlicher Expertenrat bezüglich Vertragsabschluss, Controlling, Bautenstandskontrolle und Abnahme nötig
– Preis-Leistungs-Vergleiche schwer möglich (siehe Kapitel Bauvertrag siehe Seite 231 ff.)

Subunternehmen

WISO Tipp

Sie können dem Unternehmen im Gegenzug ebenfalls eine Bürgschaft in gleicher Höhe anbieten. Das dürfte kein Problem sein, weil Sie die Immobilie sicherlich ohnehin über ein Darlehen finanzieren.

Entscheidet man sich dafür, die Rolle des Bauherrn selbst wahrzunehmen und sie nicht einem Bauträger zu übertragen, hat man für das Vorhaben die volle Verantwortung. Dies bedeutet unter anderem, dass man selbst nach einem geeigneten Architekten suchen und die verschiedenen Unternehmen für diverse Bauleistungen beauftragen muss.

Eigenleistung

Wer seine Immobilie bauen lässt, für den bietet sich die Möglichkeit, die Kosten durch Eigenleistungen zu senken. Es gibt Bauträger, die von vornherein die Möglichkeit anbieten, durch diese sogenannte Muskelhypothek die finanzielle Belastung zu reduzieren, indem man zum Beispiel selbst tapeziert, streicht oder den Teppichboden verlegt. Auf so etwas sollte man sich allerdings nur einlassen, wenn man handwerklich einigermaßen geschickt ist.

Außerdem machen Eigenleistungen nur da Sinn, wo sie sich wirklich rechnen, zum Beispiel beim Fliesenlegen, Tapezieren und bei Sanitärinstallationen. Wer hingegen wochenlang mit Schaufel und Pickel eine Baugrube aushebt, wofür ein Bagger ein paar Tage braucht, hat sich nicht nur umsonst Blasen geholt. Es hat sich auch schlichtweg nicht bezahlt gemacht. Außerdem kann es passieren, dass man am Schluss Schuld daran hat, dass sich der Einzug verzögert, und das kann ganz schön ins Geld gehen. Als Laie sollte man sich nicht überschätzen, was die Höhe solcher möglichen Eigenleistungen betrifft.

Beispiel
Bau einer Immobilie, Kosten samt Grundstück 225 000 Euro. Als Eigenleistung wird das Haus selbst tapeziert, der Gesamtwert dieser Arbeiten liegt bei etwa 7000 Euro, erfahrungsgemäß rund 3 Prozent der gesamten Baukosten. Davon entfallen allerdings auf das Material wie Tapeten, Leim und Farbe Kosten in Höhe von 1500 Euro. Den Rest von 5500 Euro kann man hingegen als Eigenleistung verbuchen.

Ausbauhaus Etwas anderes ist es, wenn man sich nach einem Mit- oder Ausbauhaus umschaut. Dabei übernimmt der Bauherr den Innenausbau eines Hauses ganz oder teilweise selbst. Zuvor muss er eine Kellerdecke einziehen lassen.

Zu den Leistungen, die der Hersteller erbringt, zählen die Wände, das eingedeckte Dach einschließlich fertiggestellter Dachunterschicht, der Schornstein, die Wärmedämmung der Außenwände, die Verkleidung der Fassade, die einmontierten Fenster samt Roll- oder Schlagläden, die Haustür mit Schließanlage, die Terrassentür, eine Treppe in das obere Geschoss mit begehbarer Geschossdecke, die Anlage der Leerrohre für die elektrischen Leitungen sowie die Vormontage der Rohre für Wasser-, Abwasser- und Gasanschlüsse. Was man also vom Hersteller erhält, ist demnach ein regendichtes und wärmegedämmtes Haus, dessen Innenausbau der Eigentümer nun so weit wie gewünscht in Eigenregie ausführen kann.

Welche Ausbaustufen standardmäßig angeboten werden, ist von Hersteller zu Hersteller verschieden. Manche Leistungen beinhalten die Verlegung der Fußbodenheizung samt Einbringung des Estrichs und den Einbau der kompletten Heizungsanlage. Andere Ausbaustufen betreffen die sanitäre Installation oder auch die Wärmedämmung des Daches. Der Bauherr muss selbst entscheiden, welche Arbeiten er in Eigenregie ausführen will.

WISO Tipp

Überschätzen Sie nicht das eigene Können bei der Aussicht, durch Eigenarbeit Kosten zu sparen. Meist sind Schäden bei Ausbauhäusern auf Fehler des Bauherrn zurückzuführen. Wenn Sie beim Innenausbau feststellen, dass Sie Ihre Fähigkeiten überschätzt haben, rufen Sie besser den Hersteller an und nutzen Sie den Montageservice, den fast alle Hersteller für solche Fälle anbieten.

Der Hersteller eines Ausbauhauses bietet verschiedene Ausbaupakete an. Diese Pakete enthalten für die Weiterverarbeitung aufeinander abgestimmte Komponenten, und zwar nur in der Menge, wie sie für den jeweiligen Bauabschnitt auch wirklich benötigt werden. Dies hat den Vorteil, dass man sich bei der Bedarfsberechnung nicht verrechnen kann und keine unnötigen Kosten entstehen. Zum Lieferumfang dieser Ausbaupakete gehört aber nicht nur das genau berechnete Material, sondern auch ein Handbuch beziehungsweise eine Verarbeitungsanleitung für die gelieferten Materialien und den jeweils anstehenden Bauabschnitt.

Vor der Bestätigung der Lieferung muss das Ausbaupaket unbedingt auf Vollständigkeit überprüft werden. Sollten bei der eigenständigen Arbeit dennoch Fragen auftreten, bieten die Hersteller in der Regel Hotlines an, an die man sich bei Problemen wenden kann.

Mehr und mehr nachgefragt werden inzwischen Komplett-Systemhäuser. Die Hersteller solcher Häuser bieten normalerweise Anleitungen und Beratung auf der Baustelle, wenn man nicht mehr weiterweiß. Davon sollte man auch Gebrauch machen.

Beim Selbstbauen muss man mindestens 1000 Stunden für Eigenleistun- Selbstbauen gen einkalkulieren, also je nach Freizeitstunden bis zu einem Jahr Dauer. Dafür versprechen die Anbieter von solchen Systemhäusern Einsparungen von bis zu 50 000 Euro. Für bestimmte Arbeiten sollte man allerdings einen Fachmann hinzuziehen, etwa beim Erstellen des Dachstuhls oder bei Estrich- und Putzarbeiten. Ohnehin sind zwei Dinge Voraussetzung, wenn man sich zum Selbstbauen entschließt: Man muss über handwerkliches Know-how verfügen und, so banal es sich anhört, über einen Grundstock an hochwertigem Werkzeug.

Selbstbauen kann man übrigens auch in Seminaren erlernen, die zum Beispiel der Verband Europäischer Selbstbau e. V. regelmäßig anbietet. Informationen dazu und auch sonst rund ums Selbstbauen finden sich auf der Internetseite des Verbandes (www.selbstbauverband.de).

www.selbstbauverband.de

Versicherungen

Vor erheblichen finanziellen Belastungen durch unvorhergesehene Schäden, zum Beispiel durch Diebstahl und Unfälle auf der Baustelle oder am Haus selbst, schützen eine Reihe verschiedener Versicherungen. Versicherungsnehmer kann sowohl das Bauunternehmen als auch der Bauherr sein, beide tragen bei der Ausführung von Bauvorhaben zum Teil erhebliche Risiken. Im Folgenden werden nur die Versicherungsarten beschrieben, die den Bauherrn selbst betreffen, und darunter auch nur solche, die in der Bauphase wichtig sind.

WISO Tipp

Bei einem Unglücksfall können Sie als Bauherr voll in Regress genommen werden, weil ein Geschädigter seine Ansprüche gegen jeden am Bau Beteiligten, also auch gegen Sie, in voller Höhe geltend machen kann. Ist beim Architekten oder Handwerker nichts mehr zu holen, sind Sie dran. Sie müssen dann sehen, wie Sie sich das Geld von den eigentlichen Verursachern wieder zurückholen.

Der Bauherr ist letztlich mitverantwortlich für die Vorgänge auf der Baustelle, selbst wenn er einen Architekten als Bauleiter beziehungsweise Bauunternehmer und Handwerker mit der Bauausführung beauftragt hat. Zwar sind die in erster Linie für die Sicherheit am Bau zuständig, doch in einigen Punkten haftet der Bauherr selbst mit. Er muss zum Beispiel darauf achten, dass ausreichend qualifizierte Unternehmen mit den einzelnen Gewerken betraut sind, dass die Baustelle gesichert ist und Baumaterialien ordnungsgemäß gelagert werden. Bei drohender Gefahr muss er eingreifen. Selbst wenn die Hauptschuld einen Architekten oder einen Handwerker trifft, kann der Bauherr belangt werden.

Liegt zwischen dem Kauf des Grundstücks und dem Bau einer Immobilie ein längerer Zeitraum, empfiehlt sich eine Grundstückshaftpflichtversicherung. Ist das Grundstück, aus welchen Gründen auch immer, nicht richtig abgesichert, springt diese Versicherung zum Beispiel dafür ein,

Grundstückshaftpflicht-
versicherung

wenn spielende Kinder zu Schaden kommen. Wird die Immobilie innerhalb von zwei Jahren fertiggestellt, reicht eine Bauherrenhaftpflichtversicherung.

Bauherrenhaftpflichtversicherung

Eine Bauherrenhaftpflichtversicherung sollte man schon vor Baubeginn abschließen. Sie besitzt für die gesamte Baudauer Gültigkeit, endet aber spätestens zwei Jahre nach Vertragsabschluss. Die Kosten betragen in der Regel 1 Promille der Baukosten. Damit werden Schäden in unbegrenzter Haftung abgedeckt, die Dritten widerfahren, zum Beispiel falls ein fremdes Auto beim Abladen eines Lastwagens beschädigt wird. Unberechtigte Ansprüche gegen den Bauherrn werden von der Versicherungsgesellschaft abgewehrt, wobei sie auch eventuelle Kosten einer gerichtlichen Auseinandersetzung trägt.

Aber Vorsicht: Nicht versichert sind Schäden an gemieteten oder geliehenen Sachen wie Maschinen. Wer nicht ohnehin längst eine abgeschlossen hat, sollte an eine Privathaftpflichtversicherung denken. Darin sind Bauvorhaben bis zu einer bestimmten Bausumme mitversichert. Bei der Privathaftpflichtversicherung ist eine Deckungssumme von 1,5 bis 2,5 Millionen Euro empfehlenswert.

WISO Tipp

Sie sollten auf eine hohe Deckungssumme achten: mindestens 1 Million Euro pauschal für Personen- und Sachschäden oder 1,5 Millionen für Personen- und eine halbe Million für Sachschäden..

Für alle Personen, die auf der Baustelle arbeiten, ist der Bauherr bei Eigenbauleistungen für Helfer am Bau vom Gesetzgeber verpflichtet, eine gesetzliche Unfallversicherung abzuschließen. Dies gilt auch, wenn die beschäftigten Personen nicht für ihre Tätigkeit bezahlt werden. Das muss man besonders beachten, falls man einen Teil der Bauarbeiten (als Selbstbauer) mit Angehörigen, Freunden oder Nachbarn in Eigenregie erledigt. Zuständig ist die Bau- und Berufsgenossenschaft. Dieser sind binnen Wochenfrist der Name, die ausgeführte Tätigkeit und der Lohn der versicherten Personen zu melden.

Die Leistungen dieser Versicherung sind unbeschränkt, Schadensersatz- oder Schmerzensgeldforderungen sind aber ausgeschlossen. Die Schuldfrage bleibt unberücksichtigt, es sei denn, der Unfall wurde vorsätzlich oder grob fahrlässig herbeigeführt. Die Beitragshöhe richtet sich nach den gezahlten Löhnen und nach der Art der Arbeit, die verrichtet wird.

WISO Tipp

Sind Sie als Bauherr zu leichtsinnig, zu risikobereit oder haben sich schlichtweg in Ihrem Können überschätzt, kann das dazu führen, dass Sie den Versicherungsschutz verieren.

Bauhelfer sind also automatisch in der gesetzlichen Unfallversicherung pflichtversichert, allerdings mit Ausnahme des Bauherrn und seines Ehepartners. Sie haben aber die Möglichkeit, sich freiwillig einen Unfallversicherungsschutz bei der Bau-Berufsgenossenschaft zu besorgen, mit einem schriftlichen Antrag und gegen Bezahlung.

Falls für das Eigenheim öffentliche Mittel geflossen sind und die Selbsthilfearbeiten mindestens 1,5 Prozent der gesamten Herstellungskosten betragen, besteht beitragsfreier Unfallversicherungsschutz beim zuständigen gemeindlichen Versicherungsträger, und zwar für alle Selbsthilfearbeiten. Dazu zählen alle Arbeitsleistungen, die der Bauherr, sein Ehegatte, Angehörige, Freunde oder Nachbarn erbracht haben, entweder unentgeltlich oder auf Gegenseitigkeit (»Hilfst du mir beim Dach, helfe ich dir beim Fensterbau«).

WISO Tipp

Gegen Pfusch am Bau gewährleistet diese Versicherung allerdings keinen Schutz. Auch wenn Material noch nicht eingebaut ist, hilft diese Versicherung nicht. Das Gleiche gilt für Schäden, die durch normalen Witterungseinfluss entstehen können, zum Beispiel durch Frost im Winter.

Mit einer Bauleistungsversicherung sind Schäden abgedeckt, die am Roh- oder Neubau durch höhere Gewalten wie Hochwasser oder Sturm entstehen, aber auch durch Konstruktions-, Material- und Ausführungsfehler sowie durch Diebstahl bereits eingebauter Sachen oder durch Vandalismus. Eine solche Versicherung ist nicht vorgeschrieben, ist jedoch empfehlenswert. Die einmalige Prämie für eine solche Versicherung liegt bei 1 bis 2 Promille der Bausumme.

Außerdem wichtig: Wenn Baufirmen oder der Bauherr selbst gegen anerkannte Regeln der Technik verstoßen oder Sicherungsmaßnahmen vernachlässigen, geht der Versicherungsschutz verloren.

Ausgeschlossen bei einer Bauleistungsversicherung sind auch Schäden durch Feuer, das durch Brand, Blitzschlag oder Explosion entstanden ist. Eine Feuerversicherung ist für die Zeit der Bauarbeiten daher besonders empfehlenswert. In den meisten Fällen ist sie zudem Voraussetzung dafür, dass ein Kreditgeber Geld gibt.

Wohngebäude-
versicherung

Hat man keine Feuerversicherung abgeschlossen, kann man sich diesen Schutz auch über die Wohngebäudeversicherung holen. Feuerschäden am Rohbau sind dann bis zu zwölf Monate mitversichert.

Umweltaspekte

Wichtig geworden beim Erwerb einer Immobilie ist der Umweltaspekt, egal, ob man eine Immobilie baut oder kauft. Der Gesetzgeber hat seit 2007 ein Klimaschutzprogramm aufgelegt, um die international vereinbarten Klimaziele erreichen zu können. Zielvorgabe war, die Energieeffizienz von Gebäuden drastisch zu erhöhen. Erreicht werden kann das etwa über

Wärmedämmung, neue Brennkessel oder den Ersatz von Nachtstromspeicherheizungen. Die Anforderungen gelten für Neubauten und bei Sanierungen von Altbauten. Die Wärmeversorgung von Neubauten soll ab 2020 weithin unabhängig von fossilen Energien sein.

Im Wärmebereich soll der Anteil erneuerbarer Energien über ein »Erneuerbare-Energien-Wärmegesetz« ausgebaut werden. Seit 2009 wird deshalb der Bauherr verpflichtet, beim Wärmebedarf für Neubauten erneuerbare Energien einzusetzen. Er muss dann die Nutzung von Öko-Wärme gleich mit einplanen. Soll Solarwärme genutzt werden, müssen je Quadratmeter Wohnfläche mindestens 0,04 Quadratmeter Sonnenkollektoren installiert werden. Bei anderen Arten von Öko-Wärme soll die Quote bei über 50 Prozent liegen. Möglich ist auch eine Kombination von Wärmequellen. Ersatzweise kann man auch Kraft-Wärme-Kopplung in Verbindung mit Energiesparmaßnahmen nutzen. Hauseigentümer müssen gegenüber Behörden der einzelnen Bundesländer den Nachweis erbringen, dass sie die geforderten Auflagen erfüllen, zum Beispiel indem sie Abrechnungen des Brennstofflieferanten vorlegen. Unter Umständen fallen Bußgelder an, wer den Nachweis gar nicht oder nicht korrekt erbringt. [Erneuerbare-Energien-Wärmegesetz]

Der Bund stellt für die Nutzung von erneuerbaren Energien mehrere Millionen Euro jährlich als Fördermittel bereit. Auch Hauseigentümer, die verpflichtet sind, erneuerbare Energien einzusetzen, können Fördergelder erhalten. Allerdings nur, wenn sie die Anforderungen des Wärmegesetzes übererfüllen, also freiwillig mehr in alternative Energien investieren. Wer nur seinen Pflichten nachkommt, geht leer aus. Einzelheiten dazu regeln die Richtlinien zum sogenannten Marktanreizprogramm (MAP), über das man sich auf der Internetseite des Bundesamtes für Wirtschaft und Ausfuhrkontrolle informieren kann (www.bafa.de). [Marktanreizprogramm] [www.bafa.de]

Die Förderung über das Wärmegesetz ist nicht zu verwechseln mit der des CO_2-Gebäudesanierungsprogramms. Hier schießt der Staat über die Kreditanstalt für Wiederaufbau (KfW) bei »energetischer Sanierung« – also auch bei Dämmung oder Einbau von neuen Fenstern – in Altbauten Geld zu, das direkt oder zum Abzahlen von Krediten verwendet werden kann (siehe Kapitel Förderprogramme der Kreditanstalt für Wiederaufbau Seite 170 f.). [CO_2-Gebäudesanierungsprogramm]

Der Energieverbrauch wird also immer wichtiger bei der Entscheidung für oder gegen eine Immobilie. Das betrifft nicht nur die laufenden Kosten. Der Erwerber einer Immobilie muss sich künftig die Frage stellen: Ist der Verbrauch in Ordnung oder muss Geld in eine neue Heizungsanlage beziehungsweise in die Gebäudeisolierung gesteckt werden? Je nachdem, wie die Antwort ausfällt, kann sich eine auf den ersten Blick günstige Immobilie erheblich verteuern. Entscheidungshilfe soll dabei der Energieausweis geben: Ähnlich wie bei Waschmaschinen oder Kühlschränken erleichtert er den Vergleich von Immobilien.

Energieausweis Der Energieausweis gilt als verbindlicher Nachweis über die energetische Güte einer Wohnimmobilie. Der Eigentümer muss ihn vorlegen, sobald ein neuer Mieter in die Wohnung einzieht oder wenn er seine Immobilie verkaufen möchte. Die künftigen Nutzer sollen auf einen Blick feststellen können, mit welchen Energiekosten, also Heiz- und Warmwasserkosten, sie rechnen müssen. Den Energieausweis können Architekten, Ingenieure, Schornsteinfeger oder Energieberater ausstellen.

Es gibt zwei Varianten: einen verbrauchsorientierten Ausweis, mit dem der Energieverbrauch der bisherigen Bewohner dokumentiert wird, und den bedarfsorientierten Ausweis, bei dem die baulichen Gegebenheiten der Immobilie ermittelt und bewertet werden.

Verbrauchsausweis Für den Verbrauchsausweis werden mindestens drei aufeinander folgende Abrechnungsperioden zugrunde gelegt, aus denen ein Durchschnittswert zu ermitteln ist. Dafür reicht es, wenn die Eigentümer den Experten Unterlagen vorlegen, die Auskunft geben über Baujahr sowie Strom- und Wärmeverbrauch der vergangenen Jahre. Den Verbrauchsausweis gibt es schon ab 30 Euro.

Bedarfsausweis Für Wohngebäude mit maximal vier Wohnungen muss ein Bedarfsausweis ausgestellt werden. Dafür untersuchen die Fachleute bei einer Objektbegehung zum Beispiel die Wärmedämmung, den Heizkessel oder die Warmwasseraufbereitung. In dem ausführlicheren vierseitigen Bedarfsausweis stehen deshalb nicht nur Angaben zum Energiebedarf, sondern auch zu Wasserverbrauch, zur Lüftung und zum CO_2-Ausstoß; außerdem erfährt man, welche Heizung das Gebäude hat und wie hoch der Energieverbrauch mit einer anderen Heizung wäre – ein vergleichsweise aufwendiges Verfahren. Deswegen ist der Bedarfsausweis auch deutlich teurer und kann je nach Größe der Immobilie zwischen 100 und 500 Euro kosten.

Seit 2002 werden bei Neubauten verpflichtend Energieausweise ausgestellt. Denkmalgeschützte Gebäude sind von der Ausweispflicht ausgenommen. Übrigens: Wer einen nicht vollständigen Ausweis vorlegt, kann mit einem Bußgeld von bis zu 15 000 Euro belegt werden.

Ab 2013 muss Mietern oder Käufern eine Kopie des Energieausweises bei Vertragsabschluss ausgehändigt werden. Zudem müssen kommerzielle Anzeigen dann die Energiewerte ausweisen.

Interessante Anregungen rund um das Thema energetische Modernisierung und Sanierung finden sich unter einem Online-Ratgeber auf der
Internetseite www.klima-sucht-schutz.de. Anbieter ist die co2online ge- www.klima-sucht-schutz.de
meinnützige GmbH, deren Klimaschutzkampagne vom Bundesumwelt-
ministerium gefördert wird.

Fazit

Wer eine Immobilie kauft oder baut, sollte/kann sich Expertenrat hinzuziehen, ob Makler,
Bauträger oder Sachverständigen, der die Qualität einer Immobilie begutachtet.
Beim Kauf einer Immobilie gibt es über Versteigerungen und Erbbaurechte günstige Alternativen
zu den üblichen Angeboten auf dem Markt.
Erster Schritt für den Bau einer Immobilie ist die Suche nach dem passenden Grundstück. Zu
den eigentlichen Baukosten müssen Kosten für Erschließung und Versicherungen einkalkuliert
werden. Für die Wahl des Bauträgers sollte man sich Zeit lassen und Referenzen einholen.
Durch Eigenleistungen lässt sich etwas Geld sparen. Wer selbst baut, muss auch an den
Versicherungsschutz möglicher Helfer denken.
Umweltaspekte gewinnen bei Immobilien zunehmend an Bedeutung – und schlagen unter
Umständen als deutliche Mehrkosten zu Buche.

Kassensturz

Wer sich für eine Immobilie interessiert, sollte zunächst klären, wie hoch die finanzielle Belastung aus den eigenen vier Wänden eigentlich sein darf. Bei einem Kassensturz müssen die (monatlichen) Einnahmen den (monatlichen) Ausgaben gegenübergestellt werden. Daraus ergibt sich der maximale Kreditbetrag. In den allermeisten Fällen wird der Kreditgeber außerdem verlangen, dass der zukünftige Immobilieneigentümer zusätzlich über Eigenkapital verfügt. Diese beiden Faktoren – Kreditbetrag und Eigenkapital – bestimmen schließlich die maximalen Objektkosten, auf die zum Schluss dieses Kapitels eingegangen wird.

Ermittlung der monatlichen Belastbarkeit

In einem ersten Schritt geht es zunächst einmal darum, die monatlichen Einnahmen den monatlichen Ausgaben gegenüberzustellen und so die eigene finanzielle Belastbarkeit zu errechnen.

Monatliche Einnahmen

WISO Tipp

Das 13. Monatsgehalt sowie Weihnachts- oder Urlaubsgeld sollten Sie nicht in die Rechnung einbeziehen. Diese zusätzlichen Einnahmen sind ein wichtiges Finanzpolster für unvorhergesehene Ausgaben.

Vergleichsweise schnell auszurechnen ist das Einkommen, also die Einnahmenseite. Wichtig dabei ist, das monatliche Nettoeinkommen anzusetzen. Nur dauerhafte Einnahmen dürfen miteinbezogen werden, also zum Beispiel keine unregelmäßigen Überstundenzahlungen.

Kindergeldzahlungen oder regelmäßige andere Einnahmen aus Miete oder Rente können dagegen eingerechnet werden. Beträge, die nur einmal im Jahr zufließen, müssen auf zwölf Monate verteilt werden. Alle diese Einnahmeposten addiert ergeben schließlich das verfügbare Einkommen.

Monatliche Ausgaben (Lebenshaltungskosten)

Leider allzu häufig unterschätzt werden die monatlichen Ausgaben. Bei der Rechnung wird zum Beispiel das Zeitungsabonnement vergessen oder man denkt nicht an die Mitgliedsbeiträge für den Sportverein. Das sind kleine Beträge, die aber in der Summe ganz schön ins Geld gehen. Die meisten Kreditinstitute können oder wollen sich nicht die Mühe machen, die monatlichen Ausgaben detailliert zu berechnen. Sie orientieren sich deshalb an einigen Faustregeln, die ein erster Anhaltspunkt dafür sind, wie es um die finanzielle Situation des Kreditinteressierten steht. Der Kreditgeber stellt fest, wie viel nach Abzug der Zins- und Tilgungsraten für die Lebenshaltungskosten übrig bleiben sollte. Die Erfahrungswerte lauten:

– für Alleinstehende: 650 Euro
– für ein Ehepaar: 900 Euro
– pro Kind zuzüglich: 200 Euro

Faustregel 1 Das würde bedeuten, dass eine Familie mit zwei Kindern mit rund 1300 Euro im Monat auskommen kann. Wohlgemerkt handelt es sich hier um eine grobe Faustregel, die viele Dinge gar nicht berücksichtigen kann, zum

Beispiel dass man zwei Autos braucht, wenn das Häuschen im Umland steht. Einige Kreditgeber veranschlagen den Betrag für die monatlichen Ausgaben übrigens auch niedriger – bei der erwähnten Familie zum Beispiel mit 1100 Euro. Das ist jedoch ein Betrag, bei dem die meisten Familien wohl darüber liegen dürften und der wirklich schon die unterste Grenze darstellt. Andere unterscheiden außerdem bei Prüfung der Ausgabenseite danach, zu wie viel Prozent die Immobilie aus Eigenkapital beziehungsweise aus Fremdmitteln finanziert wird. Je niedriger der Eigenkapitalanteil, umso vorsichtiger wird gerechnet.

Hier werden die monatlichen Ausgaben von der Kreditseite her betrachtet. Danach dürfen die Ausgaben für Zins und Tilgung mittelfristig nicht mehr als 50 Prozent des Nettoeinkommens übersteigen. Sehr vorsichtige Rechner rechnen sogar nur mit 30 Prozent. Dabei muss man allerdings berücksichtigen: Je höher das Einkommen steigt, umso geringer wird der Anteil für die monatlichen Ausgaben. Bei einer Familie mit zwei Kindern, die ein Nettoeinkommen von insgesamt 1750 Euro hat, wird es schon bei einer finanziellen Belastung von 40 Prozent eng, eine andere mit 3000 Euro netto könnte sogar 50 Prozent verkraften. Faustregel 2

Dabei betrachtet man die monatliche Belastbarkeit des Kreditkunden für den Kapitaldienst (Zins und Tilgung) unter extremen, das heißt unter ungünstigen Bedingungen. Um das finanzielle Polster auszuloten, legen viele Institute bei den Darlehenskonditionen bewusst nicht das aktuelle Zinsniveau zugrunde. Gerade in Zeiten niedriger Zinsen schlägt ein (seriöses) Kreditinstitut ein paar Prozentpunkte auf, um zu sehen, ob der Darlehensnehmer auch dann noch kreditwürdig wäre. Bei dem günstigen Zinsniveau seit 1998 haben zum Beispiel einige Institute bei der Berechnung des Zinses 4 Prozentpunkte aufgeschlagen. Faustregel 3

Es handelt sich hier um drei Faustregeln, die nur Richtwerte liefern können. Wer die eigenen monatlichen Ausgaben hingegen genauer wissen möchte, der muss selbst rechnen. Dazu mehr in den folgenden Abschnitten.

Den größten Betrag machen die Kosten für die Haushaltsführung aus: für Lebensmittel, Kleidung, Hausrat, Körperpflegemittel und Arzneien. Besonders schwierig ist hier die monatliche Umrechnung für neue Kleidung oder neue Haushaltsgeräte. Im Zweifel muss dafür eine Pauschale angesetzt werden.

Miete ist das Einzige, was Immobilieneigentümer in Zukunft nicht mehr zahlen müssen. Doch die Nebenkosten fürs Wohnen, wie Heizung und Strom, Abwasser, Steuern, Müllbeseitigung oder Straßenreinigung fallen auch weiterhin an. Es gibt Erfahrungswerte, wonach die Betriebskosten für ein Haus pauschal mit mindestens 2 Euro pro Monat und Quadratmeter (nur das Gebäude) anzusetzen sind, für eine Wohnung mit 2,50 Euro, weil unter anderem zusätzlich eine Hausverwaltung bezahlt werden muss.

WISO Tipp

Sie können bei den zuständigen Behörden Informationen über Nebenkosten wie Müllabfuhr und Wasser einholen, die von Gemeinde zu Gemeinde unterschiedlich sind.

Hinzu kommen noch einige Ausgaben, zum Beispiel Instandhaltungskosten, für die eine Rücklage einzukalkulieren ist. Dafür sollte man von Anfang an 0,50 Euro pro Quadratmeter berücksichtigen. Denn später tut es sehr viel mehr weh, wenn bei einem Schaden im oder am Gebäude zu wenig Rücklagen bestehen und größere Summen auf einmal aufzubringen sind.

Schließlich dürfen die Kabel- sowie Rundfunkgebühren und die Telefonkosten bei der Errechnung der Wohnnebenkosten nicht vergessen werden.

Grundsteuer

Haus- und Wohnungseigentümer müssen für ihre selbst genutzte Immobilie Grundsteuer zahlen. Da half auch eine Verfassungsbeschwerde von Immobilieneigentümern nichts, die vom Bundesverfassungsgericht nicht zur Entscheidung angenommen wurde (Beschluss v. 21. 6. 2004, AZ: 1 BvR 1644/05). Die Beschwerdeführer hatten damit argumentiert, dass die Grundsteuer die Substanz, also das Vermögen des Eigentümers, besteuert, da bei selbst genutztem Wohnraum keine Einkünfte erzielt würden. Dem wollte sich das oberste Gericht nicht anschließen.

Paradoxerweise kann das Finanzamt bei vermieteten Immobilien die Grundsteuer erlassen, häufig allerdings nur zum Teil und auch nur auf Antrag des Eigentümers. Voraussetzung ist, dass bei einem bebauten Grundstück eine Ertragsminderung von mindestens 20 Prozent eingetreten ist und der Vermieter die Mietausfälle nicht zu vertreten hat. Er muss bei Leerstandszeiten belegen können, dass er nach Mietern gesucht hat oder dass sie auf ein außergewöhnliches Ereignis (zum Beispiel Hochwasser) zurückzuführen sind.

Doch selbst wenn der Leerstand strukturell bedingt sein sollte, also wenn die Mietausfälle auf fehlende Nachfrage zurückgehen, akzeptieren die Finanzämter inzwischen einen teilweisen Erlass. Dies geht auf ein Urteil des Bundesfinanzhofs zurück (Urteil v. 24. 10. 2007, AZ: II R 5/05). Für die Berechnung der Ertragsminderung kommt es auf die tatsächliche beziehungsweise die übliche Miete zu Beginn des Erlasszeitraums an. Dabei sind zwei Fallgruppen zu unterscheiden:

1. Räume, die zu Beginn des Erlasszeitraums nicht vermietet sind. Dann ist auf die zu diesem Zeitpunkt übliche Miete abzustellen. Diese ist an-

hand der Miete zu schätzen, die vor Ort für Räume gleicher Lage, Art und Ausstattung gezahlt wird.

Stehen Räume während des Erlasszeitraums durchgehend leer, wird die Grundsteuer in Höhe von 80 Prozent erlassen. Wird eine zunächst leer stehende Wohnung später vermietet, ist die tatsächliche Miete mit der zu Beginn des Erlasszeitraums geltenden üblichen Miete zu vergleichen.

2. Bei Räumen, die zu Beginn des Erlasszeitraums vermietet sind, wird nochmals unterschieden:

– Die Miete liegt zu Beginn des Erlasszeitraums nicht mehr als 20 Prozent unter der üblichen Miete. Dann ist die später im Erlasszeitraum vereinbarte Miete mit der zunächst vereinbarten Miete zu vergleichen und nicht mit der üblichen Miete. Gehen die Räume im Verlauf des Erlasszeitraums in einen Leerstand über, ist ebenfalls die zunächst vereinbarte Miete Vergleichsmaßstab.

– Die Miete liegt zu Beginn des Erlasszeitraums um mehr als 20 Prozent unter der üblichen Miete. Dann ist auf die übliche Miete zu Beginn des Erlasszeitraums abzustellen.

WISO Tipp

Die »übliche« Miete muss sowohl aus Objekten abgeleitet werden, die schon länger vermietet sind, als auch aus solchen, die gerade auf den Markt gekommen sind. Sie kann deshalb höher liegen als die Miete für ein Objekt, das unmittelbar zu Beginn des Erlasszeitraums am Markt angeboten wird.

Beispiel

Die übliche Miete für eine Wohnung in einem Vier-Parteien-Haus beträgt 800 Euro im Januar.

Grundsteuer

	Wohnung 1	Wohnung 2	Wohnung 3	Wohnung 4
Vermietung	ganzjähriger Leerstand	Januar bis Juni leer Juli bis Dezember 600 Euro	ganzjährig 600 Euro	Januar bis Juni 700 Euro Juli bis Dezember Leerstand
Vergleichsmiete	800 Euro	800 Euro	800 Euro	700 Euro
im Jahr (x 12)	9600 Euro	9600 Euro	9600 Euro	8400 Euro
Mietertrag	0 Euro	3600 Euro	7200 Euro	4200 Euro
Ertragsminderung	100 %	62,5 %	25 %	50 %
Grundsteuererlass	80 % (= 80 % x 100 %)	50 % (= 80 % x 62,5%)	20 % (= 80 % x 25 %)	40 % (= 80 % x 50 %)

Auto Bei den Kosten für das Auto reicht es leider nicht, nur Benzin, Steuern und Versicherung einzurechnen. Reparaturen müssen ebenso berücksichtigt werden wie die Tatsache, dass das Fahrzeug irgendwann einmal ersetzt werden muss. Der jährliche Wertverlust für Autos ist enorm hoch, vor allem in den ersten Jahren. Listen über den Wertverlust des Autos gibt es im Internet (www.eurotax.de). Damit können Sie umrechnen, was Sie monatlich zurücklegen müssen, wenn alle paar Jahre ein Neuer vor der Tür stehen soll.

Nicht zu vergessen: die Kosten für die Nahverkehrsmittel oder für die Anschaffung von Fahrrädern.

Private Versicherungen Noch relativ einfach zu überblicken sind die Ausgaben bei Versicherungen für die Haftpflicht, den Rechtsschutz und andere private Policen. Beiträge für die Kapitallebensversicherung können normalerweise gestrichen werden, weil diese sich bei der Eigenheimfinanzierung in der Regel nicht lohnt. Es gibt viele Ausnahmen, aber ob und wie, entscheidet letztlich die konkrete Ausgestaltung des Versicherungsvertrages. Später dazu mehr (siehe Kapitel Versicherungsdarlehen auf Seite 101 ff.).

Zahlungs- Es kann sein, dass ein länger laufender Kredit noch abgezahlt werden **verpflichtungen** muss, etwa für das Auto oder die Möbel. Diese Raten sollten möglichst vor dem Kauf einer Immobilie getilgt werden, denn gerade in den ersten Jahren wird die Belastung durch die Immobilie sehr hoch sein. Viele Haushalte in Deutschland sind heillos überschuldet, weil sie irgendwelche Ratenkredite abstottern müssen. Mit so etwas sollte man sich nicht noch zusätzlich belasten, nur weil Zahlungsverpflichtungen bei der Rechnung »vergessen« wurden.

Freizeit/Unterhaltung Alles, was das Leben – außer der neuen Immobilie natürlich – angenehm macht, gehört unter diesen Posten, also etwa das Bier um die Ecke oder der Besuch im Theater. Dazu kommen auch Vereinsbeiträge oder der Urlaub. Hier können außerdem die Kindergartenbeiträge oder die Kosten für die Tagesmutter verbucht werden. Und auch Zeitungsabonnements dürfen nicht vergessen werden!

Sonstige Ausgaben Dieser Posten ist schlicht und ergreifend eine Vorsichtsmaßnahme: Wenn trotz aller genauen Pläne etwas vergessen wurde, ist ein finanzielles Polster enorm hilfreich. Ein Betrag von 25 Euro pro Monat ergibt sich schnell, und sei es nur, weil irgendwelche Vereins-·oder Kindergartenbeiträge plötzlich steigen.

Beispiel: Finanzielle Belastbarkeit

Familie mit zwei Kindern, monatliche Posten in Euro,

geplante Größe des Wohnobjekts: 110 Quadratmeter

Finanzielle Belastbarkeit

Nettoeinkommen	2522
Kindergeld (2x)	+ 368
Sonstige Einnahmen	+ –
Verfügbares Einkommen	= 2850
Lebensmittel	– 300
Kleidung	– 150
Körperpflege/Gesundheit	– 50
Hausrat	– 100
Strom/Heizung	– 150
sonstige Wohnnebenkosten	– 125
Instandhaltungsrücklage	– 55
Telefon	– 60
Auto/Verkehrsmittel	– 280
Versicherungsbeiträge	– 75
Zahlungsverpflichtungen	– 40
Freizeit/Unterhaltung	– 120
Urlaub	– 200
Sonstige Ausgaben	– 25
Finanzielle Belastbarkeit	= 1120

Maximaler Kreditbetrag

Im nächsten Schritt gilt es nun zu ermitteln, wie hoch das Darlehen sein darf. Zunächst ging es nur darum, wie viel Geld monatlich erübrigt werden kann, jetzt berechnet sich daraus der maximale Kreditbetrag. Dessen Höhe hängt neben der finanziellen Belastbarkeit zusätzlich von zwei weiteren Faktoren ab:

– Erstens vom aktuellen Nominalzinssatz für den Kredit: Das ist der Zinssatz, den man für das Darlehen zahlen muss – nicht zu verwechseln mit dem höheren Effektivzins, der weitere, aber nicht alle Kreditkosten mit

Nominalzinssatz

berücksichtigt (siehe das Kapitel Zinsberechnung auf Seite 74 ff.). Der Nominalzins soll an dieser Stelle verwendet werden, um die Rechnung möglichst anschaulich zu gestalten. Alle weiteren Finanzierungskosten, die beim Bau oder Kauf einer Immobilie entstehen, werden dann bei der Ermittlung des effektiven Zinses gesondert betrachtet.

Tilgungssatz — Zweitens vom Tilgungssatz: Das ist der Anteil des Darlehens, den man monatlich zurückzahlt, um die Schulden zu verringern. Zu Beginn der Rückzahlung beträgt der Tilgungsanteil meist 1 bis 2 Prozent.

Um den Kreditrahmen auszuloten, gibt es eine einfache Formel:

$$\text{Maximaler Kreditbetrag} = \frac{\text{Finanzielle Belastbarkeit x 12 Monate x 100}}{\text{Zinssatz + Tilgungssatz (in Prozent)}}$$

Beispiel: Finanzielle Belastbarkeit monatlich 1100 Euro bei einem Nominalzins von 6 Prozent, die Tilgung beträgt 1 Prozent:

$$\text{Maximaler Kreditbetrag} = \frac{\text{1120 Euro x 12 x 100}}{6 + 1}$$

Das ergibt in diesem Fall einen maximalen Kreditbetrag von immerhin 192 000 Euro. Hier zeigt sich schnell, wie sehr der Kreditbetrag von Zins und Tilgung abhängt. Steigt der Zins bei gleich bleibender finanzieller Belastbarkeit zum Beispiel nur um 1 Prozentpunkt, verringert sich der maximale Kreditbetrag um fast 24 000 Euro. Sinkt der Zins dagegen um einen halben Prozentpunkt, erhöht sich der maximale Kreditbetrag auf fast 207 000 Euro. Das Gleiche gilt für die Tilgungsrate.

Noch einmal der Hinweis: Bei dieser sehr vereinfachten Berechnung des maximalen Kreditbetrages wird zunächst von einem einzigen Zinssatz ausgegangen. Tatsächlich wird ein Kreditnehmer ziemlich sicher mehrere verschiedene Darlehensarten beziehungsweise Darlehen mit unterschiedlich langen Zinsbindungen neben- oder nacheinander einsetzen. Das hat zur Folge, dass es nur in ganz wenigen Fällen zu einer dauerhaft gleichmäßigen Belastung kommt, bis ein Immobilienfinanzierer schuldenfrei ist. Wie die genaue monatliche Belastung letztlich aussehen wird, lässt sich nur mithilfe eines detaillierten Finanzierungsplans berechnen (siehe das Kapitel Finanzierungsplan auf Seite 134 ff.).

Verfügbares Eigenkapital

Die Schritte 1 und 2 waren notwendig, um den Kreditrahmen auszuloten. Die nächste wichtige Frage lautet: Ist der Kreditgeber auch tatsächlich bereit, ein entsprechend hohes Darlehen zur Verfügung zu stellen?

Regeln der Kreditgeber it Das hängt in erster Linie davon ab, wie viel Eigenkapital der Immobilieninteressierte zur Verfügung hat, wie viel Geld er also selbst erübrigen kann. Denn ebenso wie bei der Frage nach der monatlichen Belastbarkeit setzen Kreditinstitute bei der Finanzierung einer Immobilie einen bestimmten Eigenanteil voraus. Mit Anzeigen, die vorgaukeln, man könnte den Bau oder Kauf einer Immobilie ohne einen Cent Eigenkapital finanzieren, sollte man nur eins machen: wegschmeißen!

Ein seriöser Kreditgeber würde sich auf so etwas nur einlassen, wenn er es mit jemandem zu tun hat, der ein sehr hohes regelmäßiges Einkommen nachweisen kann. Nur dann nämlich ist ein Kreditnehmer in der Lage, eine Immobilie ausschließlich über den monatlichen Verdienst zu finanzieren. Ausnahmen machen Banken nur dann, wenn der Kreditnehmer anstelle des Eigenkapitals zinsverbilligte öffentliche Darlehen oder zinslose Zuschüsse bezieht (siehe das Kapitel Staatliche Förderung für Selbstnutzer auf Seite 158 ff.).

Im Allgemeinen haben Banken und Sparkassen eine Art goldene Regel, wonach mindestens 20 Prozent der Gesamtkosten durch Eigenkapital finanziert werden sollten. Das heißt aber: Je höher die Quote ist, umso besser für den Kreditnehmer. Denn die Institute honorieren es in der Regel mit ein paar Zehntelprozentpunkten weniger bei den Zinsen, je mehr Kapital eingebracht wird.

Goldene Regel: mindestens 20 Prozent Eigenkapital

Guthaben Die erste und wichtigste Regel lautet hier: Der Kreditnehmer sollte so viel Eigenkapital wie möglich flüssig machen. Wer mehr als eine eiserne Reserve zurückbehält, muss nur einen unnötig hohen Kredit für die Finanzierung aufnehmen.

Die Erklärung ist ganz einfach: Sollzinsen – und dazu zählen die Zinsen für ein Hypothekendarlehen – sind in aller Regel höher als die Habenzinsen beziehungsweise die Rendite, die eine Geldanlage bringt. Das gilt vor allem für Sparkonten, aber auch für Termingelder. Dabei sollte man übrigens rechtzeitig an die Kündigung denken, sonst werden »Strafzinsen« fällig!

Sparkonten Termingelder

Rentenpapieren Selbst bei Rentenpapieren lohnt sich der Verkauf. Angenommen, das Papier wurde zu einem früheren Zeitpunkt in einer Hochzinsphase zu nominal 9 Prozent Zinsen gekauft. Der aktuelle Hypothekenzins liegt bei 6 Prozent. Dann kann das Rentenpapier jetzt an der Börse zu einem deutlich höheren Kurs verkauft werden, als ursprünglich dafür bezahlt wurde. Denn der Kurswert eines festverzinslichen Wertpapiers richtet sich immer nach dem aktuellen Zins. Sinkt der Zins, steigt der Kurs eines nominal hochverzinsten Rentenpapiers. Eine Ausnahme sind hier die nicht an der Börse gehandelten Bundesschatzbriefe, die je nach Typ bei Fälligkeit zum Nennwert oder Rückzahlungswert gutgeschrieben werden.

Aktien
Investmentfonds Die Regel, möglichst alles zu versilbern, gilt auch für Aktien oder Investmentfonds. Zwar kann durch Kursgewinne unter Umständen langfristig mehr Rendite erzielt werden, als ein Hypothekendarlehen an Zinsen kostet, aber das ist reine Spekulation! Man sollte also verkaufen, wenn nicht gerade ein absoluter Tiefpunkt an der Börse ist.

Bausparguthaben Bausparguthaben sollte man nur einbringen, wenn der Vertrag bereits zuteilungsreif ist. Ist dies nicht der Fall, gibt es eine Möglichkeit, über die es sich nachzudenken lohnt: Eigenkapital einzahlen. Vorab sollten Sie aber mit dem Bausparberater abklären, wie viel eingesetzt werden muss, um die Wartezeit zu verkürzen, damit der Vertrag sofort zuteilungsreif wird.

WISO Tipp

Das Weitersparen an einem Bausparvertrag, der nicht zuteilungsreif ist, lohnt sich nur unter ganz bestimmten Bedingungen. Ausnahmen kann es zum Beispiel dann geben, wenn Sie das Mindestsparguthaben fast erreicht haben. In einem solchen Fall haben Sie aber die Doppelbelastung aus Hypothekendarlehen und Bausparvertrag.

Eine weitere Variante besteht darin, die Bausparsumme herabzusetzen oder zu teilen. Das kostet allerdings einen Teil der Abschlussgebühr, nämlich den, der auf den reduzierten Teilbetrag entfällt. Hier muss die verglichen werden, was unterm Strich günstiger ist (mehr zum Thema Bausparvertrag auf S. 116 ff.).

Ähnliche Überlegungen muss der Darlehensnehmer auch bei Lebensversicherungen anstellen. Laufende Verträge weiter zu bedienen, zahlt sich nicht unbedingt aus – es sei denn, die Lebensversicherung wird für die Immobilienfinanzierung (siehe das Kapitel Versicherungsdarlehen auf Seite 101 ff.) genutzt. Dabei müssen allerdings vorab zwei wichtige Aspekte berücksichtigt werden: Zum einen gilt es, die steuerliche Seite zu beachten – Erträge aus Kapitallebensversicherungen müssen versteuert werden, wenn sie vor Ablauf von zwölf Jahren zurückgekauft werden. Zum anderen sollte vor einer Kündigung geklärt werden, wie hoch der Rückkaufswert der Versicherung ist. Je nach Vertragsdauer ist er unter Umständen am Ende niedriger als die Summe dessen, was in den vergangenen Jahren eingezahlt wurde.

Familiendarlehen Der Eigenkapitalersatz durch ein Familiendarlehen, also das von einem Familienangehörigen geschenkte oder geborgte Geld, wird für die jetzige Generation von potenziellen Immobilieneigentümern immer relevanter: Es gibt viel zu erben. Man sollte sich demnach nicht davor scheuen, Eltern oder andere Verwandte nach einem Familiendarlehen zu fragen.

Viele Kreditinstitute akzeptieren ein solches Darlehen allein schon deshalb, weil damit der für die Kreditzusage notwendige Eigenkapitalanteil erreicht wird.

Das Beste, was einem passieren kann, ist natürlich ein Geldgeschenk, eine so genannte Schenkung.

Aber selbst wer das Darlehen an den Verwandten zurückzahlen muss – ob mit oder ohne Zinsen –, kommt noch immer billiger weg, als wenn er größere Schulden bei einem Kreditinstitut macht. Eine Bank oder Sparkasse wird in jedem Fall höhere Zinsen verlangen.

Als »echtes« Eigenkapital darf jedoch nur das Geld eingesetzt werden, was später nicht wieder zurückgezahlt werden muss, also ein Geldgeschenk. Und unabhängig davon, wie die Konditionen des Familiendarlehens sind – ob nun mit oder ohne Rückzahlung, ob mit oder ohne Verzinsung –, gilt: Immer einen Darlehensvertrag abschließen! Das geht ohne Notar und Grundbucheintragung und erspart unter Umständen spätere Familienstreitigkeiten. Ein solcher formloser Vertrag sollte die Höhe des Darlehens, die Höchstdauer, monatliche (Mindest-)Raten, eventuelle Zinstermine und Sicherheiten berücksichtigen

Eigenleistungen In dem Kapitel Eigenleistung auf Seite 36 ff. wurde bereits alles zu dem Thema gesagt. An dieser Stelle sei noch einmal an das Wichtigste erinnert: Eigenleistungen sollte man nur da übernehmen, wo sie wirklich sinnvoll sind – zum Beispiel beim Fliesenlegen, Tapezieren und bei Sanitärinstallationen. Also gar nicht erst anfangen, die Baugrube selbst auszuheben!

Beispiel: Verfügbares Eigenkapital

Wer nun Punkt für Punkt durchgegangen ist, kann sich nach dem Muster des folgenden Beispiels eine Checkliste für das verfügbare Eigenkapital anfertigen.

WISO Tipp

Aufgepasst, wenn das Geld aus schwarzen Kanälen kommt. Denn das Finanzamt fragt nach, woher und von wem das Familiendarlehen stammt.

WISO Tipp

Beachten Sie bei Schenkungen mögliche Freibetragsgrenzen! Bei zu hohen Summen fällt Schenkungsteuer an. Die Freibetragsgrenzen richten sich nach Verwandtschaftsgrad und nach Steuerklasse des Beschenkten.

WISO Tipp

Als Laie sollten Sie davon ausgehen, dass Sie maximal 7 500 Euro als Muskelhypothek einbringen können. Den Rest überlassen Sie Profis!

Verfügbares Eigenkapital

Girokonto	4 000
Sparguthaben und Termingelder	+ 9 000
Festverzinsliche Wertpapiere	+ 13 000
Aktien/Investmentfonds	+ –
Zuteilungsreifes Bausparguthaben	+ 25 000
Rückkaufswert Lebensversicherung	+ –
Sonstige Werte (Gold, Immobilien)	+ –
Geldgeschenk	+ 35 000
Wert der Eigenleistungen	+ –
Verfügbares Eigenkapital	= 86 000

Maximale Finanzierungsmöglichkeit

Spätestens an diesem Punkt sollte klar sein, wie hoch der maximal mögliche Kreditbetrag ist und wie viel Eigenkapital zur Verfügung steht. Aus der Summe beider Beträge ergibt sich schließlich die maximale Finanzierungsmöglichkeit.

Beispiel
Maximaler Kreditbetrag + Eigenkapital = Maximale Finanzierungsmöglichkeit
Anhand der in den vorherigen Kapiteln errechneten Zahlen ergibt das folgende Rechenbeispiel:
192 000 Euro + 86 000 Euro = 278 000 Euro

Maximale Objektkosten

Nun ist das, was als maximaler Betrag finanziert werden kann, keineswegs identisch mit dem, was das Objekt selbst maximal kosten darf. Denn zusätzlich zu den eigentlichen Objektkosten müssen viele Nebenkosten berücksichtigt werden. Unseriöse Berater unterschlagen gerne Kauf- und Baunebenkosten wie Erschließungskosten, Notargebühren oder Maklerprovisionen
Umgekehrt werden die Möglichkeiten an Eigenleistungen (Muskelhypothek) gerne übertrieben, ebenso die steuerlichen Tricks, die aber Selbstnutzer häufig gar nicht ausschöpfen können oder von denen man tun-

lichst abraten sollte (zum Beispiel ein Disagio einzusetzen, siehe Kapitel Effektiver Zins, Seite 77 ff.). Daher gilt entgegen aller möglichen falschen Versprechungen: Wer eine Immobilie baut oder kauft, muss immer mit bis zu 17 Prozent zusätzlichen Kosten und Gebühren rechnen.

Im Einzelfall mag das zwar weniger sein, da die Höhe der Nebenkosten schon allein davon abhängen, ob eine Immobilie gebaut oder gekauft wird, ob sie neu oder gebraucht ist oder ob man einen Makler eingeschaltet hat. Doch im Zweifel sollte man bei der Finanzierungsplanung etwas großzügiger sein und immer darauf vorbereitet sein, dass in der Bau- oder Finanzierungsphase plötzlich Kosten entstehen, die nicht einkalkuliert waren.

WISO Tipp

Um grob zu überschlagen, was an zusätzlichen Kosten entsteht, können Sie sich an folgende Faustregel halten: Beim Bau oder Erwerb einer Immobilie können bis zu 17 Prozent an Nebenkosten zusätzlich zum reinen Objektpreis auf Sie zukommen.

Kosten beim Kauf

Beim Kauf einer Immobilie muss zwischen einer neuen und einer gebrauchten unterschieden werden. Je nachdem können folgende Kosten entstehen:

Der Kaufpreis muss in jedem Fall entrichtet werden. Wurde ein Makler eingeschaltet, verlangt dieser für seine Dienste ein Honorar, auch Courtage genannt. Es ist regional unterschiedlich hoch, liegt aber mindestens bei 3,57 Prozent des Kaufpreises.

Kaufpreis

Seit dem 1.1.2007 dürfen die Bundesländer den Steuersatz bei der Grunderwerbsteuer selbst bestimmen. Der Käufer muss sich also – genauso wie der Bauherr – in Zukunft zunächst erkundigen, wie hoch der aktuelle Satz in einem Bundesland ist, um richtig kalkulieren zu können. Bisher lag der Steuersatz bundeseinheitlich bei 3,5 Prozent, doch haben einige Bundesländer den Steuersatz auf 4,5 Prozent, teilweise sogar auf 5,0 Prozent erhöht. Dennoch wird im Buch der Einfachheit halber bei Rechenbeispielen zunächst weiter von einem einheitlichen Satz von 3,5 Prozent ausgegangen. Bemessungsgrundlage ist in den meisten Fällen der Gesamtkaufpreis, also sowohl der Kaufpreis für das Grundstück als auch für das Gebäude beziehungsweise für die Wohnung.

Grunderwerbssteuer

Zusätzliche Instandsetzungs- und Modernisierungskosten können bei einer gebrauchten Immobilie entstehen, zum Beispiel wegen einer veralteten Heizungsanlage oder weil das Dach undicht ist. Sinnvoll ist dafür der Blick in den Energieausweis, aus dem hervorgeht, wie es um den energetischen Zustand der Immobilie steht (mehr dazu im Kapitel Umweltas-

Instandsetzungskosten

pekte auf Seite 42). Solche Kosten sollte man nicht unterschätzen und deshalb am besten vor dem Kauf einen Sachverständigen zurate ziehen! Es werden außerdem Geldbeschaffungskosten fällig, also Notargebühren (1 Prozent vom Objektpreis) und die Gebühren für die Eintragung beziehungsweise bei gebrauchten Immobilien für die Umschreibung im Grundbuch (0,5 Prozent).

Geldbeschaffungskosten

Kosten beim Bau

Bei den Baukosten muss zwischen den Aufwendungen für das Grundstück und denen für das Gebäude selbst unterschieden werden.

Grundstückskosten Auch hier ist zunächst der Kaufpreis zu entrichten. Wurde das Grundstück über einen Makler erworben, wird Maklercourtage (mindestens 3,57 Prozent) fällig.

Grunderwerbsteuer Auf den Grundstückspreis wird die Grunderwerbsteuer erhoben, deren Satz – wie bereits erwähnt – jetzt von Bundesland zu Bundesland unterschiedlich hoch sein kann. Bemessungsgrundlage ist normalerweise das Grundstück, häufig wird jedoch der Kaufpreis des Gebäudes beziehungsweise der Wohnung mit einbezogen. Das wird schon allein deshalb so gehandhabt, weil es in den vergangenen Jahren üblich war, beim Bau einer Immobilie alles aus einer Hand zu machen. Der Verkäufer des Grundstücks war nicht selten gleichzeitig der Bauträger.

WISO Tipp

Wenn der Verkäufer des Grundstücks und der Bauträger nicht dieselbe Rechtsperson sind oder nicht in irgendeinem rechtlichen Zusammenhang stehen, können Sie vom Fiskus verlangen, die Grunderwerbsteuer nur für das Grundstück zahlen zu müssen.

Das lässt sich nur umgehen, wenn man dem Fiskus glaubhaft nachweisen kann, dass der Kauf des Grundstücks mit dem Bau des Gebäudes nichts zu tun hat. Das setzt voraus, dass der Kaufvertrag für das Grundstück und der Bauvertrag über das Haus getrennt voneinander abgeschlossen werden.

Es kommt darauf an, dass der Bauherr bei der Unterzeichnung des Bauvertrags unabhängig in seiner Entscheidung war, wen er mit dem Bau beauftragt; nur dann muss das Finanzamt von zwei verschiedenen Rechtsvorgängen ausgehen.

Diese Ansicht untermauert ein Urteil des Bundesfinanzhofs (v. 27.10.1999, AZ II R 17/99). Wer ein unbebautes Grundstück kauft, gleichzeitig mit dem Veräußerer oder ihm nahestehenden Unternehmen Verträge abschließt, die die künftige Bebauung des Grundstücks betreffen, der muss von einem einheitlichen Vertragswerk ausgehen. Das bedeutet: Der Käufer muss sowohl auf die Grundstücksals auch auf die Gebäudekosten Grunderwerbsteuer zahlen.

Wer ein Grundstück kauft, das zur Erschließung ansteht, sollte darauf achten, dass ausdrücklich das unerschlossene Grundstück Kaufgegenstand ist. Dann braucht er für die später anfallenden Erschließungskosten keine Grunderwerbsteuer zu zahlen. Das gilt selbst dann, wenn er sich im Kaufvertrag verpflichtet hat, die Erschließungskosten zu übernehmen (BFH-Urteil v. 15.3.2001, AZ: II R 39/99).

Verkauft ein Bauherr während der Bauphase das Grundstück und verlangt vom Erwerber, in den Bauvertrag einzutreten und von allen vertraglichen Verpflichtungen freigestellt zu werden, liegt kein einheitliches Vertragswerk vor. Das bedeutet: Das Finanzamt darf nur die zum Verkaufszeitpunkt vorhandene Bausubstanz, selbstverständlich zuzüglich Grundstückswert, für die Berechnung der Grunderwerbsteuer zugrunde legen, also nicht den später komplett fertigen Bau. Etwas anderes gilt, wenn dem Verkäufer und dem mit dem Bau beauftragten Unternehmen ein abgestimmtes Verhalten nachgewiesen werden kann (BFH-Urteil v. 22.5.2002, AZ: II R 1/00).

Wer ein Grundstück kauft, das mit Altlasten kontaminiert ist und sich im Kaufvertrag zur Bodensanierung verpflichtet, zahlt nur auf den vereinbarten Grundstückspreis Grunderwerbsteuer. Die Kosten der späteren Sanierung müssen nicht berücksichtigt werden, solange bei Abschluss des Kaufvertrags noch keine Sanierungsverfügung der Behörden an den Verkäufer des Grundstücks ergangen ist (BFH-Urteil v. 30.3.2009, AZ: II R 62/06).

In der Regel müssen außerdem Erschließungskosten einkalkuliert werden. Dazu muss vorab geklärt sein, ob und wie viel Gebühren für den Bau von Straßen, für Wasser-, Abwasser-, Strom-, Gas-, Telefon- und Kabelanschluss zu zahlen sind. Dafür gibt es keine allgemeine Richtgröße, aber es können durchaus einige Tausend Euro anfallen. **Erschließungskosten**

Gebäudekosten Anteilig am höchsten sind natürlich die Baukosten eines Hauses. Nur unter der Voraussetzung, dass ein Bauunternehmen das Gebäude zu einem Festpreis erstellt, weiß man genau, was das Objekt kosten wird.

Wer die Bauleitung jedoch selbst in die Hand nimmt beziehungsweise sich das Haus von einem Architekten bauen lässt, für den wird es deutlich schwieriger, die Kosten im Voraus zu schätzen. Um sie wenigstens ungefähr vorhersagen zu können, haben Fachleute nach Ausstattung, Geschosszahl und -ausbau sowie abhängig davon, ob es sich um Ein- oder Mehrfamilien-

WISO Tipp

Wichtig ist, dass Sie alle Gebäude- und Ausstattungsmerkmale von vornherein in ihrer endgültigen Größenordnung planen. Schon kleinere Veränderungen können die Immobilie um bis zu 50 Prozent teurer werden lassen.

häuser handelt, DIN-Normen für den Rauminhalt und den umbauten Raum entwickelt. Diese können aber allenfalls eine ungefähre Richtgröße sein, denn in der Praxis sind solche Kosten nach oben hin offen. Letztlich wird nur der Architekt sagen können, welche Material- und Handwerkerkosten einzukalkulieren sind. Dazu muss es natürlich einen endgültigen Entwurf des Hauses geben.

Kosten der Außenanlage Zu den eigentlichen Gebäudekosten kommen die Kosten der Außenanlage hinzu. Dazu zählen beispielsweise Anschlüsse der Versorgungsleitungen von der Hauptleitung in das Gebäude, Entwässerungs- und Gartenanlagen, Wege, Parkplätze oder Grundstücksmauern.

Honorare Honorare für den Architekten sowie für Ingenieur- und Statikerleistungen sind ebenfalls einzurechnen. Diese Positionen können als Baunebenkosten zusammengefasst werden. Dabei müssen auch die Gebühren für die behördliche Prüfung und Genehmigung berücksichtigt werden.

Versicherungen Ein weiterer wichtiger Punkt sind die Versicherungen. Der Bauherr ist für die Sicherheit an seiner Baustelle verantwortlich. Daher ist es dringend geboten, beim Bau einer Immobilie entsprechende Versicherungen abzuschließen. In einigen Fällen kommt man gar nicht daran vorbei: Ohne eine Feuerversicherung zum Beispiel würde man keinen Kreditgeber für das Bauvorhaben finden. Aber selbst wenn man eine Immobilie kauft, wird man um eine Versicherung nicht herumkommen. So muss zum Beispiel eine Gebäudeversicherung nachgewiesen werden und auch eine private Haftpflichtversicherung ist in jedem Fall sinnvoll (mehr zum Thema in dem Kapitel Versicherungen auf Seite 38 ff.).

WISO Tipp

Klären Sie vorab, wer im Schadensfall geradestehen und haften muss: der Bauherr oder sein Sicherheitskoordinator.

Wichtig außerdem: Der Bauherr allein hat die Verantwortung für die Sicherheit am Bau. Die entsprechende Baustellenverordnung ist so eng gefasst, dass sie unter Umständen schon für den Bau eines einfachen Einfamilienhauses gilt. Allerdings kann sich der Bauherr einen »Sicherheitskoordinator« bestellen, der schon während der Planung eines Gebäudes einen Sicherheits- und Gesundheitsschutzplan erstellt und dessen Einhaltung später überwacht.

Finanzierungskosten Sowohl beim Kauf als auch beim Bau einer Immobilie fallen Finanzierungskosten an. Diese Kosten werden bei der Betrachtung des effektiven Zinses detailliert beschrieben (siehe das Kapitel Zinsberechnung auf Seite 74 ff.).

Doch es gibt noch weitere Kosten, die bei der Kreditaufnahme anfallen: die so genannten Finanzierungsnebenkosten. Die meisten Kreditgeber erheben vor der Kreditvergabe zunächst Wertermittlungsgebühren, auch Schätzkosten genannt. Diese Kosten muss derjenige zahlen, der von seinem Kreditinstitut prüfen lässt, wie hoch der Objektwert einer Immobilie ist, also was an Sicherheiten da ist, wenn ein Kredit aufgenommen wird. Die Gebühr richtet sich entweder nach der Höhe des voraussichtlichen Schätzwertes oder nach der – niedrigeren – Darlehenssumme und macht je nach Kreditgeber zwischen 0,2 und 0,5 Prozent einer dieser beiden Größen aus. Der Einfachheit halber sollte man sich bei seinen Planungen nach der Höhe der Darlehenssumme richten.

Schätzkosten

Zinsbelastungen können schon während der Bau- beziehungsweise Fertigstellungsphase oder beim Kauf entstehen. In diesem Fall spricht man von Bauzeitzinsen (Bau) oder Bereitstellungszinsen (Kauf).

Bauzeitzinsen können anfallen, wenn das Darlehen nicht in einer Summe, sondern in mehreren Raten abgerufen wird, was bei Bauvorhaben die Regel ist. Sobald Kreditinstitute das Darlehen zugesagt haben, verlangen einige sofort, andere nach einem festgelegten Zeitraum diese Zinsen auf den Teil der Darlehenssumme, der noch nicht ausgezahlt wurde. Der Kreditgeber fordert quasi eine Gebühr dafür, dass er das Geld auf Vorrat hält. Mit Bereitstellungszinsen muss rechnen, wer für den Immobilienkauf ein Darlehen braucht und – gewollt oder ungewollt – eine gewisse Frist verstreichen lässt, ohne dass er den Betrag abruft. Beide Zinsarten betragen in der Regel 0,25 Prozent pro Monat für das Darlehen beziehungsweise für den Restbetrag.

WISO Tipp

In Darlehensverträgen findet sich häufig die Formulierung »Auszahlung nach Baufortschritt« – damit fallen automatisch Bauzeitzinsen an. Das Darlehen wird Ihnen in diesem Fall nur Schritt für Schritt mit dem Fortgang der Bauarbeiten ausgezahlt.

Geldbeschaffungskosten Durch die Eintragung einer Hypothek oder Grundschuld in das Grundbuch sichern die Institute die Finanzierung dieses Bau- oder Kaufvorhabens ab. Für diese sogenannte Grundschuldbestellung werden noch einmal Notar- und Grundbuchkosten fällig. Die Gebühren richten sich – ebenso wie bei der Wertermittlungsgebühr – nach der Darlehenssumme und betragen 0,5 Prozent.

Bei einer gebrauchten Immobilie besteht unter Umständen neben der Eintragung im Grundbuch eine Briefschuld. Dieser Brief wurde früher den Kreditgebern ausgestellt, damit sie ein beglaubigtes Papier in Händen hielten und somit über eine entsprechende Sicherheit verfügten. Mit der Veränderung der Grundbuchordnung im Jahr 1978 ist dieses Papier überflüssig geworden. Ausnahme: Ist der Kreditgeber eine Versicherungsgesellschaft, verlangt diese häufig als zusätzliche Sicherheit eine Briefschuld.

WISO Tipp

Sie sollten von Ihrem Kreditgeber verlangen, dass er auf ein Briefrecht verzichtet. Denn Ihnen entstehen sonst nur unnötige zusätzliche Gebühren.

Sonstige Kosten Unter dieser Position werden alle Posten eingetragen, die zwangsläufig mit einer neuen Immobilie verknüpft sind; das betrifft vor allem die Eigenheimbesitzer. Schließlich sollte man nicht vergessen, dass der Umzug ins neue Heim etwas kostet und dass unter Umständen Neuanschaffungen notwendig sind, zum Beispiel der Kauf einer neuen Einbauküche.

Checkliste: Kauf einer Immobilie

Kaufpreis	–
Grunderwerbsteuer	3,5 % vom Kaufpreis
Notarkosten für Kaufabwicklung	1 % vom Kaufpreis
Grundbuchkosten für Eigentumseintragung	0,5 % vom Kaufpreis
Maklerprovision	mind. 3,57 % vom Kaufpreis
Evtl. Erschließungskosten	nach Bedarf
Evtl. Instandsetzung-/Modernisierungs-kosten	nach Bedarf
Finanzierungsnebenkosten	
Wertermittlungsgebühren	0,2–0,5 % der Darlehenssumme
Bereitstellungszinsen	0,25 % der Darlehenssumme
Geldbeschaffungskosten	
Kosten für Notar und Grundschuld-bestellung	0,5 % der Darlehenssumme
Sonstige Kosten	
Umzug, Neuanschaffung	nach Bedarf

Checkliste: Bau einer Immobilie

Grundstück	
Kaufpreis	–
Grunderwerbsteuer	3,5 % vom Kaufpreis
Notarkosten für Kaufabwicklung	1 % vom Kaufpreis
Grundbuchkosten für Eigentumseintragung	0,5 % vom Kaufpreis
Maklerprovision	mind. 3,57 % vom Kaufpreis
Evtl. Erschließungskosten	nach Bedarf

Gebäude	
Baukosten der Immobilie	–
Kosten der Außenanlagen	–
Honorar Architekt/Ingenieur	–
Prüfung und Genehmigung durch Behörde	–
Versicherungen	nach Bedarf
Finanzierungsnebenkosten	
Wertermittlungsgebühren	0,2–0,5 % der Darlehenssumme
Bauzeitzinsen	0,25 % der Darlehenssumme
Geldbeschaffungskosten	
Kosten für Notar und Grundschuldbestellung	0,5 % der Darlehenssumme
Sonstige Kosten	
Umzug, Neuanschaffungen	nach Bedarf

Berechnung der maximalen Objektkosten

Zum Schluss müssen alle Kosten zur Ermittlung der maximalen Objektkosten Punkt für Punkt zusammengetragen werden. Nun zeigt sich, wie viel Haus oder Wohnung der Immobilieninteressierte sich eigentlich leisten kann.

Wer irgendwo ein Bau- oder Kaufangebot sieht, bekommt zunächst Informationen über die Objektkosten oder darüber, ob zum Beispiel eine Maklerprovision anfallen wird. In den beiden folgenden Rechenbeispielen nähert man sich den maximalen Objektkosten auf dem umgekehrten Weg, also von den Finanzierungsmöglichkeiten her.

Zunächst einmal werden alle Kosten abgezogen, die unabhängig vom Kaufpreis oder von der Darlehenssumme sind. Anschließend werden alle Gebühren, die sich nach der Darlehenshöhe richten, berechnet. Das Ergebnis ist sozusagen der Bruttopreis eines Objekts. Mithilfe einer Formel werden dann die Nebenkosten eingesetzt, die vom Objektpreis selbst abhängen. Das Ergebnis zeigt, wie hoch die maximalen Objektkosten sind, also wo die Grenze für die maximalen Baukosten oder für den maximalen Kaufpreis liegt. Dazu gehören die beiden folgenden Checklisten und Rechenbeispiele – getrennt nach Kauf und Bau –, die auf das Beispiel abgestimmt sind.

Kauf einer Immobilie

Beispiel

Maximale Finanzierungsmöglichkeit: 278 000 Euro

Maximaler Darlehensbetrag: 192 000 Euro

Checkliste: Maximaler Kaufpreis

Finanzierungsmöglichkeit	278 000
Sonstige Kosten	− 7 000
Modernisierungs-/Instandsetzungskosten	− −
Finanzierungsnebenkosten	
Wertschätzungsgebühren (0,4 % des Darlehens)	− rund 770
Bereitstellungszinsen (0,25 % des Darlehens)	− −
Geldbeschaffungskosten	
Notar- und Grundbuchgebühren (0,5 % des Darlehens)	− 960
Bruttopreis	= 269 270

Der maximale Kaufpreis wird anhand folgender Formel errechnet:

$$\text{Maximaler Kaufpreis} = \frac{\text{Bruttopreis} \times 100}{100 + \text{Maklerprovision} + \text{Grunderwerbsteuer} + \text{Notar/Grundbuchgebühren}}$$

Daraus errechnet sich für dieses Beispiel:

$$\text{Maximaler Kaufpreis} = \frac{269\,270 \times 100}{100 + 3,57 + 3,5 + 1,5}$$

Das ergibt einen maximalen Kaufpreis von 248 015, also rund 248 000 Euro. Die Maklerprovision liegt bei etwa 9613 Euro, die Grunderwerbsteuer bei circa 9424 Euro und die Notar-/Grundbuchgebühren bei etwa 4039 Euro.

Zusätzliche Instandsetzungs- und Modernisierungskosten reduzieren den maximalen Kaufpreis natürlich noch. Von solchen Kosten erfährt man aber meist erst, wenn man (mithilfe eines Sachverständigen) die Wunsch-Immobilie begutachtet hat. Das muss bei der Berechnung des maximalen Kaufpreises nachträglich berücksichtigt werden.

Bau einer Immobilie Leider lassen sich die Kosten für den Bau einer Immobilie und damit der maximale Kaufpreis nicht so einfach berechnen. In einer Checkliste, die mit der obigen vergleichbar ist, wären einige Positionen enthalten, die man vor dem Kauf eines Grundstücks gar nicht richtig beurteilen kann. So sind zum Beispiel die Ausmaße des Hauses beziehungsweise der Betrag, den man für die Immobilie selbst noch erübrigen kann, abhängig von der Größe und von den Kosten des Grundstücks. Das wiederum beeinflusst die Kosten der Außenanlage und vor allem natürlich die Honorare für Architekten- und Ingenieurleistungen.

Wer sich also zum Bau einer Immobilie entschließt, kann sich nur sehr grob an die Checkliste auf Seite 62 halten. Sind dort alle ermittelten Positionen addiert, muss dieser Betrag mit den ermittelten maximalen Finanzierungsmöglichkeiten verglichen werden. Das ist etwas mühsam und (finanzielle) Überraschungen lassen sich leider nicht ganz vermeiden.

Festpreis Wer sich allerdings entschließt, ein Haus zum Festpreis oder ein Fertighaus zu bauen, für den ist diese Checkliste wiederum genauso einfach zu handhaben wie beim Kauf einer Immobilie. Sie dient als Grundlage bei der Suche nach einem passenden Grundstück. Der errechnete Betrag ist das, was letztlich nach Abzug aller restlichen Kosten für ein adäquates Grundstück übrig bleibt, auf dem ein Fertighaus oder ein zum Festpreis geplantes Haus errichtet werden soll.

Beispiel

Kosten des Hauses zum Festpreis:	145 000 Euro
Maximale Finanzierungsmöglichkeit:	278 000 Euro
Maximaler Darlehensbetrag:	192 000 Euro

Checkliste: Maximale Grundstückskosten

Finanzierungsmöglichkeit	278 000
Sonstige Kosten (Umzug, Neuanschaffungen)	− 7 000
Gebäude	
Baukosten des Hauses	− 145 000
Kosten der Außenanlagen	− 7 000
behördl. Prüfung und Genehmigung	− 1 250
Honorare (Architekten, Ingenieure)	− 7 000
Versicherungen	− 1 000

Grundstück	
Erschließungen	– 7 000
Finanzierungsnebenkosten	
Wertschätzungsgebühren (0,4 % des Darlehens)	–rund 770
Bauzeitzinsen (0,25 % des Restdarlehens)*	–rund 260
Geldbeschaffungskosten	
Notar- und Grundbuchgebühren (0,5 % des Darlehens)	– 960
Bruttopreis	= 100 760

*Es kann sich nur um einen Näherungswert handeln, da die Zinsen immer auf den verbleibenden Restbetrag des Darlehens berechnet werden.

$$\text{Maximale Grundstückskosten} = \frac{\text{Bruttopreis x 100}}{100 + \text{Maklerprovision} + \text{Grunderwerbsteuer} + \text{Notar/Grundbuchgebühren}}$$

Das sieht für dieses Beispiel folgendermaßen aus:

$$\text{Maximale Grundstückskosten} = \frac{100\,760 \times 100}{100 + 3{,}57 + 3{,}5 + 1{,}5}$$

Das ergibt maximale Grundstückskosten von 92 806,50 Euro, also knapp 93 000 Euro. Die Maklerprovision liegt bei circa 3597 Euro, die Grunderwerbsteuer bei rund 3527 Euro und die Notar-/Grundbuchgebühren bei circa 1511 Euro.

Achtung: Bei dieser Rechnung wird davon ausgegangen, dass die Grunderwerbsteuer nur auf das Grundstück erhoben wird. Oftmals wird der Wert der Immobilie als Bemessungsgrundlage für die Steuer allerdings mit berücksichtigt (siehe Kapitel Kosten beim Kauf, Seite 57). Ist dies auch hier der Fall, muss ein höherer Betrag für die Grunderwerbsteuer angesetzt werden.

Bei der Kostenberechnung muss also auf die Nebenkosten geachtet werden. Gerade hier versuchen unseriöse Kreditanbieter, Makler und Bauträger, die Immobilie besser darzustellen, als sie ist. Die Bau- und Finanzierungsnebenkosten werden dadurch zu niedrig angesetzt und am Schluss muss ein Finanzierungsloch gestopft werden. Deshalb sollte man vorsichtshalber bei der Behörde, bei zukünftigen Nachbarn und beim Kreditgeber die Aussagen des Anbieters prüfen.

Fazit

Zur Ermittlung der monatlichen Belastbarkeit werden alle laufenden Ausgaben berücksichtigt. Wie teuer schließlich die Immobilie sein darf, hängt vom Eigenkapital und vom Kredit ab, den man finanzieren kann. Dabei müssen diverse Nebenkosten – bis zu 17 Prozent der eigentlichen Kosten für die Immobilie – berücksichtigt werden.

Finanzierungs-
kosten

Auf dem Immobilienmarkt tummeln sich Banken, Sparkassen, Hypothekenbanken, Bausparkassen, Versicherungen, unabhängige Finanzberater oder Finanzvermittler. Je nach Anbieter geht der Immobilieninvestor dabei unterschiedliche Verpflichtungen und Risiken ein und wird mit den verschiedensten Abwicklungsformen des Finanzierungsgeschäfts konfrontiert. Allen gemeinsam ist allerdings, dass es dieses Geld nicht umsonst gibt. Bevor die verschiedenen Finanzierungsformen vorgestellt werden, sollen an dieser Stelle zunächst einmal die Kosten beleuchtet werden, die für ein Immobiliendarlehen aufzubringen sind. Sie ergeben sich aus dem Immobilienwert und dem Zinsniveau. Darüber hinaus entstehen Finanzierungsnebenkosten.

Der Immobilienwert für den Finanzierer

Kreditgeber verlangen für ein Darlehen zur Finanzierung einer Immobilie gewisse Sicherheiten. Bei Grundstücken und Wohneigentum sichern sie sich dadurch ab, dass sie ihre Forderung gegenüber dem Kreditnehmer als sogenanntes Grundpfandrecht eintragen lassen. Das bedeutet: Sie pfänden die Immobilie und lassen dies im Grundbuch eintragen, entweder in Form einer Hypothek oder einer Grundschuld. Bei einer Hypothek hat der Kreditgeber eine konkrete Forderung gegenüber dem Darlehensnehmer. Eine Hypothek geht deswegen im Laufe der Tilgung im gleichen Maße zurück wie die Darlehensschuld. Das bedeutet: Hat der Darlehensnehmer den Kredit zurückgezahlt, erlischt die Hypothek.

Hypothek

Da mehrere Grundpfandrechte auf einer Immobilie lasten können, wird die Eintragung im Grundbuch in einer bestimmten Reihenfolge festgelegt. Falls der Kreditnehmer das Darlehen aus irgendeinem Grund nicht mehr weiter zurückzahlen kann, ist diese Reihenfolge sehr wichtig für den Kreditgeber. Denn wer an erster Stelle im Grundbuch eingetragen ist, wird auch als Erster bedient, wenn es zu einer Zwangsversteigerung oder einem Notverkauf kommt. Die größte Sicherheit für einen Kreditgeber bietet also eine Eintragung an erster Stelle, eine sogenannte erstrangige Hypothek (siehe dazu auch weiter unten den Abschnitt Beleihungsgrenze).

Baukredite werden heute allerdings nur noch selten über eine Hypothek abgesichert, selbst wenn bei bestimmten Finanzierungsgeschäften immer noch von »Hypotheken«-Darlehen die Rede ist. Sehr viel häufiger wird die Immobilie heutzutage über eine Grundschuld gepfändet. Der Unterschied zur Hypothek: Wer den Kredit tilgt, reduziert zwar seine Darlehensschuld, die Grundschuld bleibt aber in voller Höhe bestehen. Das hat Vorteile für Kreditnehmer und -geber gleichermaßen, denn auch bei mehreren Kreditgebern reicht eine einzige Eintragung im Grundbuch. Ändert sich der Darlehensgeber, weil man zum Beispiel umfinanzieren will, braucht der Kreditnehmer keine Löschung zu beantragen und jemanden neu eintragen zu lassen. Vielmehr reicht eine Abtretungserklärung von einem Kreditgeber an den nächsten. Das spart Zeit und Geld, weil viele Institute lediglich eine Pauschale von 100 Euro dafür verlangen. Die Abtretung muss anschließend vom Notar beglaubigt und im Grundbuch eingetragen werden. Noch einfacher geht es bei Sparkassen und Landesbanken. Dort fallen nur Bearbeitungsgebühren und Amtsgerichtskosten an, weil diese siegelführenden Institute keine Beglaubigung und damit keinen Notar brauchen.

Grundschuld

Viele Eigentümer lassen die Grundschuldeintragung löschen, wenn sie den Kredit für ihre Immobilie abgezahlt haben. Doch das ist nicht unbedingt sinnvoll. Besser ist es, die Grundschuld im Grundbuch lediglich stilllegen zu lassen. Vorteil: Wer später ein neues Darlehen aufnimmt, etwa für Reparaturen oder bei einem Verkauf der Immobilie, kann die Grundschuld reaktivieren lassen.

Häufig steckt hinter dem Wunsch, den Eintrag löschen zu lassen, die Angst, dass der Kreditgeber mit der Grundschuld auch nach Rückzahlung des Kredits noch Zugriff auf die Immobilie hat. Doch das Gesetz (§ 1193 Abs. 1 BGB) verbietet das. Danach kann ein Kreditinstitut die Immobilie nur dann zwangsversteigern lassen, wenn es nachweist, dass der Schuldner seinen Zahlungsverpflichtungen nicht nachgekommen ist. Das ist bei einem abgezahlten Kredit nicht möglich (siehe auch das Kapitel Bestandteile des Darlehensvertrags auf Seite 222).

Trotzdem sollten sich Eigentümer zur Sicherheit vom Kreditgeber eine Verzichtserklärung samt Löschungsbewilligung ausstellen lassen. Damit bestätigt das Kreditinstitut, dass das Darlehen getilgt ist. Nach einem Urteil des Bundesgerichtshofs (Urteil v. 7. 5. 1991, AZ: XI ZR 244/90) darf das Kreditinstitut dafür keine Gebühr erheben. In der Praxis fallen aber doch Gebühren an, und zwar durch einen Notar: Denn die (amtliche) Verzichtserklärung gilt nur, wenn sie von entscheidungsbefugten Vertretern des Kreditgebers abgegeben wurde. Also muss der Notar häufig hochoffiziell bestätigen, dass die richtigen Verantwortlichen die Erklärung abgegeben haben.

Beleihungswert

Ein Kreditinstitut prüft zunächst, wie kreditwürdig jemand ist, der ein Darlehen anfragt (siehe das Kapitel Rechtliche Grundlagen ab Seite 219). Außerdem will es wissen, wie wertvoll die Immobilie ist, für den Fall, dass der Kreditnehmer in Schwierigkeiten gerät, also die Finanzierung im schlimmsten Fall gestoppt werden muss.

Dabei geht der Baufinanzierer vom sogenannten Beleihungswert einer Immobilie aus. Darunter ist jener Wert zu verstehen, den der Kreditgeber abzüglich eines Sicherheitsabschlags jederzeit für das Objekt erzielen kann. Der Beleihungswert ist in jedem Fall niedriger als der aktuelle Wert der Immobilie oder der Preis, den der Darlehensnehmer dafür bezahlt hat, weil es um den langfristig erzielbaren Wert der Immobilie geht. Das Kreditinstitut schätzt entweder selbst oder schickt einen Gutachter. Dafür fallen beim Darlehensnehmer Gebühren an, die zwischen 0,2 bis 0,5 Prozent der Darlehenssumme beziehungsweise des Schätzwertes liegen.

Beim Beleihungswert wird zwischen selbst genutzten und vermieteten Objekten unterschieden. Bei selbst genutztem Wohneigentum wird der Beleihungswert nach dem Sachwertverfahren berechnet. Dabei werden der Boden- und der Bauwert addiert. Der Bodenwert ist relativ einfach zu kalkulieren: Die Zahl der Quadratmeter wird mit einem Quadratmeterpreis multipliziert, der langfristig zu erzielen ist.

Sachwertverfahren

Die Ermittlung des Bauwerts ist sehr viel schwieriger. Entweder wird dabei ein Indexverfahren angewandt, bei dem die Baukosten hochgerechnet werden. Oder der Schätzer rechnet die seiner Ansicht nach »angemessenen«, also nicht die tatsächlichen Herstellungskosten zusammen und zieht davon je nach Alter des Hauses oder der Wohnung zwischen 10 und 30 Prozent als Risikoabschlag ab. Die Ermittlung des Bauwerts zielt also entweder auf den Substanzwert einer Immobilie oder auf deren Herstellungskosten.

Ertragswertverfahren

Bei einem vermieteten Objekt wird nach dem Ertragswertverfahren geschätzt. Man orientiert sich also an der erzielbaren Miete oder genauer an dem »nachhaltig erzielbaren Nettoertrag«, der sich aus den jährlichen Mieteinnahmen abzüglich sämtlicher Kosten ergibt. Wie hoch das Kreditinstitut die Immobilie beleiht, errechnet sich anschließend nach dem sogenannten Kapitalisierungsfaktor, der bei einem Mehrfachen der krisenfesten Jahresmiete liegt und zugleich Alter, Bauzustand, Nutzung und Größe des Objekts berücksichtigt. Einige Kreditgeber berechnen auch einen gewichteten Wert oder schlicht den Mittelwert aus Sach- und Ertragswert. Der aktuelle Verkehrswert ist die Obergrenze für jeden Beleihungswert. Er ist der Wert beziehungsweise der Preis, mit dem man mindestens rechnen muss, wenn eine Immobilie angeboten wird. Der Verkehrswert ergibt sich auf Basis des Sach- oder Ertragswerts, berücksichtigt aber außerdem die Lage des Objekts und die momentane Situation am Wohnungsmarkt. Der Beleihungswert liegt rund 20 bis 30 Prozent unter dem Verkehrswert.

WISO Tipp

Sie sollten mit dem Kreditgeber verhandeln, wenn es um die Festsetzung des Beleihungswertes geht. Wichtig ist vor allem die Berechnungsmethode. Haben Sie als Kreditnehmer einen Kaufpreis gezahlt, der unter dem Verkehrswert liegt, so können Sie für die Absicherung Ihrer Finanzierung fordern, dass der Kaufpreis möglichst ganz berücksichtigt wird.

Beleihungsgrenze

Der Beleihungswert ist für den Kreditgeber nur eine erste Bewertungsgrundlage, denn er beleiht die Immobilie nur bis zu einer Grenze, die jedes Institut für sich selbst festlegt. Erfahrungsgemäß liegen diese Beleihungsgrenzen bei Geschäftsbanken, Volks- und Raiffeisenbanken sowie bei Sparkassen bei 80 Prozent des Beleihungswertes; bei Hypothekenbanken sind es immerhin bis zu 60 Prozent, manchmal auch bis zu 65 Prozent. Lebensversicherer sind deutlich zurückhaltender: Ihre Beleihungsgrenzen sind nur bei 40 bis 60 Prozent des Beleihungswertes festgelegt.

Bewegt sich die Höhe eines Darlehens jeweils in diesem Bereich, also bis zur Beleihungsgrenze, wird es als erstrangige oder auch 1a-Hypothek bezeichnet. Ein solcher Kredit wird durch ein erstrangiges Grundpfandrecht abgesichert. Das heißt: Falls der Kreditnehmer nicht mehr in der Lage ist, das Darlehen abzuzahlen, und es zum Verkauf oder zu einer Zwangsvollstreckung kommt, wird die Forderung dieses Baufinanzierers als erste bedient. 1a-Hypothek

Beispiel

Eine Immobilie hat einen Kaufpreis von 248 000 Euro. Der Beleihungswert beträgt 80 Prozent des tatsächlichen Kaufpreises, umgerechnet also 198 400 Euro. Wird das Rechenbeispiel aus dem Kapitel Kassensturz zugrunde gelegt (Kapitel Maximaler Kreditbetrag auf Seite 51), beträgt der ermittelte maximale Darlehensbetrag 192 000 Euro. Für die Finanzierung ergibt sich damit

– bei Banken und Sparkassen: Die Beleihungsgrenze für eine erstrangige Hypothek liegt bei 80 Prozent des Beleihungswerts, umgerechnet also 158 720 Euro. Das bedeutet, dass lediglich knapp zwei Drittel des Kaufpreises über eine 1a-Hypothek finanzierbar sind. Von dem notwendigen Gesamtdarlehen von 192 000 Euro fehlen 33 280 Euro.

– bei einer Hypothekenbank: Die Beleihungsgrenze beträgt hier 60 Prozent, macht umgerechnet 119 040 Euro aus. Der Kaufpreis ist in diesem Fall nur noch zu knapp 50 Prozent über eine 1a-Hypothek finanzierbar. Vom maximal möglichen Kreditbetrag fehlen 72 960 Euro.

– bei den Lebensversicherungen: Diese rechnen entweder bestenfalls wie die Hypothekenbanken oder setzen ihre Beleihungsgrenze bei gerade mal 40 Prozent an. Auf das Beispiel bezogen, wären im schlechtesten Fall 79 360 Euro an Finanzierung über eine 1a-Hypothek abgedeckt, also umgerechnet nur ein Drittel des Kaufpreises. Vom maximal möglichen Darlehensbetrag fehlen hier knapp 112 640 Euro.

Aber natürlich haben Kreditgeber auch die Möglichkeit, ein Darlehen zu geben, das über ihrer eigentlichen Beleihungsgrenze liegt. Dieses nennt man sinnigerweise eine 1b-Hypothek. Es wird durch ein zweitrangiges 1b-Hypothek

Grundpfandrecht und zusätzlich durch eine öffentliche Bürgschaft abgesichert, die ein Bundesland oder ein öffentlich-rechtliches Kreditinstitut eingeht. Allerdings gibt es das nicht frei Haus: Die Institute verlangen dafür in der Regel einen um 0,5 Prozentpunkte höheren Nominalzins oder eine Bürgschaftsgebühr von bis zu 1 Prozent des verbürgten Darlehens pro Jahr. 1a- und 1b-Hypotheken heißen übrigens beide Realkredite, da die Sicherheiten durch das Objekt selbst abgedeckt sind.

WISO Tipp

Jede Finanzierung, die über eine 1a-Hypothek hinausgeht, ist vergleichsweise teuer. Deshalb ist es wichtig, dass Sie einen möglichst hohen Beleihungswert und eine entsprechende Beleihungsgrenze erzielen. Verhandeln Sie mit dem Kreditgeber und lassen Sie sich die Beleihungswertberechnung vorlegen. Wenn Sie mit einigen Positionen nicht einverstanden sind, sollten Sie sich an den Sachbearbeiter wenden.

Falls der Finanzierungsrahmen immer noch zu eng ist, kann der Kreditnehmer unter Umständen einen sogenannten gedeckten Personalkredit bekommen. Dabei kommt es dann auf die Bonität des Kunden an: Er muss dem Institut als besonders kreditwürdig erscheinen. Auch hier wird ein Grundpfandrecht eingetragen.

Bausparkassen begnügen sich übrigens meist mit einer nachrangigen Besicherung. Wer also einen Finanzierungsbedarf hat, der über eine 1a-Hypothek hinausgeht, dem wird über die Bausparkassen die Möglichkeit geboten, ein Bauspardarlehen einzusetzen oder eines aufzunehmen (siehe dazu auch das Kapitel Bauspardarlehen auf Seite 116 ff.).

Außerdem sollte der Darlehensnehmer immer auch die Beleihungsgrenzen verschiedener Kreditgeber vergleichen. Möglicherweise ist ein höherer Zins immer noch günstiger als ein niedriger, wenn dafür die Beleihungsgrenze für eine 1a-Hypothek deutlich höher liegt. Dieses Problem spielt vor allem bei den Versicherungsdarlehen eine entscheidende Rolle, wie in dem oben angeführten Beispiel zu sehen war (siehe dazu außerdem das Kapitel Versicherungsdarlehen auf Seite 101 ff.).

Zinsberechnung

Banken und Sparkassen geben Wertpapiere – sogenannte Sparbriefe – heraus oder nutzen die Spareinlagen ihrer Kunden, um ein Immobiliendarlehen anbieten zu können. Hypothekenbanken verkaufen Pfandbriefe an Anleger. Mit den Einnahmen aus dem Verkauf besorgen sie sich das Kapital für die Darlehen. Ähnlich verfahren Versicherungen mit den eingenommenen Prämien ihrer Versicherten.

Alle Refinanzierungsarten – wie das unter Banken, Sparkassen und Versicherungen bezeichnet wird – ergeben sich also aus Geschäften mit Anlegern. Von denen leihen sich die Institute Geld und zahlen dafür Zinsen

(Habenzins). Das eingenommene Geld wird an einen Darlehensnehmer weiter gereicht und dafür ein Zins verlangt (Sollzins), der höher ist als der Habenzins. Denn die Differenz aus beiden Zinsen ist nach Abzug aller Kosten der Gewinn des Instituts. Habenzinsen für die Anleger und Sollzinsen für die Kreditnehmer stehen also in enger Beziehung zueinander. Mit dem Steigen oder Fallen der Zinsen auf dem Markt für langfristige Geldanlagen (Kapitalmarkt) ändert sich auch die Richtung für Bauzinsen.

Die Art der Refinanzierung hat auch Einfluss darauf, wie lange ein Kreditinstitut das Darlehen zur Verfügung stellen kann, wie lange also die Laufzeit eines Darlehens ist. Banken und Sparkassen bieten meist nur Darlehen mit variablen Zinssätzen an, die sich an die jeweilige Marktlage anpassen, oder mit festen Zinssätzen für Laufzeiten von zunächst fünf bis maximal zehn Jahren. Anders bei den Hypothekenbanken: Dort bekommt man Darlehen, die über 15 Jahre mit festen Zinsen laufen, teilweise sogar über die gesamte Finanzierungszeit.

Aber auch eine Sparkasse bietet möglicherweise ein Festzinsdarlehen über mehr als zehn Jahre an, indem sie sich den Teil des Darlehens, der über ihre eigenen Möglichkeiten hinausgeht, von einer mit ihr »freundschaftlich« verbundenen Hypothekenbank besorgt. Der Fachbegriff dafür lautet »Verbundfinanzierung« oder »Finanzierung aus einer Hand«. Der Kreditnehmer weiß oft gar nicht, dass er es eigentlich mit zwei Kreditgebern zu tun hat. Das kann ein Nachteil sein: Oftmals sind diese Gesellschaften rechtlich miteinander verwoben und die eine muss bei ihrer Geschäftspolitik Rücksicht auf die andere nehmen.

Unter Umständen stellt sich dann heraus, dass man besser zweigleisig fährt: hier den langfristigen Kredit, dort – bei der Sparkasse – den mit der kurzen Laufzeit.

Es gibt auch die umgekehrte Situation: Wenn jemand ein Darlehen bei einer Hypothekenbank aufgenommen hat und vorfinanzieren muss, braucht er kurzfristiges Geld. Eine Vorfinanzierung ist den Hypothekenbanken nicht erlaubt, sodass sie andere Institute einschalten müssen. In diesem Fall sollte sich der Kreditsuchende lieber selbst das günstige Darlehen zur Vorfinanzierung suchen (mehr zum Thema im Kapitel Zwischenfinanzierung und Vorfinanzierung auf S. 127 f.).

WISO Tipp

Eine Verbundfinanzierung sollten Sie sehr genau prüfen, denn nicht immer ist die Finanzierung mit der längeren Laufzeit ebenso günstig wie die mit der kürzeren Laufzeit. Bevor Sie sich auf eine »Finanzierung aus einer Hand« einlassen, sollten Sie die Zinsbedingungen anderer Hypothekenbanken vergleichen.

Effektiver Zins

Wenn bisher vom Zins die Rede war, so ging es immer um den Nominalzins. Nun könnte man meinen, dass man sich nur nach dem niedrigsten Nominalzins umsehen muss, um das billigste Angebot zu ergattern. Leider weit gefehlt! Oft genug ist das Gegenteil der Fall, denn beim Nominalzins und den damit verbundenen Nebenkosten hat ein Kreditinstitut sehr viele Gestaltungsmöglichkeiten, sodass man leicht danebengreifen kann. Da wirbt ein Institut mit einem angeblich geringeren Nominalzins und trotzdem ist die Finanzierung am Ende teurer als mit dem höheren Nominalzins eines Konkurrenzinstituts.

Einen etwas verlässlicheren Vergleich von Darlehensverträgen lässt daher nur der sogenannte Effektivzins zu. Anders als beim Nominalzins werden hier die wichtigsten Finanzierungsnebenkosten mit berücksichtigt.

Preisangaben-
verordnung

Der Gesetzgeber hat den Kreditinstituten in der sogenannten Preisangabenverordnung (PAngV) genau vorgegeben, was sie beim effektiven Zins einrechnen müssen. Mithilfe des effektiven Zinses lässt sich berechnen, wie stark den Kreditnehmer ein bestimmtes Darlehen jährlich beziehungsweise monatlich belasten würde.

Tilgungssatz

Neben dem Nominalzins beeinflusst vor allem der Tilgungssatz die monatlich zu zahlenden Beträge. Die meisten Darlehen sehen standardmäßig eine Anfangstilgung von 1 Prozent, manchmal auch 2 Prozent vor.

Wie aus der Grafik ersichtlich ist, hat der Kreditnehmer bei der 1-prozentigen Tilgung nach zehn Jahren rund 15 Prozent des Darlehens zurückgezahlt, bei der 2-prozentigen Tilgung hingegen immerhin schon fast ein Viertel. Da man nie genau weiß, wie hoch die Zinsen in späteren Jahren sein werden, ist es natürlich von Vorteil, möglichst schnell so viele Schulden wie möglich abzubauen. Auch der Kreditgeber profitiert letztlich vom schnelleren Schuldenabbau, weil er das zur Verfügung gestellte Geld wegen der kürzeren Laufzeit selbst billiger refinanzieren kann. Ist das Institut fair, gibt es diesen Zinsvorteil an den Kreditnehmer weiter. Daraus ergibt sich, dass Darlehen mit höheren Tilgungssätzen in der Regel um rund 0,25 Prozent günstiger sind. Einziger Schönheitsfehler: Gerade am Anfang hat der Kreditnehmer oft einen so engen finanziellen Spielraum, dass er sich eine höhere Tilgung kaum leisten kann.

WISO Tipp

Wenn Sie es sich finanziell leisten können, sollten Sie schon bei der ersten Zinsbindungsfrist einen höheren Tilgungssatz im Darlehensvertrag festlegen. Das hat gleich mehrere Vorteile: Geld, das Sie für die Tilgung einsetzen, beschleunigt den Schuldenabbau, reduziert also die Kreditlaufzeit und hilft dabei, Zinsen zu sparen.

Abbildung: Restschuld bei 1 Prozent und 2 Prozent Tilgung

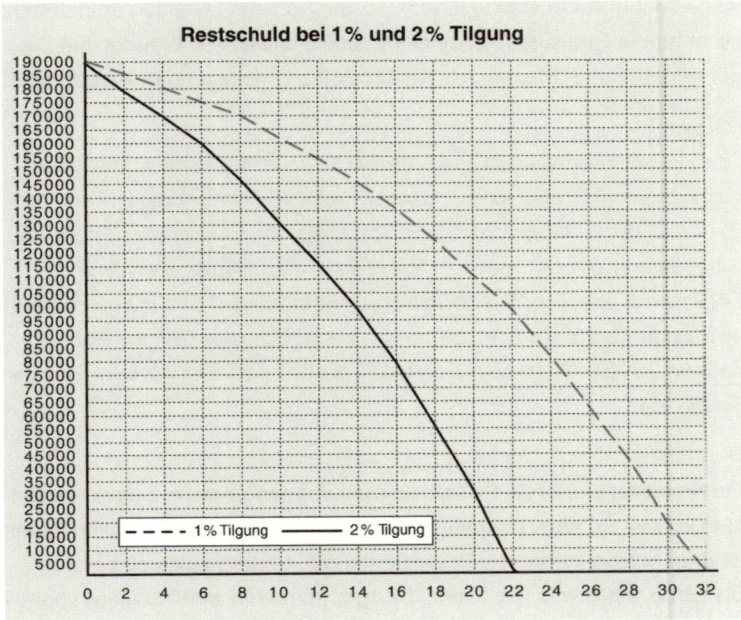

Restschuld bei 1% und 2% Tilgung

Beispiel
Darlehensbetrag: 192 000 Euro, Zinssatz: 6 Prozent, Tilgungssatz: 2 Prozent.

$$\text{Finanzielle Belastung (pro Jahr)} = \frac{\text{Darlehensbetrag x (Zins + Tilgung)}}{100}$$

$$\text{Finanzielle Belastung (pro Jahr)} = \frac{192\,000 \times (6 + 2)}{100}$$

Die jährliche Belastung beträgt hier 15 360 Euro, als monatlicher Betrag also umgerechnet 1280 Euro.

Zum Vergleich noch einmal das Rechenbeispiel im Kapitel Maximaler Kreditbetrag (siehe Seite 51 f.): Bei 1-prozentiger Tilgung liegt die Belastung bei 1120 Euro – immerhin um 160 Euro pro Monat niedriger.

Das Disagio ist ein Abschlag vom Darlehensbetrag, den der Kreditgeber vor der Auszahlung zurückbehält. Mit anderen Worten: Der Kreditnehmer bekommt weniger Geld ausgezahlt, als er eigentlich als Darlehen aufgenommen hat. Oder er nimmt ein Darlehen in der Höhe des von ihm benötigten Finanzierungsbetrags auf – und zusätzlich einen weiteren, kleineren Darlehensbetrag, mit dem er gleich zu Anfang eine Zinsvorauszahlung

Disagio

leistet, um später die laufenden monatlichen Belastungen zu drücken. Insgesamt muss er also in jedem Fall ein höheres Darlehen aufnehmen, als er für die Finanzierung seiner Immobilie tatsächlich braucht. Ein Disagio wird immer in Prozent, als Anteil der Darlehenssumme, ausgedrückt.

Beispiel

Gewünschter Finanzierungsbetrag: 192 000 Euro. Der Kreditgeber bietet einen Kredit mit einem Disagio von 5 Prozent an. Der Kreditnehmer bekommt also nur 95 Prozent des Darlehens ausgezahlt. Somit muss er einen höheren Darlehensbetrag vereinbaren, der nach dem Abzug durch das Disagio seinem Finanzierungswunsch entspricht. Bei einem 5-prozentigen Disagio muss er einen Darlehensbetrag von 202 105 Euro vereinbaren. Nach Abzug des Disagios erhält er dann tatsächlich 192 000 Euro. Der Rest ist der Darlehensanteil für seine Zinsvorauszahlung.

Für Kreditinstitute ist ein Disagio eine vorweggenommene Zinsvorauszahlung in einer Summe. Deshalb sind Kreditinstitute in solchen Fällen bereit, niedrigere Nominalzinsen für den laufenden Vertrag zu vereinbaren.
Bis Ende 1995 war mit einem Disagio immerhin eine Steuerersparnis möglich. Bis dahin akzeptierte der Fiskus nämlich das Disagio als Sonderausgabe, was sich steuermindernd bemerkbar machte. Damit ist es aber seit 1996 vorbei – zumindest für selbst genutzte Immobilien.
Trotzdem schummeln dubiose Finanzvermittler bei Selbstnutzern immer noch gerne mit dem Disagio. Denn durch ein hohes Disagio wird in der ersten Zinsbindungsphase die monatliche Belastung deutlich gedrückt und damit der Eindruck erweckt, dass es mit den Monatsraten gar nicht so schlimm ist. Doch das dicke Ende kommt, wenn der Darlehensnehmer danach weiter abzahlen muss.

Beispiel

Gewünschte Darlehenssumme: 192 000 Euro, Anfangstilgung 1 Prozent.

Variante 1:

100 Prozent Auszahlung, ausgezahlter Darlehensbetrag 192 000 Euro, Nominalzins 6 Prozent, das macht eine monatliche Belastung von 1 120 Euro.

Variante 2:

95 Prozent Auszahlung auf 202 105 Euro, ausgezahlter Darlehensbetrag: 192 000 Euro, Nominalzins 5 Prozent auf die höher vereinbarte Darlehenssumme, macht eine monatliche Belastung von rund 1 010 Euro, also rund 110 Europro Monat weniger.

Auf den ersten Blick erscheint das also als ein billigeres Angebot für den gleichen ausgezahlten Darlehensbetrag. Unangenehm wird es aber dann, wenn nach der ersten Zinsbindungsfrist die Anschlussfinanzierung kommt: Da in Variante 2 eine höhere Darlehenssumme vereinbart wurde – nämlich 202 105 Euro –, verbleibt trotz niedrigerem Nominalzins, aber bei gleichen Tilgungssätzen nach Ende der Zinsbindungsfrist eine deutlich höhere Restschuld. Es kann sogar noch extremer kommen: Wenn in Variante 2 ein noch höheres Disagio gewählt wurde, ist es möglich, zum Beispiel nach fünf Jahren Zinsbindung, dass die Restschuld zu diesem Zeitpunkt höher ist als der zu Anfang effektiv ausgezahlte Darlehensbetrag.

Zweites Problem: Zum Zeitpunkt der Anschlussfinanzierung passt der Kreditgeber seine monatlichen Forderungen automatisch an den höheren Nominalzins an, der in Variante 2 nur deswegen zunächst niedriger war, weil das Disagio quasi als Zinsvorschuss an die Bank gezahlt wurde. Also steigen schon allein deshalb die Monatsraten.

Außerdem muss der Kreditnehmer mit einem höheren Zinsänderungsrisiko rechnen, vor allem dann, wenn das Zinsniveau vom Zeitpunkt des Immobilienkaufs bis zur Phase der Anschlussfinanzierung deutlich gestiegen ist. Dann wird er für die höhere Restschuld noch mehr Zinsen zahlen, als er jetzt wegen der automatischen Zinsanpassung ohnehin zahlen muss. Viele Darlehensnehmer stellen zu diesem Zeitpunkt dann mit Entsetzen fest, dass sie sich finanziell überhoben haben.

Eine Finanzierung mit einem Disagio bedeutet letztlich nichts anderes, als dass sich das Darlehen insgesamt verteuert und die Finanzierungskosten mit allen damit verbundenen Zinsunsicherheiten in die Zukunft verlagert werden.

So ganz nebenbei hat der Darlehensnehmer dem Finanzvermittler außerdem noch eine höhere Provision in den Rachen geworfen – höher als unbedingt notwendig, weil er ja eine größere nominale Darlehenssumme abschließen musste.

Für Finanzierer, die ihre Immobilie vermieten wollen, gilt das jedoch nicht. Für sie kann ein Disagio unter steuerlichen Aspekten interessant sein, weil es als Sonderausgabe die steuerlichen Belastungen senkt (siehe dazu den Abschnitt über Disagio im Kapitel Werbungskosten auf Seite 186 ff.).

Auch die Zins- und Tilgungsverrechnung hat Einfluss auf die Höhe des Effektivzinses. Dabei kommen mehrere Aspekte gleichzeitig zum Tragen. Zum einen geht es um die Frage, wann die Zinsen das Kreditkonto belas-

WISO Tipp

Sie sollten von einem Disagio grundsätzlich die Finger lassen, wenn Sie eine Immobilie selbst nutzen wollen.

Zins- und Tilgungsverrechnung

ten. Üblicherweise ist das nicht jeweils zum Ende des Jahres, sondern sehr viel früher: zum Quartalsende oder möglicherweise sogar jeden Monat. Das Kreditinstitut verdient an der Verkürzung dieser Intervalle, ergibt sich doch damit eine Art Zinseszinseffekt, der dazu führt, dass der Effektivzins über dem Nominalzins liegt.

Zahlungstermine Wichtig sind außerdem die Zahlungstermine, das heißt, wann die laufenden Raten für Zinsen und Tilgung zu zahlen sind. Üblich sind hierfür Monats- und Vierteljahrestermine. Doch die Bank kann die Verrechnung dieser Raten, speziell der darin enthaltenen Tilgung, verspätet vornehmen, zum Beispiel jeweils nur zum Jahresende. Obwohl also schon im Laufe des Jahres weiter getilgt wurde, berücksichtigt der Kreditgeber das nicht und verringert auch nicht die Restschuld. Die Konsequenz: Der Darlehensnehmer zahlt auf diese Weise Zinsen für einen Betrag, den er schon längst zurückgezahlt hat.

WISO Tipp

Bearbeitungsgebühren gehören zu den möglichen Verhandlungspunkten mit dem Kreditgeber. Wenn Sie ein günstiges Darlehen in Aussicht haben, aber die Gebühren für zu hoch halten, sollten Sie sich nicht davor scheuen, sie herunterzuhandeln. Ähnlich verhält es sich natürlich mit den Provisionen von Finanzvermittlern.

Viele Kreditinstitute verlangen bei Abschluss des Kreditvertrags einmalige Bearbeitungsgebühren von bis zu 2 Prozent der Darlehenssumme – zusätzlich zu den Nominalzinsen. Verzichtet ein Kreditgeber darauf, fordert er stattdessen in der Regel einen höheren Nominalzins. Der Kreditnehmer muss dann entscheiden, was für ihn vorteilhafter ist: ein günstigeres Darlehen mit Bearbeitungsgebühren oder eines mit höheren Zinsen, aber ohne die Gebühren. Unter Umständen lässt sich beides miteinander verknüpfen.

Kreditvermittlungs-
provisionen Kreditvermittlungsprovisionen müssen als weitere Position im effektiven Zins enthalten sein. Außerdem können die Beiträge für eine Restschuldversicherung eingeschlossen sein – vorausgesetzt, sie sind Bestandteil des Darlehensvertrages (siehe den Abschnitt Kreditvertrag im Kapitel Rechtliche Grundlagen auf Seite 219 ff.).

Anfänglich effektiver Jahreszins

Wer einmal den Vertrag über ein Hypothekendarlehen in den Händen hält, dem wird bei genauerer Betrachtung auffallen, dass darin von einem »anfänglich effektiven Jahreszins« die Rede ist. Das besagt, dass sich die Angabe dieses effektiven Zinses auf den Zeitraum beschränkt, für den der Vertrag seine Gültigkeit hat. Er gilt also nur für die Zinsbindungsfrist bei Festzinsverträgen und für eine mittlere Laufzeit bei Verträgen mit variablen Zinsen.

Daraus ergibt sich: Hypothekendarlehen lassen sich mithilfe des anfänglich effektiven Jahreszinses nur dann miteinander vergleichen, wenn die angebotenen Verträge eine gleiche Zinsbindungsfrist beziehungsweise gleich lange Laufzeiten haben.

Nebenkosten der Finanzierung

Bei der Berechnung des effektiven Jahreszinses müssen alle oben aufgeführten Positionen berücksichtigt werden (siehe dazu zusammenfassend die Tabelle Effektiver Zins einige Seiten weiter). So sieht es die Preisangabenverordnung vor. Aber findige – oder eher windige? – Kreditinstitute haben natürlich längst herausgefunden, dass man durch die Einführung immer neuer Neben- und Zusatzkosten den Kunden zur Kasse bitten kann, ohne dass er das so richtig merkt. Nach dem Gesetz hat alles seine Ordnung – doch tatsächlich zahlt der Kreditnehmer unter Umständen viel mehr, als der effektive Zins ausweist.

Für den Kreditnehmer ist es zum Beispiel finanziell völlig egal, ob er 1 Prozent der Darlehenssumme als Bearbeitungsgebühren oder als sogenannte Schätzkosten zu zahlen hat. Aber: Die einen müssen beim effektiven Zins berücksichtigt werden, die anderen nicht. Was macht also das Kreditinstitut? Es verlangt Schätzkosten und kann damit den ausgewiesenen effektiven Zins künstlich niedrig halten. Deswegen muss man leider festhalten, dass der (anfänglich) effektive Zins als Vergleichsmaßstab nur bedingt taugt. Die wichtigsten Nebenkosten in dieser reichhaltigen Palette an zusätzlichen Kosten sind in den folgenden Abschnitten aufgeführt.

Schätzkosten beziehungsweise Wertschätzungsgebühren verlangen die Institute, um den Beleihungswert einer Immobilie zu ermitteln. Sie machen etwa 0,2 Prozent bis 1 Prozent der Darlehenssumme aus, manchmal werden sie aber auch auf den gesamten Immobilienwert angerechnet.

Sobald das Kreditinstitut ein Darlehen zugesagt hat, können Bauzeit- beziehungsweise Bereitstellungszinsen anfallen. Wenn das Darlehen – wie häufig beim Bauen – nicht in einer Summe, sondern in mehreren Raten abgerufen wird, verlangen einige Kreditinstitute sofort, andere auch nach einem vorher festgelegten Zeitraum Zinsen für die Darlehenssumme, die noch nicht ausgezahlt wurde. Das sind die sogenannten Bauzeitzinsen. Mit Bereitstellungszinsen muss man rechnen, wenn beim Kauf einer Im-

WISO Tipp

Schätzkosten zählen zur Verhandlungsmasse bei der Vertragsgestaltung. Gerade wenn kein externer Sachverständiger eingeschaltet wird, sondern ein Mitarbeiter des Kreditinstituts die Immobilie schätzt, können Sie verhandeln dass der Kreditgeber auf solche Gebühren verzichtet oder sie deutlich reduziert.

Schätzkosten/ Wertschätzungsgebühren

Bauzeit-/ Bereitstellungszinsen

mobilie eine gewisse Frist verstreicht, ohne dass das Darlehen abgerufen wird. Grund dafür können zum Beispiel Verzögerungen beim Notar oder bei der Abnahme sein.

Aus Sicht des Kreditgebers erklären sich solche Gebührenforderungen damit, dass er Geld bereithalten muss, mit dem er andernfalls zusätzliche Zinsen erwirtschaften würde. Beide Zinsarten betragen in der Regel 0,25 Prozent pro Monat für das Darlehen beziehungsweise für den Restbetrag.

Wie viel Zinsen letztlich zu zahlen sind, hängt sehr stark davon ab, ab welchem Zeitpunkt die Zinsberechnung beginnt. Einige Kreditinstitute verlangen diese Gebühren nämlich schon nach einem Monat, andere erst bis zu einem Jahr nach der Darlehenszusage. Wenn das Kreditinstitut auf Bauzeit- oder Bereitstellungszinsen besteht, kann man zumindest versuchen, die Frist zu verlängern, ab der diese Zinsen anfallen. So lassen sich immerhin einige Tausend Euro sparen. Zudem hat man als Darlehensnehmer immer noch die Möglichkeit, das Darlehen in einem Betrag rechtzeitig vor Fristende abzurufen und als Tagesgeld bei einer anderen Bank anzulegen.

Sind Bauzeit- und Bereitstellungszinsen wirtschaftlich noch nachvollziehbar, so gilt das für gesonderte Teilauszahlungszuschläge ganz sicher nicht. Trotzdem erheben einige Darlehensgeber diese Extra-Gebühren, wenn das Darlehen in mehreren Teilbeträgen abgerufen wird. Meist zahlt der Kreditnehmer dann 1 Prozent, manchmal sogar 1,5 Prozent Zinsen auf die Teilbeträge bis zur vollständigen Auszahlung – und zwar oftmals sogar noch zusätzlich zu den Bauzeitzinsen.

Kontoführungsgebühren Wer ein Darlehen aufnimmt, muss automatisch ein Kreditkonto einrichten. Es gibt Institute, die dafür zusätzlich Kontoführungsgebühren verlangen. Diese werden dem Darlehensnehmer jährlich berechnet. Der Bundesgerichtshof (BGH) hat allerdings entschieden, dass die Klausel über die Zahlung einer monatlichen Gebühr für die Führung des Darlehenskontos in den Allgemeinen Geschäftsbedingungen einer Bank unwirksam ist. (BGH-Urteil v. 7.6.2011, AZ: XI ZR 388/10). Die Richter begründeten dies mit dem fehlenden Mehrwert: Mit der Führung eines Darlehenskontos werde keine Leistung gewährt, die der Darlehensnehmer nicht ohnehin hätte.

Auszahlungsweise Durch die Auszahlungsweise bei Teilzahlungen können weitere Nebenkosten entstehen. Dies ist vor allem beim Bau einer Immobilie wichtig. Deshalb sollte man vertraglich vereinbaren, dass man das Geld jederzeit abrufen kann, wenn in einzelnen Bauabschnitten Rechnungen zu begleichen sind. Gibt es nämlich nur eine begrenzte Zahl solcher Auszahlungstermine, ist man unter Umständen gezwungen, teuer zwischenzufinanzieren.

Tabelle: Effektiver Zins

Berücksichtigt:	Berücksichtigt nicht:
– Nominalzins	– Schätzkosten
– Tilgungssatz	– Bauzeitzinsen/Bereitstellungszinsen
– Disagio	– Teilauszahlungszuschläge
– Auszahlungsbetrag	– Kontoführungsgebühren
– Tilgungszahlungs- und -verrechnungstermine	– Auszahlungsweise bei Teilzahlungen
– Zinszahlungs- und -verrechnungstermine	
– Ratenhöhe pro Termin	
– Bearbeitungsgebühren	
– Vermittlungsprovision	

Zinsniveau

Die nächste für den Darlehensnehmer wichtige Entscheidung ist, für wie lange er den Zins zunächst festschreiben soll. Denn häufig wird dieser nicht von vornherein über die gesamte Finanzierungszeit festgelegt (es gibt allerdings auch Ausnahmen).

Zinsänderungsrisiko

Mit dem Umstand, dass man den Zins nicht gleich für die gesamte Laufzeit festlegt, ist ein Zinsänderungsrisiko verbunden. Denn man kann nie exakt wissen, in welche Richtung sich die Zinsen bis zur Anschlussfinanzierung verändern werden. Es spricht zwar vieles dafür, dass sich ein Darlehen, das in einem Zinstal abgeschlossen wurde, bei der Anschlussfinanzierung verteuern wird – aber das muss nicht so sein. Eine Garantie gibt es dafür ebenso wenig wie für die umgekehrte Entwicklung. Immerhin ist es aber recht wahrscheinlich, dass ein Zins, der sich seit Jahren auf niedrigstem Niveau bewegt, eher wieder nach oben geht.

Diese Regel macht für vorsichtige Immobilienfinanzierer Sinn, wie folgendes Beispiel zeigt:

WISO Tipp

Sie sollten von Anfang an so viel in die Rückzahlung des Darlehens stecken, wie Sie monatlich entbehren können. Das gilt auch dann, wenn Ihre monatlichen Zinsbelastungen durch ein günstiges Zinsniveau relativ niedrig sind. Den Rest sollten Sie für eine höhere Tilgung nutzen.

Beispiel

Hypothekendarlehen: 192 000 Euro, zehn Jahre Laufzeit. Bei einem aktuellen Zinsniveau von 4 Prozent und einer Tilgung von 1 Prozent sind monatlich 800 Eurozu zahlen. Die monatliche Belastbarkeit des Kreditnehmers liegt aber bei 1120 Euro. Der finanzielle Spielraum von 320 Euro wird voll für eine höhere Tilgung von 3 Prozent ausgenutzt. Nach zehn Jahren hat der Kreditnehmer eine Restschuld von knapp 121 288 Euro.

Angenommen, in dieser Zeit hat sich der Zinssatz auf 8 Prozent verdoppelt. Die monatliche Belastung sollte weiter bei maximal 1120 Euroliegen. Das funktioniert, wie die folgende Rechnung zeigt, und die Tilgung kann unverändert bei 3 Prozent bleiben:

$$\text{Finanzielle Belastung (pro Jahr)} = \frac{\text{Darlehensbetrag x (Zins + Tilgung)}}{100}$$

$$\text{Finanzielle Belastung (pro Jahr)} = \frac{121\,288 \times (8 + 3) = 13\,341,70 \text{ Euro}}{100}$$

Auf zwölf Monate umgerechnet, ergibt sich so eine Belastung von knapp 1112 Euro.

Nun die gleiche Rechnung für den Fall, dass der Darlehensnehmer den finanziellen Spielraum nicht genutzt, die Tilgung also mit 1 Prozent vereinbart hat. Die Restschuld liegt nach zehn Jahren bei rund 168 408 Euro, gleiches Szenario wie oben vorausgesetzt:

$$\text{Finanzielle Belastung (pro Jahr)} = \frac{168\,408 \times (8 + 1) = 15\,156,70 \text{ Euro}}{100}$$

Die monatliche Belastung steigt so auf über 1263 Euro, und das, obwohl die Tilgung nur bei 1 Prozent liegt. Selbst wenn der Kreditnehmer den finanziellen Spielraum von 320 Euro in den ersten zehn Jahren anderweitig genutzt haben sollte – zum Beispiel in Rentenpapiere verzinst angelegt hat –, stellt er sich bedeutend schlechter. Untermauert wird dies, wenn man sich die Restschuld nach 20 Jahren anschaut: Im ersten Fall liegt sie bei knapp 66 000 Euro, im zweiten bei rund 142 650 Euro.

Zinsbindung und Zinsniveau

Mit der Entscheidung für eine bestimmte Zinsbindungsfrist bindet sich der Darlehensnehmer an den Zins, der bei Vertragsabschluss aktuell ist. Die Zinsbindungsfrist ist ein ganz wichtiger Faktor, um Darlehen miteinander vergleichen zu können. Im vorangegangenen Kapitel wurde der effektive

Zins als Maßstab genannt, der – mit Einschränkungen – Kreditvergleiche ermöglicht. Dieser Vergleich ist aber nur zulässig, wenn Darlehen mit gleich langen Laufzeiten und damit mit gleich langen Zinsbindungsfristen nebeneinander betrachtet werden.

Schon bei Betrachtung der Laufzeiten von Darlehen wurde kurz dargestellt, dass Kreditinstitute in der Regel Zinsbindungsfristen von zwei, fünf oder zehn Jahren anbieten, Hypothekenbanken darüber hinaus über 15 oder in einigen Fällen bis zu 30 Jahre.

Andererseits bieten Kreditinstitute auch die Möglichkeit, auf eine Zinsbindung zu verzichten. Das bedeutet: Der Darlehensnehmer akzeptiert, dass der Kreditgeber während der Vertragsdauer die Zinsen des Darlehens laufend an das jeweils gültige Zinsniveau anpasst. Solche Darlehen mit variablem Zinssatz werden am Schluss dieses Kapitels betrachtet.

In der Regel muss man davon ausgehen, dass es längere Zinsbindungsfristen nur zu einem höheren Zinssatz gibt als bei den kurzen Laufzeiten (Ausnahme: die inverse Zinsstruktur in einer Hochzinsphase, siehe weiter unten). Das erklärt sich damit, dass der Kreditnehmer für seine größere Sicherheit auch mehr bezahlen muss. Denn je kürzer die Zinsbindungsfrist, umso größer ist das Risiko, dass sich der Zinssatz bis zum Zeitpunkt der Anschlussfinanzierung erhöht hat. Der Zins für eine lange Zinsbindungsfrist über 15 Jahre und mehr kann durchaus um bis zu 2 Prozentpunkte höher liegen.

Hochzinsphase Allerdings hat eine langfristige Zinsbindung nicht immer nur Vorteile für den Darlehensnehmer. Man stelle sich vor, ein Kreditnehmer wird sich in einer Hochzinsphase über zehn, vielleicht sogar 15 Jahre binden. Ergebnis: Während die Zinsen allgemein sinken, muss er immer noch die alten Zinsen zahlen und hat damit unnötig hohe Belastungen. Also ist es in einer Hochzinsphase naheliegend, sich zunächst mit einer kurzen Zinsbindungsdauer zu begnügen. Was übrigens zunächst auch teurer sein wird: Für die kurze Zinsbindungsfrist verlangen die Institute in einer Hochzinsphase höhere Zinsen als für längere Laufzeiten, und zwar dann, wenn allgemein damit gerechnet wird, dass das Zinsniveau demnächst nach unten gehen wird. Der Fachbegriff dafür lautet inverse Zinsstruktur.

Gerade in Hochzinsphasen steht der Kreditnehmer vor der Frage, wie lange er den Zins festschreiben soll. Immerhin könnte es ja sein, dass sich der Zins demnächst wieder nach unten bewegt. Verlockend sind dann sogenannte Vorschaltdarlehen, die Kreditinstitute anbieten, um genau solche Hochzinsphasen zu überbrücken.

WISO Tipp

Vorsicht, wenn Ihnen ein Vorschaltdarlehen angeboten wird. Haben Sie Pech, gehen die Zinsen in eine andere als die erhoffte Richtung und Sie stehen bei Vertragsende schlechter da als zuvor.

Auf der einen Seite sind diese Angebote in erster Linie ein gutes Verkaufsargument für die Institute, um Bauwillige auch in Hochzinsphasen als Kunden zu gewinnen. Auf der anderen Seite sind auch gewisse Vorteile für den Kreditnehmer nicht von der Hand zu weisen: Vorschaltdarlehen haben nämlich eine sehr kurze Laufzeit mit einem festen Zinssatz – der aber höher ist als bei länger laufenden Darlehen – und können jederzeit gekündigt oder vorzeitig verlängert werden. Wenn die Zinsen sinken, kann der Kreditnehmer aus dem Vorschaltdarlehen aussteigen und sich einen günstigeren Kredit mit niedrigeren Zinsen sichern. Einziger »Schönheitsfehler«: Kein Kreditgeber kann garantieren, dass die Zinsen auch wirklich nach unten gehen.

Eine besondere Ausgestaltung dieses Darlehens ist ein Vorschaltdarlehen mit Tilgungsaussetzung. Während der Laufzeit eines solchen Darlehens zahlt man nur Zinsen, tilgt aber nicht. Dadurch wird die monatliche Belastung geringer.

Im Übrigen gilt auch hier: Niemand kann versprechen, dass die Zinsen tatsächlich sinken. Und wenn wie in diesem Fall außerdem während der Laufzeit noch keine Tilgungsbeiträge geleistet worden sind, wird es erst recht teuer. Da sich Ihre Schulden während der Darlehensphase nicht verringern, wird der Finanzierungsbedarf größer und die Gesamtkosten klettern unnötig in die Höhe.

WISO Tipp

Ein Hypothekenmix kann ein guter Kompromiss sein, wenn Sie in einer Hochzinsphase nicht auf Sicherheit verzichten wollen, gleichzeitig aber nicht auf die Möglichkeit, an niedrigere Zinsen heranzukommen.

Eine sehr viel bessere Lösung zur Überbrückung einer Hochzinsphase ist ein Hypothekenmix. Dabei wird das Gesamtdarlehen in mehrere Teilbeträge aufgeteilt. Darlehen mit kurzen Bindungsfristen von 5 Jahren werden mit einem Darlehen kombiniert, mit dem man sich auf 10 Jahre, vielleicht zusätzlich sogar mit einem auf 15 Jahre, festlegt.

In einer Hochzinsphase haben Verträge mit langer Zinsbindung die niedrigeren Zinssätze. Damit wird man in die Lage versetzt, wenigstens einen Teil der Finanzierung, wenn auch auf hohem Niveau, billiger zu gestalten.

Läuft das Darlehen mit der kurzen Zinsbindungsfrist aus, kann der Kreditnehmer von gesunkenen Zinsen profitieren. Sind die Zinsen wider Erwarten gestiegen, muss er nur diesen Teil, und nicht das gesamte Darlehen, zu den noch schlechteren Zinsbedingungen finanzieren. Das Risiko beschränkt sich also nur auf diesen Teil des Darlehens.

Niedrigzinsphase Das umgekehrte Szenario gilt für eine Niedrigzinsphase. Auch hier ein Negativbeispiel: Der Kreditnehmer hat sich entschieden, das Darlehen vorerst mit einer kurzen Zinsbindungsfrist abzuschließen. Dadurch hat er zwar den Vorteil, niedrigere Zinsen zahlen zu müssen, und die monatlichen Belastungen halten sich in Grenzen. Doch wenn in dieser kurzen Zeit das Zinsniveau deutlich steigt, dann hat das schlimme Konsequenzen: Der Darlehensnehmer muss nach der ersten Zinsbindungsfrist eine Anschlussfinanzierung mit deutlich höheren Zinsen vereinbaren und die monatliche Belastung schnellt rapide in die Höhe – und zwar so stark, dass er, wenn es ganz schlimm kommt, seine weiteren Pläne aufgeben muss.

WISO Tipp

Wenn Sie über geringe finanzielle Reserven verfügen, sollten Sie den Schwerpunkt des Hypothekenmixes auf die Darlehen mit den längeren Zinsbindungsfristen legen.

Beispiel

Darlehen von 192 000 Euro, Nominalzins von 6 Prozent, Tilgungssatz von 1 Prozent, ergibt eine monatliche Belastung von 1120 Euro.

Bei einer Zinsbindungsfrist von 5 Jahren ist die Restschuld in dieser Zeit um 6 Prozent gemindert, nämlich auf ungefähr 180 800 Euro.

Szenario: Die Zinsen sind nach der Zinsbindung um 2 Prozentpunkte auf 8 Prozent gestiegen.

$$\text{Finanzielle Belastung (pro Jahr)} = \frac{\text{Darlehensbetrag} \times (\text{Zins} + \text{Tilgung})}{100}$$

$$\text{Finanzielle Belastung (pro Jahr)} = \frac{180\,800 \times (8 + 1)}{100}$$

Hier steigt die monatliche Belastung auf ungefähr 1356 Euro. Das ist ein deutliches Plus von 236 Euro.

Nun kann man immerhin dagegenhalten, dass man auch nach einer langen Zinsbindungsfrist in eine Hochzinsphase geraten kann. Das wirkt sich aber lange nicht so deutlich auf die monatliche (Mehr-)Belastung aus. Denn in den 10 oder 15 Jahren hat man bereits wesentlich mehr von den Schulden tilgen können als in der kurzen Laufzeit. Nach zum Beispiel 10 Jahren hat der Kreditnehmer noch eine Restschuld von 85 Prozent abzuzahlen. Das sind umgerechnet etwa 165 720 Euro. Eingesetzt in die Formel:

$$\text{Finanzielle Belastung (pro Jahr)} = \frac{165\,720 \times (8 + 1)}{100}$$

Somit ergibt sich in diesem Fall eine neue monatliche Belastung von knapp 1243 Euro.

Anhand dieses Beispiels wird klar: Während sich bei der 10-jährigen Zinsbindungsfrist die Erhöhung der monatlichen Rate um 123 Euro noch in Grenzen hält, macht sich die gleiche Zinserhöhung nach der 5-jährigen Frist finanziell schon sehr viel deutlicher bemerkbar.

Durchschnittlicher Hypothekenzins

Woran erkennt man, ob ein Zins hoch oder niedrig ist? Zur Beantwortung dieser Frage kann man nur auf Erfahrungswerte zurückgreifen. Wie sich die Hypothekenzinsen in den vergangenen 20 Jahren entwickelt haben, zeigt die folgende Grafik:

Abbildung: Entwicklung der Hypothekenzinsen

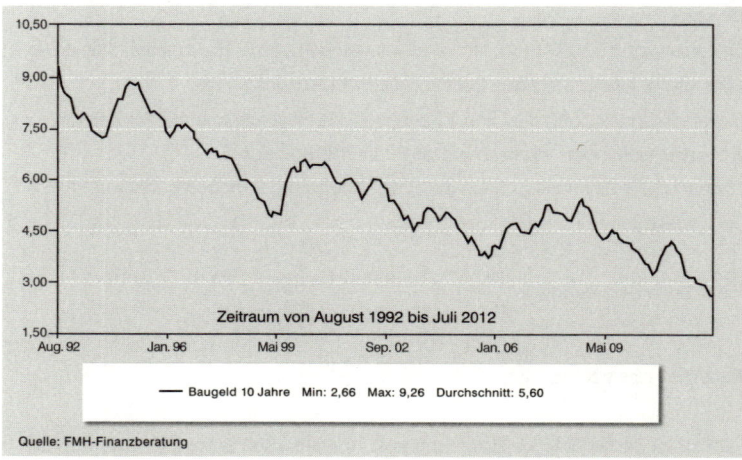

Quelle: FMH-Finanzberatung

Daraus abgeleitet errechnet sich derzeit ein durchschnittlicher effektiver Zinssatz von etwa 5,6 Prozent. Als grobe Faustregel gilt daher: Alle Darlehen, die aktuell unter einem effektiven Zinssatz von 6 Prozent angeboten werden, können als günstig betrachtet werden. In einem solchen Fall sollte man sich eher langfristig binden, das heißt ein Hypothekendarlehen mit mindestens zehn Jahren Zinsbindungsfrist wählen.

Aber das ist, wie gesagt, nur eine Faustregel. Der Kreditnehmer wird immer vor der Wahl stehen, wie lange er die Zinsbindung vereinbaren soll, wenn ihm Kreditinstitute ein Darlehen anbieten. Vor allem in Niedrigzinsphasen fällt die Entscheidung schwer. Angenommen, das Institut bietet ein Darlehen mit einer Zinsbin-

WISO Tipp

Je stärker Sie damit rechnen, dass der Zins für die Anschlussfinanzierung deutlich höher sein wird als der aktuelle, umso eher empfiehlt sich eine längerfristige Zinsbindung.

dungsfrist von 10 Jahren sowie ein anderes Darlehen mit einer Bindung von zunächst 5 Jahren an. Wofür soll man sich entscheiden?
Tatsächlich hängt das von der Erwartung des Darlehensnehmers ab, wie stark sich während der Zinsbindungsphase der Zins verändern wird. Entscheidend ist schließlich der Zins, den er für die Anschlussfinanzierung zahlen muss.

Beispiel

Für ein Darlehen von 192 000 Euro macht der Kreditgeber zwei unterschiedliche Angebote: Bei dem einen kann sich der Kreditnehmer mit einem Nominalzins von 6 Prozent 10 Jahre binden, bei dem anderen zunächst einmal nur für 5 Jahre, und zwar bei einem Nominalzins von 5 Prozent. Der Darlehensnehmer will in jedem Fall bei beiden Darlehensangeboten die gleiche monatliche Belastung haben.

Das bedeutet: Alles, was er bei der kürzeren Bindungsfrist weniger an Zinsen zahlt, steckt er stattdessen in die Tilgung. Der Einfachheit halber bedeutet das beim ersten Angebot eine Tilgung von 1 Prozent, bei der zweiten Offerte eine Tilgung von 2 Prozent.

Wofür soll sich der Kreditnehmer entscheiden?

Bei dem ersten Angebot hätte er eine monatliche Belastung von 1120 Euro, die Restschuld würde nach 5 Jahren 180 800 Euro und nach Ende der Zinsbindungsfrist von 10 Jahren 165 720 Euro betragen.

Bei dem zweiten Angebot hätte er ebenfalls eine monatliche Belastung von 1120 Euro, aber mit einer höheren Tilgung, und damit eine Restschuld von rund 170 200 Euro nach 5 Jahren.

Auf den ersten Blick spricht alles für das zweite Angebot. Denn hier ist die Restschuld nach 5 Jahren um rund 10 600 Euro niedriger. Doch ob dieser Vorteil auch weiter bestehen bleibt, hängt davon ab, wie teuer die Anschlussfinanzierung wird.

Deshalb muss das erwartete Zinsniveau für die folgenden 5 Jahre in die Betrachtung miteinbezogen werden. Dabei gibt es einen kritischen Wert, ab dem es – bei gleichbleibender monatlicher Belastung – sinnvoller gewesen wäre, sich von vornherein über 10 Jahre zu binden als über zweimal 5 Jahre. In unserem Beispiel beträgt dieser Zinswert 6,56 Prozent. Bei diesem Zinswert ist die Restschuld beider Darlehensangebote nach jeweils insgesamt 10 Jahren gleich hoch, über diesen Zinssatz hinaus ist sie bei der zunächst 5-jährigen Zinsbindung höher. Liegt der Wert dagegen darunter, so war es sinnvoller, sich zunächst kurzfristig zu binden.

WISO Tipp

Mithilfe dieser Methode können Sie aus dem Abstand der Zinsen bei unterschiedlichen Laufzeiten immerhin ablesen, wie weit sich der Zins verändern muss, damit die eine oder andere Entscheidung vorteilhafter ist. Anschließend müssen Sie überlegen, wie wahrscheinlich eine solche Veränderung ist, um sich dann für die kürzere oder längere Laufzeit zu entschließen

Einziges Problem bei diesen Überlegungen: Es ist schlichtweg unmöglich, genau vorherzusagen, wie stark das Zinsniveau steigen wird. Folglich ist es genauso unmöglich, definitiv festzulegen, ob die eine Zinsbindungsfrist beziehungsweise Laufzeit besser ist als die andere.

Finanzierungsregeln für Zinsbindung

Wer über ausreichenden finanziellen Spielraum verfügt, kann sich an folgende einfache Formel halten: Je niedriger der Zins, umso länger sollte man sich binden. Das bedeutet: In Niedrigzinsphasen geht man eine Zinsbindungsfrist von mindestens 10 Jahren ein. In Hochzinsphasen sollte man sich maximal 5 Jahre an einen Zins binden.

Es gibt allerdings auch eine Finanzierungsregel, die nicht nur auf das aktuelle oder zukünftige Zinsniveau abzielt, sondern auch die finanziellen Spielräume des Kreditnehmers berücksichtigt. Je weniger Geld ein Darlehensnehmer zur Verfügung hat, umso länger sollte er die Zinsbindung festschreiben. Auch wenn man für diese lange Festlegung (unnötig) hohe Zinsen zahlen, ist das der Preis für ein geringeres Risiko: Sollten die Zinsen steigen, ist man dagegen abgesichert. Sollten sie sinken, ist das ärgerlich – aber immer noch besser, als in die Schuldenfalle zu geraten.

Variabler Zinssatz

Für den, der zu Beginn seiner Finanzierung mit einer Hochzinsphase konfrontiert ist, mag auf den ersten Blick ein Darlehen mit variablem Zinssatz durchaus attraktiv sein. Während der Laufzeit eines solchen Darlehens passt der Kreditgeber die zu zahlenden Zinsen an das aktuelle Zinsniveau an. Gehen die Zinsen nach unten, sinkt damit auch die monatliche Belastung. Sobald der Kreditnehmer der Ansicht ist, dass die Zinsen nicht mehr weiter sinken werden, hat er die Möglichkeit, diesen Zins für sein Darlehen festschreiben zu lassen. Das wird ihm vertraglich zugestanden.

Die Kreditinstitute bieten Darlehen, bei denen keine feste Zinsbindung verabredet wird, sehr viel günstiger an – der variable Zins ist meist niedriger als jeder festgeschriebene Zins, teilweise um bis zu 1 Prozentpunkt. In der Regel werden bei zinsvariablen Darlehen auch keine Bauzeit- oder Bereitstellungszinsen verlangt. Der Kreditnehmer kann ein solches Darlehen jederzeit kündigen, allerdings mit einer Frist von drei Monaten, und den Gesamtbetrag auf einmal zurückzahlen. Außerdem ist eine Sondertilgung ohne Probleme machbar.

Diesen Vorteilen stehen gravierende Nachteile gegenüber: Wenn die Zinsen wider Erwarten steigen, kann der Darlehensnehmer finanziell arg in Bedrängnis geraten. Wie schon bei den Überlegungen zu den Zinsbindungsfristen nachgerechnet, kann sich eine Zinserhöhung nur um 1 oder 2 Prozentpunkte schon sehr deutlich in monatlichen Mehrbelastungen bemerkbar machen. Eine solche Zinsveränderung innerhalb nur eines Jahres hat es in der Vergangenheit des Öfteren gegeben. Wer also seine Finanzierung auf sichere Füße stellen möchte, sollte besser auf ein Darlehen mit variablen Zinssätzen verzichten.

Dazu kommt, dass es die Kreditinstitute in der Regel sehr eilig haben, ihre Zinskonditionen anzupassen, wenn die Zinsen steigen. Verändert sich der Zins allerdings in die andere Richtung, verfallen sie häufig in Lethargie. Dauerärger mit dem Kreditgeber ist hier eigentlich programmiert. Der Kunde muss praktisch permanent kontrollieren, ob die Zinsen, die ihm abverlangt werden, überhaupt noch aktuell sind. Das gilt auch bei Zinserhöhungen, da es das Institut mit der Anhebung vielleicht ein bisschen zu eilig haben könnte oder über das Ziel hinausschießt – die Zinsen also zu hoch anpasst.

Permanente Kontrolle ist aber erst recht bei Zinssenkungen notwendig. Immerhin gibt es eine gerichtlich festgelegte Orientierungsgröße, mit der der Kreditgeber kontrolliert werden kann. Danach ist der Durchschnittssatz für variable Hypothekendarlehen maßgeblich, den die Bundesbank laufend ermittelt und in der Tagespresse veröffentlicht. Deshalb muss man überprüfen, wie hoch der Marktzins an dem Tag ist, an dem der Darlehensvertrag abgeschlossen wurde, und vergleicht ihn mit dem Nominalzins, der im Vertrag vereinbart ist. Dieser Abstand muss während der Vertragslaufzeit immer gleich bleiben. Vergrößert er sich um mehr als 0,2 Prozent nach oben, kann man von dem Institut eine Zinssenkung verlangen.

Diese Regelung geht auf ein Gerichtsurteil zurück (OLG Celle, AZ: 3 U 240/89). Das Institut muss den Zinssatz aber nicht täglich korrigieren. Auch hier gab es schon entsprechende Urteile. Es kann sich maximal drei Monate Zeit lassen und den Zins quartalsweise anpassen.

Eines wird damit deutlich: Ein Darlehen mit variablen Zinssätzen birgt nicht nur eine Menge Unsicherheiten, sondern ist auch mit viel Aufwand und unter Umständen mit Ärger verbunden.

Vorsicht auch bei einem sogenannten Cap-Darlehen. Das ist ein Darlehen mit variablem Zinssatz, das aber zusätzlich eine Zinsgrenze nach oben

WISO Tipp

Es versteht sich von selbst, dass Sie in einer Niedrigzinsphase auf keinen Fall ein Darlehen mit einem variablen Zinssatz abschließen sollten.

Cap-Darlehen

hat. Damit ist das Risiko von Zinssteigerungen grundsätzlich begrenzt. Doch die künftige Zinsbelastung kann sich im Einzelfall trotz Cap mehr als verdoppeln, weil die Grenze häufig erst bei deutlich höheren Zinssätzen erreicht wird.

Fazit

Die Höhe des Darlehens, das ein Kreditgeber bereit ist, zur Verfügung zu stellen, orientiert sich nicht am Verkaufspreis der Immobilie, sondern an dem deutlich niedrigeren Beleihungswert. Maßstab für die Höhe des Zinses, den ein Immobilieninvestor für das Darlehen zu zahlen hat, ist der effektive Zins, bei dem die wichtigsten Finanzierungsnebenkosten mit eingerechnet sind. Doch gibt es darüber hinaus weitere Nebenkosten und Gebühren, die bei einer Finanzierung zu berücksichtigen sind.

Entscheidend für die Frage, ob man eher ein kurz- oder ein langfristiges Darlehen aufnimmt, ist der durchschnittliche Hypothekenzins. Grundsätzlich gilt: Je niedriger der Zins, umso länger sollte man sich vertraglich binden. Ein Darlehen mit einem variablen Zinssatz sollte man – wenn überhaupt – in einer Hochzinsphase abschließen, weil dann eher die Chance auf eine Zinssenkung besteht.

Finanzierungs-
formen

Viele Kreditinstitute haben ihren Finanzierungsangeboten einen illustren Namen gegeben. Teilweise handelt es sich auch um Mischformen und Kombinationen von Darlehen. Letztlich lassen sich aber alle auf die drei klassischen Finanzierungsformen zurückführen: auf das Hypothekendarlehen, das Versicherungsdarlehen und das Bauspardarlehen. Wenn Sie die Finanzierungsformen schließlich gewählt haben, gilt es, einen detaillierten Finanzierungsplan zu erstellen – dazu mehr zum Schluss dieses Kapitels.

Hypothekendarlehen

Ein Hypothekendarlehen ist die wohl bekannteste Finanzierungsform für Immobilien. Ansprechpartner für diese Art der Baufinanzierung sind Banken und Sparkassen sowie die darauf spezialisierten Hypothekenbanken.

Annuitätendarlehen

Bei einem Hypothekendarlehen handelt es sich in der Regel um ein Annuitätendarlehen. Die dabei entstehenden Rückzahlungsraten setzen sich aus einem Zins- und einem Tilgungsanteil zusammen. Was der Kreditnehmer jährlich an Zins und Tilgung leistet, wird Annuität genannt und ist betragsmäßig identisch mit dem, was in den vorangegangenen Kapiteln als »finanzielle Belastung (pro Jahr)« bezeichnet wurde.
Erster entscheidender Punkt dabei: Die Raten bleiben während der Zinsbindungsfrist eines Darlehens immer gleich hoch. Wie hoch diese sind, hängt davon ab, welcher Zins- und Tilgungssatz im Kreditvertrag vereinbart wurde.

Beispiel
Darlehensbetrag: 192 000 Euro; Zinssatz: 6 Prozent; Tilgungssatz: 1 Prozent.
Die Annuität wird nach folgender Formel berechnet:

$$\text{Annuität} = \frac{\text{Darlehensbetrag x (Zins + Tilgung)}}{100}$$

$$\text{Annuität} = \frac{192\,000 \text{ x } (6 + 1)}{100}$$

Die Annuität beträgt in diesem Beispiel 13 440 Euro, umgerechnet also 1120 Euro monatlich (sie ist damit identisch mit der in den vorangegangenen Kapiteln errechneten finanziellen Belastung).

Zweiter Punkt: Diese Annuität bleibt zwar während der Laufzeit konstant, aber ihre Zusammensetzung ändert sich fortlaufend. Da die Schulden durch die Tilgung abnehmen, wird während der Laufzeit auch die Belastung durch den Zinsanteil, der durch die Schulden entsteht, immer weniger. Gleichzeitig wächst der Tilgungsanteil (siehe Abbildung rechts).
Das ist das entscheidende Merkmal eines Annuitätendarlehens: Man hat eine fest kalkulierbare Größe pro Monat abzuzahlen, gleichzeitig sinken die Restschulden immer mehr. Der Nachteil: Am Anfang sind die Rest-

Abbildung: Zinsanteil/Tilgungsanteil

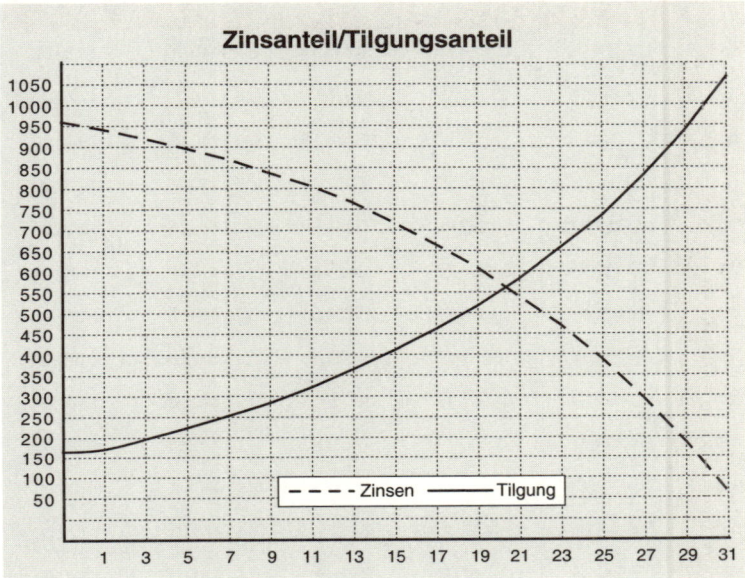

schulden noch relativ hoch, erst in den letzten Jahren der Laufzeit nehmen sie rapide ab. So kommt es auch, dass ein Darlehen mit einer (An-
fangs-)Tilgung von 1 Prozent wie im Beispiel nicht erst nach 100 Jahren
abbezahlt ist, sondern schon nach 25 oder 30 Jahren.

Beispiel
Darlehensbetrag: 192 000 Euro; Zinssatz: 6 Prozent; Tilgungssatz: 1 Prozent.
Der Einfachheit halber wird davon ausgegangen, dass die Zinsbindung über die
gesamte Laufzeit gilt.

Tabelle: Annuitätendarlehen

Jahr	Restschuld	Tilgung	Zinsen	Jahres-leistung	monatliche Belastung
1	189 992,51	2 007,49	11 432,51	13 440,00	1 120,00
2	187 895,00	2 097,51	11 342,49	13 440,00	1 120,00
3	185 668,12	2 226,88	11 213,12	13 440,00	1 120,00
4	183 303,89	2 364,23	11 075,77	13 440,00	1 120,00
5	180 793,85	2 510,05	10 929,95	13 440,00	1 120,00

Jahr	Restschuld	Tilgung	Zinsen	Jahres-leistung	monatliche Belastung
6	178128,99	2664,86	10775,14	13440,00	1120,00
7	175299,76	2829,22	10610,78	13440,00	1120,00
8	172296,04	3003,72	10436,28	13440,00	1120,00
9	169107,05	3188,99	10251,01	13440,00	1120,00
10	165721,37	3385,68	10054,32	13440,00	1120,00
11	162126,88	3594,50	9845,50	13440,00	1120,00
12	158310,68	3816,20	9623,80	13440,00	1120,00
13	154259,10	4051,57	9388,43	13440,00	1120,00
14	149957,64	4301,47	9138,53	13440,00	1120,00
15	145390,87	4566,77	8873,23	13440,00	1120,00
16	140542,43	4848,44	8591,56	13440,00	1120,00
17	135394,95	5147,48	8292,52	13440,00	1120,00
18	129929,98	5464,97	7975,03	13440,00	1120,00
19	124127,95	5802,03	7637,97	13440,00	1120,00
20	117968,06	6159,89	7280,11	13440,00	1120,00
21	111428,24	6539,82	6900,18	13440,00	1120,00
22	104485,06	6943,18	6496,82	13440,00	1120,00
23	97113,64	7371,42	6068,58	13440,00	1120,00
24	89287,57	7826,07	5613,93	13440,00	1120,00
25	80978,80	8308,77	5131,23	13440,00	1120,00
26	72157,56	8821,23	4618,77	13440,00	1120,00
27	62792,25	9365,31	4074,69	13440,00	1120,00
28	52849,31	9942,94	3497,06	13440,00	1120,00
29	42293,11	10556,20	2883,80	13440,00	1120,00
30	31085,83	11207,28	2232,72	13440,00	1120,00
31	19187,31	11898,52	1541,48	13440,00	1120,00
32	6554,91	12632,40	807,60	13440,00	1120,00
33	0	6554,91	33,69	6588,59	549,04

Ratentilgungsdarlehen

Das Ratentilgungsdarlehen ist weit weniger bekannt als das Annuitäten-darlehen. Dafür gibt es zwei einfache Gründe: Zum einen ist die Anfangs-belastung für den Kreditnehmer deutlich höher, zum anderen verdienen die Kreditinstitute deutlich weniger daran als an einem Annuitätendarle-hen. Deshalb sind sie nicht gerade erpicht darauf, dem Kreditnehmer eine solche Möglichkeit anzubieten.

Bei einem Ratentilgungsdarlehen verpflichtet sich der Darlehensnehmer vertraglich, über eine festgelegte Laufzeit von Anfang an gleich große Tilgungsraten zu zahlen. Am Ende jedes Jahres wird die Restschuld um diesen Tilgungsbeitrag reduziert. Auf diese verringerte Restschuld wird jeweils der vereinbarte Zinssatz berechnet. Das vermindert Jahr für Jahr auch die Zinsbelastung entsprechend. Die gleichbleibenden Tilgungsra-ten und die Zinszahlungen ergeben zusammen die Jahresleistung. Die verringert sich entsprechend immer mehr. Deswegen sinken die finanzi-ellen Belastungen über die Jahre der Finanzierung hinweg.

Genau das ist der große Nachteil einer solchen Darlehensform: Gerade zu Beginn des Vertrages sind die finanziellen Belastungen am höchsten. Für den Schuldner ist ein solcher Verlauf natürlich äußerst ungünstig, denn in der Regel kann er davon ausgehen (sollte es aber nicht einpla-nen!), dass sein Einkommen eher wächst als sinkt. Damit ist die finanziel-le Belastung in den meisten Fällen später einfacher zu verdauen als am Anfang. Hinzu kommt, dass die Schulden – gemessen an der Kaufkraft – in der Zukunft weniger wert sein werden als heute.

Ein Vorteil sind im Vergleich zum Annuitätendarlehen die deut-lich geringeren Finanzierungskosten. Im Endeffekt zahlt der Kreditnehmer viel weniger Zinsen, weil der Schwerpunkt der Zahlungen auf Rückzahlung des Darlehens, also der Tilgung, liegt. Gleiches Finanzierungsvolumen vorausgesetzt verändert sich die (monatliche) Belastung nach rund einem Drittel der Ver-tragslaufzeit zugunsten des Ratentilgungsdarlehens.

Eines dürfte dabei klar sein: Eine Tilgungsrate von zum Beispiel 1 Prozent würde kein Institut der Welt akzeptieren, denn sonst wäre der Darlehensnehmer erst nach 100 Jahren schuldenfrei. Daran lässt sich auch ermessen, wie hoch die Jahresbelastun-gen aus Tilgung und Zinsen am Anfang sind. Versicherungsge-sellschaften und Hypothekenbanken bieten diese Darlehens-form übrigens gar nicht erst an.

WISO Tipp

Ein Ratentilgungsdarlehen ist nur dann interessant, wenn Sie für die Finanzierung nicht jeden Euro umdrehen müs-sen. In diesem Fall ist das Darlehen eine überlegenswer-te Alternative – aber nur für den Fall, dass Sie die Immo-bilie selbst nutzen.

Denn für Vermieter ist es unter rein steuerlichen Aspekten wenig sinnvoll, schnell zu tilgen, weil sie die Zinsschulden beim Fiskus geltend machen können. Das bedeutet: Je mehr Schulden beziehungsweise Zinszahlungen nachgewiesen werden können, umso besser ist das rein steuerlich gesehen (siehe das Kapitel Staatliche Förderung für Kapitalanleger auf Seite 178 ff.).

WISO Tipp

Übrigens haben Sie die Möglichkeit, mit einem Kreditgeber zu vereinbaren, dass das Darlehen zu Beginn der Laufzeit tilgungsfrei bleibt. Sie sollten nach einer solchen Variante fragen, wenn Ihnen ein reines Ratentilgungsdarlehen zu teuer ist.

Es gibt mehrere Varianten von Ratentilgungsdarlehen: Ein Unterschied liegt im Zahlungsmodus, also ob monatlich oder vierteljährlich gezahlt wird. Und es kann in der Höhe der Tilgungsrate variiert werden. Entweder wird eine feste Jahresleistung oder ein bestimmter Prozentsatz vereinbart, bezogen auf die ursprüngliche Darlehenssumme.

Das führt zwar den eigentlichen Gedanken eines Ratentilgungsdarlehens ad absurdum – sich nämlich so schnell wie möglich zu entschulden –, es könnte aber ein guter Kompromiss sein zwischen einem Annuitätendarlehen und dieser Darlehensform. Bei den Kreditinstituten wird man allerdings auch mit diesem Vorschlag nicht auf allzu viel Begeisterung stoßen.

Beispiel

Darlehen über 192 000 Euro; Zinssatz 6 Prozent; vereinbarte jährliche Tilgung: 6420 Euro; nachschüssige, also jeweils zum Jahresende berechnete Tilgung und Verzinsung; Laufzeit entsprechend 30 Jahre. Der Einfachheit halber wird davon ausgegangen, dass die Zinsbindung über die gesamte Vertragslaufzeit besteht.

Tabelle: Ratentilgungsdarlehen

Jahr	Restschuld	Tilgung	Zinsen	Jahres-leistung	monatliche Belastung
1	185 579,90	6 420,10	11 311,45	17 731,54	1 477,62
2	179 159,81	6 420,10	10 958,24	17 378,34	1 448,19
3	172 739,71	6 420,10	10 573,04	16 993,13	1 416,09
4	166 319,62	6 420,10	10 187,83	16 607,93	1 383,99
5	159 899,52	6 420,10	9 802,62	16 222,72	1 351,89
6	153 479,42	6 420,10	9 417,42	15 837,51	1 319,79
7	147 059,33	6 420,10	9 032,21	15 452,31	1 287,69
8	140 639,23	6 420,10	8 647,01	15 067,10	1 255,59
9	134 219,14	6 420,10	8 261,80	14 681,90	1 223,49

Jahr	Restschuld	Tilgung	Zinsen	Jahres-leistung	monatliche Belastung
10	127 799,04	6 420,10	7 876,60	14 296,69	1 191,39
11	121 378,94	6 420,10	7 491,39	13 911,49	1 159,29
12	114 958,85	6 420,10	7 106,18	13 526,28	1 127,19
13	108 538,75	6 420,10	6 720,98	13 141,07	1 095,08
14	102 118,66	6 420,10	6 335,77	12 755,87	1 062,98
15	95 698,56	6 420,10	5 950,57	12 370,66	1 030,88
16	89 278,46	6 420,10	5 565,36	11 985,46	998,78
17	82 858,37	6 420,10	5 180,16	11 600,25	966,68
18	76 438,27	6 420,10	4 794,95	11 215,05	934,58
19	70 018,18	6 420,10	4 409,74	10 829,84	902,48
20	63 598,08	6 420,10	4 024,54	10 444,63	870,38
21	57 177,98	6 420,10	3 639,33	10 059,43	838,28
22	50 757,89	6 420,10	3 254,13	9 674,22	806,18
23	44 337,79	6 420,10	2 868,92	9 289,02	774,08
24	37 917,70	6 420,10	2 483,71	8 903,81	741,98
25	31 497,60	6 420,10	2 098,51	8 518,61	709,88
26	25 077,50	6 420,10	1 713,30	8 133,40	677,78
27	18 657,41	6 420,10	1 328,10	7 748,19	645,68
28	12 237,31	6 420,10	942,89	7 362,99	613,58
29	5 817,22 ·	6 420,10	557,69	6 977,78	518,48
30	0	5 817,22	172,48	5 989,7	499,14

Versicherungsdarlehen

Wer einen Kreditgeber sucht, wird früher oder später auch auf Versicherungsgesellschaften stoßen. Diese bieten Darlehen, die auf den ersten Blick sehr viel günstiger scheinen als ein Hypothekendarlehen. Die Zinssätze sind um bis zu 0,25 Prozentpunkte niedriger als die von Banken und Sparkassen.

Bei einem Versicherungsdarlehen wird ein sogenanntes Festdarlehen angeboten, das während der gesamten Laufzeit zwar verzinst, aber nicht getilgt wird. Das ist überhaupt der Grund, warum das Versicherungsunternehmen ein solches Hypothekendarlehen zu einem günstigeren Zins anbieten kann. Der Kreditnehmer tilgt also nicht in monatlichen Raten, sondern erst am Ende der Laufzeit in einem einzigen Betrag.

Um diesen bezahlen zu können, schließt er zusätzlich eine Kapitallebensversicherung ab. Deren Ablaufleistung am Ende der Versicherungslaufzeit dient der Finanzierung des tilgungsfreien Darlehens. Daraus ergibt sich: Für ein Versicherungsdarlehen zahlt man Zinsen, tilgt aber nicht und zahlt stattdessen monatlich die Prämie für eine Lebensversicherung. Gleichzeitig wird damit das Todesfallrisiko abgedeckt. Im Todesfall wird die Versicherungssumme ausgezahlt, das Darlehen sofort getilgt, und die Hinterbliebenen können (hoffentlich) schuldenfrei leben.

Vor allem Versicherer bieten eine solche Darlehenskonstruktion an. Einen Teil der eingenommenen Versicherungsprämien dürfen sie nämlich zur Immobilienfinanzierung nutzen. Aber auch Banken und Sparkassen haben ein Versicherungsdarlehen in ihrem Angebot. Meist ist deren Offerte gleich mit dem Namen beziehungsweise dem Angebot eines »befreundeten« Versicherers verbunden. Theoretisch hat der Darlehensnehmer auch die Möglichkeit, sich Bank und Versicherer unabhängig voneinander auszusuchen.

Angebot eines Versicherers

Die Beleihungsgrenzen der Versicherungsunternehmen sind deutlich niedriger als bei den anderen Kreditinstituten. Maximal 60 Prozent, oft aber nur bis zu 45 Prozent des Beleihungswerts werden für eine 1a-Hypothek angesetzt (siehe das Kapitel Der Immobilienwert für den Finanzierer auf Seite 70 ff.). Da der Beleihungswert meist nicht mehr als 80 Prozent des Kauf- oder Baupreises ausmacht, kann der Kreditnehmer demzufolge in der Regel deutlich weniger als die Hälfte seiner tatsächlich benötigten Finanzierung mithilfe einer erstrangigen Hypothek aus einem Versicherungsdarlehen abdecken.

Er muss sich also nach weiteren Kreditmöglichkeiten umsehen. Entweder stopft er die Lücke mit einer nachrangigen Finanzierung beim Versicherer selbst oder er besorgt sich einen zusätzlichen Bankenkredit. Dieses Darlehen ist so oder so als nachrangige Hypothek teurer; ein höherer Zins wird verlangt.

Angebot von Banken und Sparkassen

Wird ein Versicherungsdarlehen über Banken und Sparkassen abgeschlossen, hat man zwar zunächst einen höheren Effektivzins, dafür akzeptieren die Kreditinstitute für eine 1a-Hypothek aber immerhin bis zu
80 Prozent des Beleihungswerts. Das wiederum verbilligt die Restfinanzierung.

Ablauf einer Finanzierung

Die Mehrzahl der Versicherungsdarlehen wird so gestaltet, dass am Ende
der Laufzeit Versicherungssumme plus Überschussanteile (beides zusammen ist die sogenannte Ablaufleistung) der Darlehenssumme entspricht. In den meisten Verträgen macht die Versicherungssumme erfahrungsgemäß etwa 60 Prozent des Darlehensbetrags aus. Der Rest muss
durch die Überschussanteile abgedeckt werden. Genau hier liegt das
Problem dieses Modells: Die Höhe der Überschussanteile kann und darf
eine Versicherungsgesellschaft nicht garantieren. Der Grund: Da die Versicherungsgesellschaft Teile der eingezahlten Beiträge anlegt, um (Zins-)
Gewinne zu erwirtschaften, hängt das Ergebnis sehr von der zukünftigen
Kapitalmarktentwicklung ab. Falls dann die Überschussanteile nicht so
groß sind, wie vom Versicherer prognostiziert, muss teuer nachfinanziert
werden, um den Darlehensbetrag zurückzahlen zu können.
Es gibt allerdings Versicherungsverträge, bei denen für die voraussichtliche Ablaufleistung eine sogenannte Mindestunterlegung verlangt wird.
Das bedeutet, eine bestimmte Prozentzahl – 60, 80 oder manchmal auch
100 Prozent des Darlehens – muss allein schon durch die Versicherungssumme abgedeckt sein. Je höher diese Mindestunterlegung und je länger
die Laufzeit, umso mehr übersteigt am Ende die Ablaufleistung die tatsächlich benötigte Summe, mit der das Darlehen getilgt wird. Mit anderen
Worten: Bei hoher Mindestunterlegung spart der Kreditnehmer – eher
unfreiwillig als freiwillig – zusätzlich zur Tilgung weiteres Kapital an.
Wie erwähnt, wird mit einem Versicherungsdarlehen auch der Todesfall
des Kreditnehmers abgesichert. Das Problem: Da die Versicherungssumme oft nur 60 Prozent des Darlehens abdeckt, gilt das natürlich auch für
den Todesfall. Je früher ein solch trauriger Fall eintritt und je weiter weg
das Vertragsende liegt, desto mehr beschränkt sich die Deckung des
Darlehensbetrags allein auf die vereinbarte Versicherungssumme. Denn
in den ersten Versicherungsjahren fallen kaum Überschussanteile an.

Diese Versorgungslücke stopfen Versicherer mit Zusatzangeboten wie einer höheren Versicherung speziell für den Todesfall, für die sie aber höhere Prämien fordern (mehr dazu am Ende dieses Kapitels).

Die Prämien steigen im Übrigen auch mit dem Eintrittsalter, weil das Todesfallrisiko für den Versicherer zunimmt. Das bedeutet: Je älter der Kreditnehmer ist, umso teurer wird ein Versicherungsdarlehen für ihn.

Finanzierungsvarianten

Die Finanzierung über ein Versicherungsdarlehen läuft immer nach dem beschriebenen Muster ab. Trotzdem gibt es unterschiedliche Finanzierungsvarianten, nach denen das Versicherungsdarlehen ausgestaltet ist.

Todesfallrisiko abgedeckt Bei dieser Variante wird die Versicherungssumme so festgelegt, dass die Ablaufleistung der Darlehenssumme entspricht. Im Todesfall zahlt der Versicherer den vollen Betrag der Darlehenssumme aus. Die Zusatzvereinbarung macht dieses Modell teurer, denn es fällt ein höherer Versicherungsbeitrag an. Außerdem muss der Kreditnehmer im Erlebensfall nach wie vor auf die unsichere Ablaufleistung setzen.

Eine weitere Variante dazu: Im Todesfall zahlt die Versicherung nur die eingezahlten Beiträge zurück. Die Risikovorsorge fällt damit deutlich geringer aus.

Versicherungssumme gleich Darlehenssumme Bei diesem Modell ist die Versicherungssumme genauso hoch wie die Darlehenssumme. Am Ende der Laufzeit, die meist 25 bis 30 Jahre beträgt, deckt die Versicherung genau den Kreditbetrag ab. Zusätzlich hat der Darlehensnehmer durch die Überschussanteile Kapital angespart. Dieses Modell ist das sicherste, zugleich aber auch das teuerste: Sicher deshalb, weil der Kreditnehmer nicht auf die vorhergesagte Ablaufleistung spekulieren muss. Teuer, weil er Monat für Monat zusätzlich eine Versicherungsprämie zahlt. Diese Prämie ist umso höher, je älter der Schuldner ist, da für die Versicherungsgesellschaft das Todesfallrisiko steigt. Das alles fällt zusätzlich zu dem Zins an, den der Kreditnehmer für das Hypothekendarlehen aufbringen muss. Beide Belastungen zusammen sind auf jeden Fall sehr viel teurer, als wenn ein Hypothekendarlehen aufgenommen wird.

Tilgung bei Erreichen der Darlehenssumme Hier entspricht die Versicherungssumme ebenfalls der Darlehenssumme, der Vertrag wird aber für eine sehr lange Laufzeit abgeschlossen: bis zu einem Lebensalter von 80 oder sogar 85 Jahren. Dadurch ist die Prämie nicht mehr so hoch wie bei dem vorangegangenen Modell. Sobald die Ablaufleistung – also die angesparte Versicherungssumme zuzüglich der Überschussanteile – ausreicht, um den Darlehensbetrag zu tilgen, wird der Vertrag vorzeitig beendet, das Darlehen getilgt und damit auch kein zusätzliches Kapital angespart.

Von solchen Angeboten ist abzuraten, denn dabei geht auch die versprochene Rendite der Versicherung verloren! Bei vorzeitiger Auflösung des Vertrags fallen die Überschussanteile sehr viel geringer aus als zum vereinbarten Vertragsende. Nur einer freut sich über eine solche Vertragsvariante, nämlich der Versicherungsvertreter: Er kassiert eine nicht gerade kleine Provision, weil die Versicherungssumme sehr hoch ist, jedenfalls höher als unbedingt notwendig.

Prämienverrechnung Auch hier entspricht die Versicherungssumme der Darlehenssumme. Hier werden die Überschussanteile nicht mit Zinsen angesammelt, sondern jährlich mit den Prämien verrechnet, die sich dadurch verringern. Trotzdem wird das Darlehen erst am Ende mit der Auszahlung der Versicherungssumme getilgt.

Genau das macht jedoch finanziell gesehen wenig Sinn. Statt die Prämien zu senken, wäre es besser, die entsprechenden Beträge zur Tilgung zu nutzen, um die Zinsbelastung möglichst gering zu halten.

Dynamische Beitragsanpassung Die Versicherungssumme macht hier unter 50 Prozent der Darlehenssumme aus. Eine dynamische Beitragsanpassung sorgt aber dafür, dass während der Laufzeit die Prämien ansteigen und die Ablaufleistung am Ende zum Tilgen des Darlehens ausreichen soll. Dafür gibt es aber wie immer keine Garantie.

Auf ein solches Angebot sollte man nicht eingehen! Die dynamische Anpassung ist eine äußerst unrentable Angelegenheit, denn bei jeder Beitragserhöhung wird ein neues Eintrittsalter zugrunde gelegt – und je älter man wird, desto mehr steigt die Risikoprämie. Freude bereitet man allerdings dem Versicherungsvertreter, denn der kassiert bei jeder Erhöhung immer wieder kräftig mit.

Gesamteffektivzins

Auf den ersten Blick scheinen die Zinsen beim Versicherungsdarlehen günstiger zu sein als beim Hypothekendarlehen. Doch genau das Gegenteil ist oft der Fall.

Wer feststellen möchte, wie hoch die Rendite einer Lebensversicherung ist, muss zunächst auf die Ablaufleistung schauen, die am Ende der Vertragszeit ausgezahlt werden soll. Die Betonung liegt auf »soll«, da derzeit lediglich die Versicherungssumme und ein Sparanteil von 1,75 Prozent (seit dem 1. Januar 2012, davor lag der Garantiezins bei 2,25 Prozent) pro Jahr auf laufende Verträge garantiert wird – so sehen die gesetzlichen Regelungen dies vor. Der Rest sind die Überschussanteile, die Ausdruck dessen sind, wie gut die Versicherung mit dem zur Verfügung gestellten Geld gewirtschaftet hat, wie gut sie also die eingezahlten Beiträge während der Vertragslaufzeit angelegt hat.

Wichtig ist dann die Höhe der Versicherungsprämie, die monatlich zu zahlen ist. Von dem eingezahlten Beitrag zweigt die Versicherungsgesellschaft erst einmal das ab, was ihr an Kosten entsteht, zum Beispiel für die Verwaltung und für die Provision der Versicherungsvertreter. Das, was übrig bleibt, wird auf den Risikoanteil für den Todesfall und auf den Sparanteil für die Überschussbeteiligung aufgeteilt.

Ablaufleistung und Prämie ins Verhältnis gesetzt, ergibt die Rendite einer Versicherung. Folglich ist die Rendite dann am höchsten, wenn bei gleichen monatlichen Prämien die (versprochene) Ablaufleistung am größten ist; oder umgekehrt: wenn bei gleicher (versprochener) Ablaufleistung die monatliche Prämie am niedrigsten ist.

Die Rendite aus der Lebensversicherung und der Effektivzins des Darlehens müssen immer gemeinsam betrachtet werden. Denn der Kreditnehmer hat wenig von einer renditestarken beziehungsweise günstigen Versicherung, wenn er gleichzeitig hohe Effektivzinsen für ein Darlehen zahlt. Umgekehrt gilt das genauso: Ein Darlehen mit niedrigem Effektivzins bringt wenig, wenn gleichzeitig die Rendite aus der Versicherung dürftig ausfällt. Effektivzins und Rendite ergeben zusammen den Gesamteffektivzins eines Versicherungsdarlehens. Der Gesamteffektivzins eines Versicherungsdarlehens, also der Effektivzins, der die Rendite der Lebensversicherung mit berücksichtigt, ist immer höher als der ausgewiesene Effektivzins für das Darlehen allein. Ein Versicherungsdarlehen wird immer teurer sein als das, was Ihnen der Versicherer als Effektivzins des Darlehens ausweist.

Ablaufleistung

Höhe der Versicherungsprämie

Rendite einer Versicherung

Der Grund ist einfach nachzuvollziehen: Der Versicherer legt die eingesammelten Beiträge an, zum Beispiel in festverzinsliche Wertpapiere, oder er vergibt Hypothekendarlehen. Daraus erwirtschaftet der Versicherer seine Gewinne und beteiligt den Versicherungsnehmer in Form von Überschussanteilen. Das ergibt die Verzinsung der Beiträge, also die Habenzinsen. Und diese können, langfristig gesehen, immer nur unter dem Sollzins liegen, also unter dem Effektivzins, der für ein Darlehen zu zahlen ist.

Aus diesen Überlegungen ergibt sich: Bei einem Versicherungsdarlehen hat man zunächst durchaus einen Zinsvorteil gegenüber einem normalen Hypothekendarlehen. Dieser wird aber durch die niedrigere Versicherungsrendite (teilweise) wieder zunichte gemacht.

WISO Tipp

Wenn Ihnen die Versicherungsgesellschaft eine Rendite für die Versicherung verspricht, die höher ist als der Effektivzins des Hypothekendarlehens, sollten Sie misstrauisch werden. An diesem Angebot stimmt etwas nicht!

Beispiel

Darlehen 192 000 Euro, Nominalzins 6 Prozent, Effektivzins 6,2 Prozent. Zur Ermittlung der finanziellen Belastung wird folgende Formel verwendet (für die monatlichen Beiträge wird der unten ermittelte Wert durch 12 geteilt):

$$\text{Finanzielle Belastung (pro Jahr)} = \frac{\text{Darlehensbetrag x Nominalzins}}{100}$$

Die monatliche Belastung beträgt 960 Euro.

Lebensversicherung: (versprochene) Ablaufleistung 192 000 Euro, Rendite: 4,5 Prozent, Laufzeit 20 Jahre, die monatliche Prämie beträgt 497 Euro. Daraus ergibt sich eine monatliche Gesamtbelastung von 1457 Euro. Der Effektivzins des Gesamtpakets beträgt in diesem Beispiel 7 Prozent bei einer Versicherungslaufzeit von 20 Jahren.

Wer sich für ein solches Darlehen interessiert, sollte die in der Vergangenheit besonders leistungsstarken Versicherungsgesellschaften heraussuchen. Aber noch einmal sei darauf hingewiesen: Egal, was die von dem Versicherer vorgelegten Zahlen ausweisen und welches Ergebnis bei den Berechnungen herauskommt, die versprochene Ablaufleistung gibt es in jedem Fall nur ohne Garantie.

Probleme beim Versicherungsdarlehen

Wie bereits erwähnt, bieten die Versicherungsgesellschaften die günstigen Zinsen nur bei einer äußerst niedrigen Beleihungsgrenze an, manchmal nur bis zu 45 Prozent des Beleihungswertes. Dieser wiederum wird von den Assekuranzen wegen hoher Sicherheitsabschläge äußerst gering geschätzt.

Nachfinanzierungen Deshalb sind häufig Nachfinanzierungen notwendig, und die werden in jedem Fall nur zu einem höheren Zins möglich sein – selbst wenn Versicherer durchaus 80-Prozent-Finanzierungen anbieten. Das machen sie allerdings nicht zu dem angeblich so günstigen Effektivzins des ursprünglichen Versicherungsdarlehens. Ein möglicher Zinsvorteil aus dem Erstvertrag mit dem Versicherer wird damit durch den Zinsnachteil des zweiten, sehr viel teureren Darlehens (teilweise) aufgehoben.

Beispiel

Der Kreditnehmer benötigt eine 80-Prozent-Finanzierung, der Versicherer bietet zunächst ein Darlehen mit 6,5 Prozent Effektivzins, allerdings bei einer Beleihungsgrenze von 45 Prozent. Den Rest von 35 Prozent würde der Versicherer ebenfalls finanzieren, allerdings zu einem halben Prozentpunkt höher. Das nachrangige Darlehen hätte somit einen Effektivzins von 7 Prozent.

$$\text{Gesamteffektivzins} = \frac{6,5 \times 45 \text{ Prozent} + 7 \times 35 \text{ Prozent}}{80 \text{ Prozent}}$$

WISO Tipp

Das funktioniert nur, wenn beide Darlehen gleich lange Laufzeiten haben!

Das ergibt einen Effektivzins für das Gesamtdarlehen von 6,72 Prozent. Dabei ist die (schlechtere) Rendite der Versicherungspolice noch gar nicht berücksichtigt, die den Effektivzins für die Kombination aus Darlehen und Lebensversicherung noch weiter in die Höhe treiben wird.

Ablaufleistung Das nächste Problem: Bei der ausgewiesenen Ablaufleistung handelt es sich, wie bereits erwähnt, immer um eine Prognose. Gerade bei dem am häufigsten verwendeten Finanzierungsmodell eines Versicherungsdarlehens (Ablaufleistung = Darlehenssumme) ist das ein kritischer Punkt. Denn ob am Ende die Ablaufleistung tatsächlich für die Tilgung des Darlehens ausreicht, weiß man leider erst hinterher.

Beispiel

Die monatliche Prämie beträgt 497 Euro. Bei einer Rendite von 4,5 Prozent, Laufzeit 20 Jahre, beträgt die versprochene Ablaufleistung 192 000 Euro.
Da die tatsächliche Rendite wider Erwarten lediglich bei 3,5 Prozent liegt, erhält der Versicherungsnehmer am Ende des Vertrags tatsächlich aber nur gut 172 000 Euro.

Das mit einer Lebensversicherung verknüpfte Hypothekendarlehen wird während der Laufzeit nicht getilgt. Die Darlehensschuld ist also am Ende noch genauso hoch wie am Anfang der Zinsbindungsphase. Was geschieht nun, wenn während dieser Zeit die Zinsen gestiegen sind? Die Zinsänderung trifft den Darlehensnehmer bei der sicher zu erwartenden Anschlussfinanzierung mit voller Wucht. Auf einen Schlag hat er plötzlich sehr viel höhere monatliche Raten abzuzahlen. Bei einem Hypothekendarlehen hat er bis zu diesem Zeitpunkt zumindest schon einen gewissen Teil seiner Darlehensschuld getilgt, sodass sich eine Zinserhöhung nicht ganz so negativ auswirkt.

Beispiel

Für ein Darlehen von 192 000 Euro, Nominalzins 6 Prozent, Zinsbindung 10 Jahre, werden monatlich 960 Euro gezahlt. Für eine Versicherung mit einer (versprochenen) Ablaufleistung von 192 000 Euro, Rendite 4,5 Prozent, Laufzeit 20 Jahre, werden monatlich 497 Euro fällig. Das macht eine monatliche Gesamtbelastung von 1457 Euro. Szenario: Nach der Zinsbindungsfrist von 10 Jahren ist der Zins um 1 Prozentpunkt auf 7 Prozent gestiegen:

$$\text{Finanzielle Belastung (pro Jahr)} = \frac{\text{Darlehensbetrag x Nominalzins}}{100}$$

In einem solchen Fall wächst die monatliche Belastung auf 1120 Euro allein aus dem Darlehen an (monatliche Gesamtbelastung mit Versicherungsprämie: 1617 Euro). Das ist insgesamt immerhin ein Plus von 160 Euro. Der Effektivzins des Gesamtpakets ist von 7 Prozent auf 8,45 Prozent gestiegen.

WISO Tipp

Wenn Sie schon vorher wissen, dass Sie Ihre Immobilie in wenigen Jahren aus beruflichen oder privaten Gründen verkaufen möchten, sollten Sie nie ein Versicherungsdarlehen abschließen. Ausnahme: Sie planen als Immobilieninvestor, anschließend weder zu kaufen oder zu bauen. In diesem Fall können Sie dasselbe Darlehen erneut einsetzen.

Ein weiteres Problem: Wenn man bei einem Versicherungsdarlehen wegen einer Zinserhöhung – wie in dem Rechenbeispiel – aus dem Vertrag aussteigen möchte, wird es teuer. Der Versicherungsnehmer erhält in diesem Fall nur den sogenannten Rückkaufswert, und der ist in den ersten Jahren deutlich niedriger als die Summe der eingezahlten Prämien. Das erklärt sich damit, dass die Beiträge in den ersten ein bis zwei Jahren zunächst nur die Kosten der Versicherungsgesellschaft decken – von den Verwaltungskosten bis hin zur Provision des Versicherungsvertreters. Platzt das Darlehen also wegen einer Zinserhöhung, sitzt der Kreditnehmer auf einem Haufen Schulden, der letztlich durch die Auflösung seines

Zinsänderungsrisiko

Versicherungsvertrags noch weiter wächst. Ein Teil seines bereits eingesetzten Kapitals wird buchstäblich vernichtet.

Vor dem gleichen Dilemma steht übrigens, wer zwischenzeitlich umschulden will, und sei es nur, weil er nach der ersten Zinsbindungsfrist von dem Versicherer zu einem anderen Kreditgeber wechseln möchte. Will der Kreditnehmer dann ein »normales« Hypothekendarlehen aufnehmen, kann er den Versicherungsvertrag nur mit großen finanziellen Verlusten auflösen. Oder er ist bereit, weiter in die Versicherung einzuzahlen, was ein nicht gerade billiges Vergnügen sein dürfte.

Sondertilgung Probleme gibt es auch bei einer Sondertilgung. Natürlich kann der Kreditnehmer bei einem tilgungsfreien Darlehen im Prinzip vorzeitig tilgen – in den meisten Fällen mit einer teuren Vorfälligkeitsentschädigung (siehe das Kapitel Anschlussfinanzierung auf Seite 143 ff.). Das entbindet ihn aber nicht automatisch von den Belastungen aus der monatlichen Versicherungsprämie. Der Vertrag mit der Versicherungsgesellschaft ist rechtlich gesehen unabhängig vom Darlehensvertrag. Wird mit der Sondertilgung auch der Versicherungsvertrag gekündigt, geht zusätzlich viel Geld verloren, weil der Versicherungsnehmer nur dessen Rückkaufswerte zurückbekommt.

Steuerprivileg Erträge aus der Lebensversicherung waren bis Ende 2004 bei einer Laufzeit von mehr als zwölf Jahren steuerfrei. Dies hat der Gesetzgeber eingeschränkt. Danach bleibt dieses Privileg in vollem Umfang nur erhalten, wenn die Police vor dem 1.5.2005 abgeschlossen wurde. Für alle nach diesem Termin unterzeichneten Verträge gilt, dass alle Auszahlungen voll versteuert werden müssen. Es sei denn, ihre Laufzeit beträgt – wie bisher – mindestens zwölf Jahre und die Auszahlung erfolgt frühestens ab dem vollendeten 62. Lebensjahr. Aber auch dann bleiben die Erträge nicht gänzlich steuerfrei, denn es wird das sogenannte Halbeinkünfteverfahren angewandt: Nur die Hälfte der Auszahlungen bleibt vom Fiskus verschont.

Diese Gesetzesänderung hat gezeigt: Steuerprivilegien bleiben nicht für alle Zeit erhalten.

Wer übrigens die Lebensversicherung vorzeitig zurückkauft, also noch vor Ablauf der zwölf Jahre, von dem verlangt das Finanzamt wie bisher auch schon nachträglich Steuern für die zurückliegende Zeit.

Versicherungsdarlehen für Selbstnutzer

Nach Abwägen aller Vor- und Nachteile eines Versicherungsdarlehens müsste deutlich geworden sein: Wer eine Immobilie selbst nutzen möchte, sollte von einem Versicherungsdarlehen Abstand nehmen. Dabei geht man nur unkalkulierbare Risiken ein. Die Ablaufleistung kann nicht garantiert werden, und da das Darlehen erst am Ende der Laufzeit getilgt wird, läuft der Kreditnehmer Gefahr, für sein Darlehen später einmal deutlich höhere Zinsen zahlen zu müssen. Ein Ausstieg aus der Versicherung kommt außerdem teuer zu stehen. Für Selbstnutzer empfiehlt sich daher eher ein Hypothekendarlehen. Für den als Vorteil gepriesenen Todesfallschutz bietet sich eine bessere Alternative an: die so genannte Restschuldversicherung (siehe weiter unten).

Auch finanziell stellt sich der Selbstnutzer mit einem Hypothekendarlehen besser als mit einem Versicherungsdarlehen, selbst wenn die Zinsen nur um wenige Prozentpunkte steigen.

Beispiel

Darlehenssumme: 192000 Euro, Finanzierungszeit 20 Jahre, zunächst 10 Jahre Zinsbindung.

Variante 1: Finanziert über ein Versicherungsdarlehen (Darlehenssumme = Ablaufleistung), mit einem Nominalzins von 6 Prozent.

$$\text{Finanzielle Belastung (pro Jahr)} = \frac{\text{Darlehensbetrag x Nominalzins}}{100}$$

$$\text{Finanzielle Belastung (pro Jahr)} = \frac{192\,000 \times 6}{100}$$

Monatliche Belastung aus dem Darlehen: 960 Euro.

Dazu die Versicherung mit einer angenommenen Rendite von 4,5 Prozent, Laufzeit 20 Jahre. Als Versicherungsprämie werden monatlich 497 Euro fällig. Das ergibt eine monatliche Gesamtbelastung von 1457 Euro.

Variante 2: Finanziert über ein Hypothekendarlehen mit 6,5 Prozent Zins und 2,6 Prozent Tilgung, damit die monatliche Belastung in etwa vergleichbar ist mit der aus dem Versicherungsdarlehen:

$$\text{Annuität} = \frac{\text{Darlehensbetrag x (Zins + Tilgung)}}{100}$$

$$\text{Annuität} = \frac{192\,000 \times (6,5 + 2,6)}{100}$$

Hier beträgt die monatliche Belastung 1456 Euro.

Szenario nach 10 Jahren: Der Nominalzins ist um 1 Prozentpunkt gestiegen. Dann sieht die Restschuld bei den beiden Varianten folgendermaßen aus:

Variante 1: Beim Versicherungsdarlehen beträgt die Restschuld nach 10 Jahren immer noch 192 000 Euro. Mit dem neuen Zinssatz von 7 Prozent wächst die monatliche Belastung auf 1120 Euro beim Darlehen. Die monatliche Prämie bei der Versicherung bleibt unverändert, das ist eine monatliche Gesamtbelastung von 1617 Euro – ein Plus von 160 Euro gegenüber den ursprünglichen Monatsraten.

Variante 2: Beim Hypothekendarlehen liegt die Restschuld nach 10 Jahren circa bei 131 000 Euro, das ergibt mit einem neuen Zins von 7,5 Prozent und einer Tilgung von 2,6 Prozent eine monatliche Belastung von ungefähr 1102 Euro. Sie ist hier also im Vergleich zum Versicherungsdarlehen um rund 515 Euro geringer. Nun könnte man diesen Differenzbetrag zinsbringend anlegen oder in eine erhöhte Tilgung stecken. Geht man von dem (zugegebenermaßen eher theoretischen) zweiten Fall aus, ergibt sich ein Spielraum für eine Tilgung von etwa 7,3 Prozent. Aber selbst wenn man es nur bei der ursprünglichen Rate von 1456 Euro belässt, ergibt sich eine Tilgung von gut 5,8 Prozent.

WISO Tipp

Ein solches Darlehen kann unter steuerlichen Aspekten für Selbstständige oder Beamte interessant sein, theoretisch auch für Geringverdiener. Für diese Steuerzahler sind Kapitallebensversicherungen mit einer Laufzeit von über zwölf Jahren als Vorsorgeaufwendungen steuerlich absetzbar, aber nur, wenn sie den Höchstsatz noch nicht voll ausgeschöpft haben.

Dieser Vergleich zeigt: Gleiche monatliche Beträge vor und nach einer Zinserhöhung vorausgesetzt, wäre das Hypothekendarlehen schon deutlich früher abbezahlt. Die frei werdenden Mittel könnten wieder zinsbringend angelegt werden, während beim Versicherungsdarlehen immer noch Zinsen und Prämien zu zahlen sind – ohne dass von vornherein klar ist, ob mit der Ablaufleistung aus der Versicherung das Darlehen tatsächlich vollständig getilgt werden kann. Für Selbstnutzer einer Immobilie gilt daher grundsätzlich, dass ein Versicherungsdarlehen ein ungünstiges Finanzierungsmittel ist.

Sozialversicherungspflichtige Arbeitnehmer liegen durch ihre gesetzlichen Beiträge zur Sozialversicherung fast immer über dieser Höchstgrenze. Aber selbst wenn steuerliche Argumente für ein Versicherungsdarlehen sprechen mögen – das finanzielle Risiko hat jeder zu tragen. In einem solchen Fall heißt die Devise: Mit dem Steuerberater reden, ob sich das trotzdem rechnet!

Versicherungsdarlehen für Kapitalanleger

Dem Versicherungsdarlehen für Kapitalanleger und damit verbundenen steuerlichen Aspekten ist ein eigenes Kapitel gewidmet (siehe das Kapitel Staatliche Förderung für Kapitalanleger auf Seite 178ff.). Daher nur ein kurzer Hinweis: Für Eigentümer von vermieteten Immobilien empfiehlt sich durchaus ein Versicherungsdarlehen. Die Darlehenszinsen können steuerlich abgesetzt werden und das, was an Überschussanteilen aus der Lebensversicherung erwirtschaftet wird, ist (nach einer Laufzeit von über zwölf Jahren) teilweise steuerfrei.

Darlehen mit bestehender Lebensversicherung

Wer bereits über eine Kapitallebensversicherung verfügt, für den fällt das Urteil über ein Versicherungsdarlehen nicht ganz so negativ aus. Selbst wenn diese ursprünglich für die Altersvorsorge gedacht war, lohnt es sich, darüber nachzudenken, sie für eine Immobilienfinanzierung einzusetzen. Schließlich verfügt man ja stattdessen am Ende über Wohneigentum.
Die entscheidende Frage, vor der der Darlehensnehmer in einem solchen Fall steht, lautet: Soll ich die bestehende Versicherung kündigen oder nicht? Im ersten Fall erhöht der Rückkaufswert das Eigenkapital, er benötigt also einen weniger hohen Kredit und hat damit bessere Karten, wenn es um Beleihungsgrenzen und persönliche Bonität geht. Im zweiten Fall beleiht er praktisch sein bis dahin angesammeltes Guthaben aus der Versicherung, indem er sich ein tilgungsfreies Darlehen in Höhe des Rückkaufswerts bei einem Kreditinstitut besorgt oder, noch besser, bei der Versicherungsgesellschaft, bei der er die Police abgeschlossen hat (Policendarlehen). Denn für diese ist das Kreditrisiko geringer, da der Darlehensnehmer ja sein Guthaben bei dem Versicherer selbst beleiht. Folglich sind die Zinsen dort dann vergleichsweise niedrig und es werden in der Regel auch keine zusätzlichen Sicherheiten von ihm verlangt.
Ob es besser ist, den Versicherungsvertrag zu kündigen und den Rückkaufswert als zusätzliches Eigenkapital heranzuziehen, hängt von der Höhe des aktuellen Rückkaufswerts ab. Denn in der ersten, manchmal bis zu zehn Jahre dauernden Versicherungsphase liegt dieser Wert deutlich unter dem, was bisher in die Versicherung eingezahlt wurde. Denn die Assekuranz deckt mit den eingezahlten Beiträgen zunächst einmal ihre eigenen Kosten.

Policendarlehen

WISO Tipp

Lassen Sie sich von Ihrer Versicherung den Rückkaufswert und die eingezahlten Beiträge errechnen. Wenn Sie feststellen, dass die Summe der eingezahlten Beiträge kleiner ist als der Rückkaufswert, sollten Sie den Vertrag kündigen.

Eine weitere Überlegung: Hat man einen Nachfinanzierungsbedarf, eignen sich solche Policendarlehen durchaus dafür, weil die Alternative, nämlich der Zwischenkredit von einer Bank oder Sparkasse, wegen der hohen Zinsen sehr viel teurer sein kann.

WISO Tipp

Je länger eine Lebensversicherung bereits läuft und je niedriger das aktuelle Zinsniveau ist, desto eher können Sie davon ausgehen, dass es sich lohnt, die Versicherung zu behalten.

Unter Umständen bietet der Versicherer die Variante an, mit der bestehenden Kapitallebensversicherung einen Kredit zu finanzieren: ein tilgungsfreies Darlehen in Höhe der Ablaufleistung. Aber auch hier steht man vor der Entscheidung, ob man den Vertrag nicht trotzdem kündigen sollte. Das hängt von der Laufzeit des Vertrages ab.

Der Grund dafür ist einfach: Je älter ein Versicherungsvertrag ist, umso höher ist die Rendite der Restlaufzeit. Bevor man also voreilig kündigt, sollte man sich deshalb als Erstes von dem Versicherer die Ablaufleistung und die Rendite der Restlaufzeit ausrechnen lassen. Das Ergebnis sollte der Kreditnehmer dann mit tilgungsfreien Hypothekendarlehen vergleichen, die eine möglichst lange Zinsbindung haben – also mindestens zehn Jahre. Damit kann er das Zinsänderungsrisiko eines solchen Darlehens möglichst klein halten. Liegt die Rendite der Restlaufzeit eines Versicherungsvertrages über dem Effektivzins eines Hypothekendarlehens, sollte man den Vertrag behalten. Unterm Strich gibt man dann weniger aus, als wenn man den Vertrag kündigt und ein Bankdarlehen aufnimmt.

Über eines sollte sich der Darlehensnehmer allerdings im Klaren sein: Behält er die Versicherung, muss er zusätzlich zu den Zinsen für das Darlehen die Versicherungsprämien aufbringen! Eine Garantie für die Ablaufleistung gibt es auch in diesem Fall nicht.

Restschuldversicherung

Der Schutz, den Angehörige im Todesfall haben, ist der Vorteil eines Versicherungsdarlehens. Trotzdem spricht der finanzielle Vorteil eher dafür, ein Hypothekendarlehen aufzunehmen. Man kann aber auch das eine tun, ohne das andere zu lassen, indem man eine Restschuldversicherung abschließt. Darunter versteht man eine Risikolebensversicherung, deren erstes Ziel es ist, im Todesfall einen Betrag auszuschütten, der die Restschuld abdeckt. Es geht also nicht darum, einen Überschuss zu erwirtschaften. Deshalb ist auch die Höhe der monatlichen Beiträge sehr viel geringer als bei einer Kapitallebensversicherung.

Man kann zwei Arten von Restschuldversicherungen unterscheiden:

- Bei der einen Variante sinkt die Versicherungssumme Jahr für Jahr konstant um einen bestimmten Betrag. Das hat den Nachteil, dass es zwischenzeitlich zu Unterdeckungen für die Restschuldsumme kommen kann, denn beim Hypothekendarlehen gibt es üblicherweise keinen linearen Verlauf der Restschuld. Diese Versicherungsform sollte man daher nur wählen, wenn es nicht auf jeden Euro ankommt.
- Mehr zu empfehlen ist eine Restschuldversicherung, bei der die Versicherungssumme jährlich der Restschuld angepasst wird. Dafür muss der Versicherer genau wissen, wie hoch die Gesamtlaufzeit des Darlehens ist, über welchen Nominalzins es abgeschlossen wurde und wie der Tilgungsplan im Einzelnen aussieht (siehe das Kapitel Finanzierungsplan auf Seite 134 ff.).

Seite 134 ff.

Trotz sinkender Restschuld kann es bei dieser Versicherungsform durchaus sein, dass die monatlichen Beiträge zunächst etwas ansteigen. Dafür gibt es eine einfache Erklärung: Je älter der Versicherungsnehmer wird, umso mehr steigt aus Sicht des Versicherers das Todesfallrisiko. Dafür sinkt der Beitrag zum Ende des Versicherungsvertrages deutlich.

Bei einer Risikolebensversicherung wird, wie bereits erwähnt, eigentlich kein Kapital angesammelt. Trotzdem fallen durch die vorsichtige Kalkulation der Versicherungsgesellschaften immer wieder Überschüsse an, die an den Prämienzahler weitergegeben werden müssen, egal, für welche Versicherungsvariante er sich entschieden hat.

An diesem Überschuss kann er auf ganz unterschiedliche Art beteiligt werden. Bei einer Variante wird der voraussichtliche Überschuss erst am Schluss der Versicherung berücksichtigt (Todesfallbonus). Der Versicherungsnehmer schließt in diesem Fall eine niedrigere Versicherungssumme ab als für das, was im Todesfall wirklich ausgezahlt wird. Das reduziert automatisch seine monatlichen Beiträge.

Todesfallbonus

Die monatliche Ersparnis ist jedoch höher, wenn die Überschussbeteiligung sofort und direkt mit den Prämien verrechnet wird. Das ist die zweite Variante, wie eine Versicherungsgesellschaft den Überschuss weitergeben kann. In diesem Fall steht die Versicherungssumme für den Todesfall fest. Dafür zahlt man von vornherein wesentlich geringere Beiträge, als eigentlich für die abgeschlossene Versicherungssumme aufgebracht werden müssten. Es kann sogar sein, dass zum Ende der Vertragslauf-

Prämienverrechnung

WISO Tipp

Eine solche Risikolebensversicherung bekommen Sie überall. Selbst wenn es im konkreten Fall um die Absicherung eines Bankdarlehens geht, brauchen Sie sich nicht an das Angebot des Bankenberaters zu halten. Vielmehr sollten Sie sich nach dem billigsten Anbieter umsehen.

WISO Tipp

Empfehlenswert ist die Beitragsverrechnung, denn wichtiger als ein höherer Bonus im Todesfall ist ein möglichst geringer Monatsbeitrag.

zeit gar keine Beiträge mehr anfallen; der Versicherungsschutz bleibt dann trotzdem bis zum Schluss bestehen.

Alle ein bis zwei Jahre korrigiert die Versicherung die Höhe der Überschussanteile. Beim Todesfallbonus ändert sich damit die Höhe der Schlussauszahlung. Bei der Beitragsverrechnung wird die monatliche Prämie angepasst.

Um zu wissen, welche Versicherung am günstigsten ist, darf man sich nicht nur an der Höhe der ersten Monatsbeiträge orientieren. Erstens können die Policen unterschiedliche Laufzeiten haben, zweitens können die Raten im Laufe der Zeit, wie oben bereits beschrieben, variieren. Deshalb ist für die einzelnen Versicherungen der sogenannte Barwert zu ermitteln, um Anbieter vergleichen zu können. Dabei wird so getan, als würden alle Beiträge, auch die in der Zukunft, heute als einmaliger Betrag anfallen. Um so etwas ausrechnen zu können, müssen alle Prämien abgezinst, das heißt mit einem entsprechenden Zinsfaktor multipliziert werden. Die Versicherung, die am Schluss den niedrigsten Barwert ausweist, ist auch immer die günstigste.

WISO Tipp

Lassen Sie sich direkt vom Versicherer den Barwert ausrechnen. So können Sie sich das beste Angebot heraussuchen.

Bauspardarlehen

Die wichtigste Finanzierungsform für die eigenen vier Wände in Deutschland ist das Bauspardarlehen. Fast 80 Prozent aller Häuslebauer und Wohnungskäufer haben ihre Immobilie über einen Bausparvertrag (mit-) finanziert. Ein nicht unwesentlicher Grund dafür sind staatliche Fördermaßnahmen wie die Wohnungsbauprämie.

Bausparen funktioniert seit über 100 Jahren nach dem gleichen Prinzip: Um irgendwann einmal ein Darlehen zu bekommen, das einen im Vergleich mit anderen Kreditformen relativ niedrigen Zins ausweist, muss vorher über mehrere Jahre Geld angespart werden.

Aufbau eines Bausparvertrages

Ein Bausparvertrag unterteilt sich in drei Phasen: die Ansparphase, die Zuteilungsphase und die Darlehensphase. Wer während der Ansparphase seine Beiträge einzahlt, erwirbt damit den Anspruch, später von der Bausparkasse ein Darlehen zu bekommen. Dieses Darlehen ist allerdings zweckgebunden. Es muss sogenannten wohnungswirtschaftlichen Zwe-

cken dienen, also dem Bau oder Kauf von Wohneigentum, einem Instand-
setzungs- und Modernisierungsvorhaben, der Finanzierung von Baukosten, dem Erwerb von Baugenossenschaftsanteilen oder der Ablösung
von Schulden, die ursprünglich durch die Finanzierung von Immobilieneigentum entstanden sind.

Bausparkassen akzeptieren generell eine nachrangige Absicherung im
Grundbuch (siehe das Kapitel Der Immobilienwert für den Finanzierer auf
Seite 70 ff.). Das bedeutet zum Beispiel, dass für ein Bauspardarlehen
keine zusätzlichen Bürgschaftsgebühren anfallen. Auch die Kombination
mit einem Hypothekendarlehen, das eine 1a-Hypothek verlangt, ist weniger problematisch (und weniger teuer).

Ein weiterer Vorteil: Schon in dem Moment, in dem der Vertrag unterzeichnet wird, weiß man, zu welchen Konditionen und vor allem zu welchem
Effektivzins man später ein Darlehen bekommen wird. Damit sind die monatlichen Belastungen überschaubar, die später anfallen, wenn das Darlehen getilgt und Zinsen gezahlt werden.

Den Vorteilen eines Bauspardarlehens steht aber eine große Zahl von
Nachteilen gegenüber. Wie sich diese im Einzelnen auswirken und welche Bedeutung sie haben, lässt sich abschätzen, wenn man den Aufbau
eines Bausparvertrages einmal genauer unter die Lupe nimmt.

Bausparsumme In ihren Grundzügen sind alle Bausparverträge in den
»Allgemeinen Bedingungen für Bausparverträge« geregelt, dennoch sollte man sich die Vertragskonditionen vor der Unterzeichnung genau
durchlesen. Fast schon das Wichtigste am Bausparvertrag ist der erste
Schritt: die Festlegung der Bausparsumme. Zum einen wird damit festgelegt, welcher Betrag am Schluss der Ansparphase zur Verfügung steht,
nämlich das sogenannte Mindestspargut haben. Das ist die Summe, die
mindestens angespart sein muss, damit man überhaupt in den Genuss
eines günstigen Bauspardarlehens kommt. Außerdem bestimmt
die Bausparsumme, wie groß das Darlehen ist, auf das man
Anspruch hat, und somit auch, wie hoch in der Darlehensphase
die Tilgungsraten sind. Schließlich ergibt sich auch daraus, wie
hoch die monatlichen Sparbeiträge und natürlich die Gebühren
sein werden, die bei Abschluss des Bausparvertrages zu entrichten sind.

Oft genug verleitet die Aussicht auf höhere Provisionen vermeintlich clevere Bausparkassenvertreter dazu, dem Kreditinteressierten viel zu hohe Bausparsummen aufzuschwatzen. Das

ist jedoch ein äußerst schlechter Rat, denn je höher die Vertragssumme ist, umso länger muss man auf die Zuteilung warten. Eigentlich sollte die Faustregel gelten: Die Bausparsumme macht höchstens ein Drittel des geplanten Finanzierungsvolumens aus.

Die Abschlussgebühren betragen zwischen 1 und 1,6 Prozent der Bausparsumme und sind entweder mit den ersten Sparbeiträgen oder getrennt zu zahlen. Um die Höhe der Bausparsumme festzulegen, orientiert man sich am besten an dem, was man sich monatlich als Sparbeitrag leisten kann. Wichtig ist dabei, die Höhe der Wohnungsbauprämie beziehungsweise der Arbeitnehmer-Sparzulage zu berücksichtigen (siehe weiter unten).

Hohe Vertragssummen sind verschwendetes Geld, denn eine Bausparkasse wird später ohnehin nur einen Kredit bis zu maximal 80 Prozent des Beleihungswertes einer Immobilie vergeben. Das ist die Beleihungsgrenze, bei der auch andere Vorlasten berücksichtigt werden. Das heißt, wenn zum Beispiel ein Bauspardarlehen mit einem Hypothekendarlehen kombiniert wird, das erstrangig im Grundbuch eingetragen ist, beziehen sich die 80 Prozent auf beide Kredite.

Die meisten Bausparkassen belegen den Vertrag nach einer Erhöhung mit einer Zuteilungssperre, die ein Jahr, teilweise auch länger dauern kann. Außerdem verlangen sie dafür noch einmal eine Extragebühr zwischen 1 und 1,6 Prozent. Trotzdem ist das immer noch günstiger als der umgekehrte Schritt: Hat man nämlich einen Vertrag mit einer hohen Bausparsumme abgeschlossen, der gerade deswegen nicht zuteilungsreif ist, muss teuer zwischenfinanziert werden.

Ansparphase In der Ansparphase sind pro 500 Euro Bausparsumme je nach Tarif zwischen 1,50 und 5 Euro als monatlicher Sparbeitrag zu zahlen. Das ist der sogenannte Regelsparbeitrag, wonach man vertraglich verpflichtet wird, mindestens zwischen 0,3 Prozent und 1 Prozent der Bausparsumme monatlich zu zahlen. Es können aber jederzeit höhere Sparbeiträge eingebracht beziehungsweise es kann eine Zeit lang mit dem Sparen ausgesetzt werden. Höheres Ansparen als der Regelsparbeitrag lohnt sich, wenn man es sich finanziell leisten kann, weil der Bausparvertrag dann früher in die Zuteilung kommt. Bei Standardtarifen muss man mit monatlich 0,4 Prozent der Bausparsumme rechnen.

Die Guthabenzinsen liegen in der Regel derzeit bei etwa 1,0 bis 1,5 Prozent. Hat man keine feste Finanzierungsabsicht, bieten verschiedene Bausparkassen auch Guthabenzinsen an, die darüber liegen. Wenn höhere Zinsen angeboten werden, sollte man bedenken, dass später unter Umständen auch entsprechend höhere Sollzinsen für das Darlehen gezahlt werden müssen. Deshalb müssen bei Abschluss eines Bausparvertrages immer beide Zinsarten – für Haben und für Soll – zusammen betrachtet werden.

Bausparkassen bieten inzwischen bei neueren Tarifmodellen auch niedrigere Sparzinsen von unter 1,5 Prozent an. Entsprechend muss man in der Darlehensphase, also in der Zeit der Rückzahlung, niedrigere Kreditzinsen zahlen. Das soll in Niedrigzinsphasen Bauspardarlehen gegenüber einem normalen Hypothekendarlehen wettbewerbsfähiger machen.

Die Ansparphase ist eine richtige Durststrecke. Wenn alles gut läuft – und das ist nicht immer selbstverständlich –, dauert sie zwischen sieben und zehn Jahren. Sonderzahlungen, also Einzahlungen, die über dem Regelsparbeitrag liegen, verkürzen sie. Für Selbstständige, Beamte, Pensionäre oder Geringverdiener wie Azubis kann dies unter steuerlichen Gesichtspunkten sinnvoll sein, wenn sie die maximal ansetzbaren Vorsorgeaufwendungen noch nicht voll ausgeschöpft haben.

Allerdings enthalten viele Verträge inzwischen häufig den Zusatz, dass Sonderzahlungen von der Zustimmung der Bausparkassen abhängig sind. Weil die Guthabenzinsen vertraglich festgelegt sind und nicht angepasst werden können, macht den Bausparkassen das Zinstief, das es seit einigen Jahren auf dem Anlagemarkt gibt, ziemlich zu schaffen.

Zuteilung Die Zuteilung des Bausparvertrages ist die nächste Etappe bis zum Ziel Darlehen. Dafür muss der Vertrag mehrere Bedingungen erfüllen: Erstens muss die sogenannte Mindestsparzeit erreicht sein. Sie beträgt in der Regel 18 Monate, kann bei einigen Tarifen etwas kürzer, bei manchen auch sehr viel länger sein, nämlich bis zu fünf Jahren.

Zweitens muss der Bausparer eine bestimmte Eigenkapitalansparung vorweisen können. Dieses Mindestsparguthaben beträgt beim Standardtarif 40 Prozent der Bausparsumme, bei anderen Tarifen sogar 50 Prozent. Diese 50-Prozent-Tarife haben dafür den Vorteil, dass der Habenzins in der Ansparphase, der Sollzins sowie der Tilgungsbetrag in der Darlehensphase

WISO Tipp

Sie sollten überlegen, statt eines großen Bausparvertrags zwei kleinere abzuschließen. Unter Umständen kann damit die Wartezeit auf die Hälfte reduziert werden.

WISO Tipp

Wollen Sie sicher bauen oder kaufen, sollten Sie das 40-prozentige Mindestsparguthaben wählen. Bei einem höheren Sollbetrag laufen Sie Gefahr, sehr viel länger auf die Zuteilung des Bausparvertrages und damit vielleicht zu lang auf eine günstige Finanzierung warten zu müssen.

flexibler gestaltet werden dürfen. Alle diese Komponenten können während des laufenden Vertrages noch verändert werden.

Sind diese Bedingungen erst einmal erfüllt, gibt es eine weitere Hürde: die Zielbewertungszahl. Um diese zu ermitteln, wird an bestimmten Stichtagen – mal monatlich, mal vierteljährlich, manchmal auch nur jedes halbe Jahr – die Ansparleistung geprüft. Dabei werden bei jedem Bausparer das Sparguthaben und die Spardauer ins Verhältnis zur vereinbarten Bausparsumme gesetzt, individuell begutachtet und nach einem sehr komplizierten Verfahren mit der Leistung anderer Bausparer verglichen. Diejenigen, welche die vorgegebenen Bewertungskriterien, das heißt die sogenannten Zielbewertungszahlen, erfüllt haben, kommen in die Zuteilung. Der Bausparvertrag ist dann »zuteilungsreif«.

Bei einigen Tarifen fließen in die Bewertungszahl zusätzlich die Tilgungsraten ein. Wer es sich finanziell leisten kann, eine hohe Tilgungsrate zu vereinbaren, für den lohnen sich diese speziellen Tarife, da der Vertrag in diesen Fällen schneller zuteilungsreif ist.

Zuteilungsperiode Wer die Zielbewertungszahl an einem Stichtag erreicht hat, bekommt aber immer noch nicht das Darlehen ausgezahlt. Denn jetzt fängt erst die Zuteilungsperiode an, in der nach und nach die Darlehen zugeteilt werden. Die Reihenfolge richtet sich nach den einzelnen Bewertungszahlen der Bausparverträge. Diese Zuteilungsperiode dauert drei bis sechs Monate und beginnt in der Regel ein bis drei Monate nach dem letzten Stichtag. Wenn man also Pech hat, muss man noch einmal ein dreiviertel Jahr warten, bis das Darlehen endlich da ist.

WISO Tipp

Sie sollten nie davon ausgehen, dass ein Vertrag zu dem Zeitpunkt zuteilungsreif ist, den der Bausparkassenvertreter prognostiziert hat. Es handelt sich dabei ausdrücklich um den »voraussichtlichen Zuteilungstermin«. Äußere Umstände – wie die Entwicklung der Kapitalmärkte – können diesen Zeitpunkt um Monate oder gar Jahre verschieben.

Übrigens: Der Bausparkassenvertreter darf vorab keine verbindliche Zusage machen, wann der Bausparvertrag zuteilungsreif beziehungsweise wann der Zuteilungstermin ist. Das ist ihm per Gesetz verboten.

Ein Bauspardarlehen sollte deshalb nie fest einkalkuliert werden – außer der Vertrag ist schon zuteilungsreif. Dennoch sollte man darauf pochen, dass mithilfe einer Computerberechnung ein genauer Anspar- und Tilgungsplan vorgelegt wird. Denn nur so lässt sich nachvollziehen, was der Bausparkassenberater verkaufen möchte und ob der Vertrag überhaupt den eigenen finanziellen Plänen entspricht.

Außerdem sei an dieser Stelle noch einmal ausdrücklich darauf hingewiesen, weil es dabei häufig zu Fehlinformationen kommt: Der Termin, an dem man das Mindestsparguthaben voraussichtlich erreicht, ist nicht identisch mit dem Zuteilungstermin. Letzterer kann sich um einige Monate, wenn nicht sogar Jahre nach hinten verschieben.

Darlehensphase Nachdem alle genannten Hürden genommen sind, beginnt nun endlich die Darlehensphase. Das Bauspardarlehen steht zur Verfügung und kann ausgezahlt werden. Davor prüft die Bausparkasse noch, ob die persönlichen Sicherheiten des Darlehensnehmers ausreichen und ob das Darlehen tatsächlich für wohnungswirtschaftliche Zwecke verwendet wird (siehe oben). Schließlich wird die Darlehenssumme zur Verfügung gestellt, und zwar zusammen mit dem Spargut-haben. Dafür wird noch einmal eine Darlehensgebühr fällig, meist in Höhe von 2 bis 3 Prozent der Darlehenssumme. Die Gebühr wird nicht extra gezahlt, sondern dem Darlehensbetrag zugeschlagen, sodass dafür ebenfalls Zins und Tilgung fällig werden.

Wohnungswirt-schaftliche Zwecke

Die tatsächliche Höhe des Darlehens selbst ergibt sich bei den meisten Tarifen als Differenzbetrag aus Bausparsumme und Guthaben. Es gibt auch Tarife, bei denen von vornherein ein fester Prozentsatz der Bausparsumme als Darlehen garantiert wird, und zwar unabhängig von der Höhe der Sparleistung. Für diese Tarife gilt die oben erwähnte rigide Regelung nicht, die Ansparzinsen sind aber trotzdem nicht höher.

Nach der Auszahlung des Darlehens beginnt die Zeit der Tilgung. Im Gegensatz zu einem Hypothekendarlehen sind die Konditionen für Zins und Tilgung während der gesamten Finanzierungsdauer festgelegt. Der nominale Zinssatz beträgt meist um die 3,5 bis 4,5 Prozent, die Laufzeit in der Regel mindestens sieben Jahre.

An dieser kurzen Laufzeit lässt sich ablesen, dass die Tilgungs-raten und damit auch die monatlichen Beiträge bei Bauspardarlehen im Vergleich zu anderen Darlehensformen sehr hoch sind. Bei den normalen Tarifen liegt die monatliche Darlehensrate aus Zins und Tilgung um die 0,5 Prozent der Bausparsumme. Man sollte sich deshalb auch nicht wundern, wenn der Tilgungsanteil bei den monatlichen Raten über dem Zinsanteil liegt. Dies ist mit ein Grund, warum eine Immobilie sicher nicht ausschließlich mit einem Bauspardarlehen finanziert werden kann – es sei denn, man gehört zu den eher Betuchten. Sondertilgungen können jederzeit vorgenommen werden. Anders als etwa Kreditinstitute beim Hypothekendarlehen haben Bausparkassen keine

Sondertilgungen

WISO Tipp

Sobald das Mindestspar-guthaben erreicht ist, sollten Sie aufhören, weiter in den Bausparvertrag einzuzahlen. Sonst verschenken Sie Geld, und zwar doppelt: Bei den meisten Tarifen reduziert jeder Euro, den Sie über das Min-destsparguthaben hinaus ansparen, den Anspruch auf das zinsgünstige Bauspardar-lehen. Außerdem bekommen Sie in der Ansparphase nur niedrige Habenzinsen und könnten mithilfe einer ande-ren Geldanlageform wie zum Beispiel mit festverzinslichen Wertpapieren mehr erwirt-schaften.

Schwierigkeiten damit, da sie nur geringe Zinsen verlangen und das Geld aus den Sondertilgungen problemlos zu gleichen Konditionen weitergeben können. Allerdings sind Sondertilgungen unter Renditegesichtspunkten auch nicht immer unbedingt sinnvoll (siehe das Kapitel Umfinanzierung während der Zinsbindung auf Seite 146 ff.). Legt man das Geld woanders an, fährt man unter bestimmten (Zins-)Bedingungen besser.

Absicherung über Risikolebensversicherung

Die Bausparkassen akzeptieren zwar eine nachrangige Absicherung im Grundbuch, doch bei den meisten Verträgen ist es inzwischen obligatorisch, dass zusätzlich eine Risikolebensversicherung abgeschlossen wird. Damit soll sichergestellt werden, dass die Bausparkasse auch im Todesfall ihr Darlehen zurückbekommt. Daher wird zu Beginn der Darlehensphase eine Versicherung abgeschlossen, deren Höhe sich nach der Bausparsumme richtet. Je nach Alter des Versicherungsnehmers werden dabei unterschiedlich hohe Prämien verlangt. Als Faustregel gelten pro 50 000 Euro Versicherungssumme etwa 10 Euro im Monat als Prämie.

Staatliche Bausparförderung

Wer sich gerade in der Finanzierungsphase für den Bau oder Kauf einer Immobilie befindet, für den mag die staatliche Bausparförderung vielleicht nicht mehr ganz so relevant sein. Wer allerdings langfristig ein solches Ziel hegt, der kann unter Umständen solche staatlichen Zuschüsse mit in seine (Finanzierung-)Pläne einbauen.

WISO Tipp

Zu versteuerndes Einkommen ist nicht gleich Bruttoeinkommen. Um das zu versteuernde Einkommen zu ermitteln, müssen Positionen wie Freibeträge oder Pauschalen vom Bruttoeinkommen abgezogen werden. Ihr zu versteuerndes Einkommen finden Sie in Ihrem Steuerbescheid.

Wohnungsbauprämie Bei der Wohnungsbauprämie zahlt der Staat einmal jährlich eine Prämie, die dem Bausparkonto gutgeschrieben wird. Voraussetzung ist allerdings, dass ein/e Ledige(r) nicht mehr als 25 600 Euro zu versteuerndes Einkommen pro Jahr hat; für Verheiratete gilt der doppelte Betrag, also 51 200 Euro.

Den Zuschuss gibt es nur, wenn das Gesparte tatsächlich wohnungswirtschaftlich genutzt wird, entweder zum Bau, zum Erwerb oder zum Modernisieren einer selbst genutzten Immobilie. Die Fördergelder kann man allerdings auch behalten, wenn man die Bausparsumme an jemanden abtritt, der sie wohnungswirtschaftlich nutzt, zum Beispiel an eine Wohnungsgenossenschaft.

Ausnahmen von der Regel gelten:

– für Bausparer, die bei Vertragsabschluss noch nicht das 25. Lebensjahr vollendet hatten. Wenn sie frühestens sieben Jahre nach Vertragsabschluss über die Bausparsumme verfügen, müssen sie die Prämie nicht zurückzahlen. Aber Achtung: Diese Ausnahme gilt nur einmal! Wer dies mit mehreren Bausparverträgen macht, muss also für alle anderen die Prämien zurückzahlen;

– wenn der Bausparer oder sein von ihm nicht dauernd getrennt lebender Ehegatte nach Vertragsabschluss gestorben oder erwerbsunfähig geworden ist;

– wenn der Bausparer nach Vertragsabschluss arbeitslos geworden ist und die Arbeitslosigkeit mindestens ein Jahr lang ununterbrochen bestanden hat.

Für Verträge, die bis Ende 2008 abgeschlossen wurden, gilt diese wohnungswirtschaftliche Zweckbindung lediglich innerhalb einer siebenjährigen Sperrfrist ab dem Zeitpunkt des Vertragsabschlusses. Hält man diese Frist nicht ein, muss auch bei diesen Verträgen die staatliche Prämie zurückgezahlt werden.

Die Prämie beträgt 8,8 Prozent, und zwar bei Ledigen für höchstens 512 Euro, bei Verheirateten für 1024 Euro pro Jahr. Mit anderen Worten: Der Bausparer bekommt jährlich maximal 45,06 beziehungsweise 90,11 Euro pro Jahr vom Staat geschenkt, solange die Ansparphase läuft.

Der Antrag auf die Prämie muss beim Finanzamt jedes Jahr neu gestellt werden. Es kann also sein, dass man den Zuschuss nicht die ganze Zeit bekommt, wenn das Einkommen während der Ansparphase über die Einkommensgrenze hinausgeht. Umgekehrt kann man aber eine Prämie erhalten, wenn man später weniger verdient als zu Beginn der Ansparphase.

WISO Tipp

Kinder haben bereits ab 16 Jahren Anspruch auf die Prämie. Wenn Sie für Ihr Kind einen Bausparvertrag abschließen wollen, sollten Sie gleichzeitig an die Bausparprämie denken!

Vermögenswirksame Leistungen Beim Sparen mit vermögenswirksamen Leistungen gibt es zwei verschiedene Förderkörbe: einen für Vermögensbeteiligungen (zum Beispiel in Form von Aktien) und einen anderen ausschließlich für das Bausparen.

Als vermögenswirksame Leistungen nach dem sogenannten 470-Euro-Gesetz gelten Zahlungen, die der Arbeitgeber für den Arbeitnehmer auf seinen Wunsch hin direkt an die Bausparkasse zahlt. Solche vermögenswirksamen Leistungen werden unabhängig vom Einkommen gezahlt und entweder in Tarifverträgen oder in zusätzlichen Betriebsvereinbarungen geregelt. Diese Arbeitgeberleistungen betragen je nach Branche und Betrieb zwischen 6,65 und 40 Euro.

WISO Tipp

Falls der Arbeitgeber nicht den vollen Betrag einzahlt, sollten Sie die Restsumme aus eigener Tasche finanzieren. Nur dann kommen Sie in den Genuss der vollen Arbeitnehmer-Sparzulage.

Arbeitnehmer-Sparzulage Zusätzlich zahlt der Staat eine Sparzulage, allerdings nur bis zu bestimmten Einkommensgrenzen. Liegt das zu versteuernde (!) Einkommen unter 17 900 Euro als Ledige(r) und unter 35 800 Euro als Verheiratete, bekommt man die Arbeitnehmer-Sparzulage für wohnungswirtschaftliche Zwecke. Diese beträgt 9 Prozent, aber nur auf einen jährlichen Sparbetrag von maximal 470 Euro. Umgerechnet sind das für Ledige also höchstens 42,30 Euro und für Verheiratete, bei denen beide vom Arbeitgeber vermögenswirksame Leistungen bekommen, 84,60 Euro. Um die volle Sparzulage zu erhalten, muss der Arbeitgeber vermögenswirksame Leistungen von jährlich mindestens 470 Euro auf den Bausparvertrag überweisen.

Aber Vorsicht: Wohnungsbauprämie und Sparzulage gibt es nicht für den gleichen Sparbetrag. Allerdings gibt es einen relativ einfachen Trick, wie man beides vom Staat kassieren kann: Wohnungsbauprämie und Arbeitnehmer-Sparzulage lassen sich gleichermaßen nutzen, wenn man als Ledige(r) zu den jährlichen 470 Euro weitere 512 Euro anspart. Das dürfte in der Regel kein Problem sein, da bei einem Bausparvertrag ohnehin meistens mehr eingezahlt wird. Ledige erhalten maximal 87,36 Euro vom Staat, Verheiratete höchstens 174,71 Euro.

Die Arbeitnehmer-Sparzulage erhält man auf Antrag beim Finanzamt über die Steuererklärung. Dabei ist eine sogenannte Bindungsfrist einzuhalten, wenn man eine staatliche Förderung in Anspruch genommen hat. Diese Frist beginnt, sobald der Bausparvertrag unterzeichnet wurde, und dauert sieben Jahre. Wird sie nicht eingehalten – wird also das Bausparguthaben vor der Frist abgerufen –, muss die Arbeitnehmer-Sparzulage zurückgezahlt werden. Ein Vorteil jedoch ist, dass das Guthaben (Vorsicht: nicht das Darlehen!) nach dem Ende der Frist auch zu anderen Zwecken als zum Kauf oder Bau einer Immobilie verwendet werden kann. Die Fördermittel müssen dann nicht zurückgezahlt werden.

Ausnahmen von der Einhaltung der Bindungsfrist gibt es, wenn man zum Beispiel nachweisen kann, dass der Bausparvertrag schon früher zuteilungsreif ist und man somit einen finanziellen Verlust erleiden würde. Soziale Notlagen wie der Tod des Partners, Arbeitslosigkeit oder Erwerbsunfähigkeit werden ebenfalls als Sonderfälle anerkannt.

Beispiel

Verheiratete Arbeitnehmer, beide berufstätig, beide mit vermögenswirksamen Leistungen, sie erhalten außerdem die Wohnungsbauprämie.

Ansparphase:

Sparbeitrag 0,35 Prozent der Bausparsumme, einmalige Abschlussgebühr: 1,6 Prozent der Bausparsumme (separate Abrechnung), Guthabenzins: 2 Prozent, Spardauer bis zur voraussichtlichen Zuteilung: 8 Jahre.

Darlehensphase:

Darlehensrate: 0,4 Prozent der Bausparsumme, nominaler Darlehenszins: 4,6 Prozent, keine Darlehensgebühren, Tilgungsdauer: circa 13,5 Jahre (Prämie einer Risikolebensversicherung nicht berücksichtigt).

Bausparvertrag

Bausparsumme	50 000,00
Abschlussgebühr	800,00
Sparbeitrag monatlich	175,00
Einzahlungen gesamt (nach 8 Jahren)	24 707,57
davon Wohnungsbauprämie (einschl. Prämie nach Zuteilung)	732,13
davon vermögenswirksame Leistungen (einschl. Betrag nach Zuteilung)	622,00
Eigener Sparanteil insgesamt (abzüglich Abschlussgebühr)	23 353,44
Guthabenzinsen	2 018,48
Gesamtguthaben	25 837,72
Höhe des Darlehens (Bausparsumme minus Gesamtguthaben)	24 173,53
Summe der Darlehenszinsen	8 402,04
Summe der Rückzahlungsleistungen	32 694,32
Darlehensrate monatlich (Zins und Tilgung)	200,00

Zwischenfinanzierung und Vorfinanzierung

In vielen Fällen verläuft ein Bauspardarlehen nicht so reibungslos, wie man das gerne hätte. Vielleicht verfügt man zwar über einen Bausparvertrag, hat aber leider das Pech, dass dieser noch nicht zuteilungsreif ist.

Eines ist auf jeden Fall klar: Einen Bausparvertrag sollte man nicht voreilig kündigen, um an das angesparte Geld heranzukommen. Man sollte sich vorrechnen lassen, was (kosten-)günstiger ist, denn wer schon länger gespart hat, kann unter Umständen eine Menge Geld verlieren: nicht nur den Anspruch auf ein günstiges Darlehen, sondern auch sämtliche staatlichen Förderungen wie Wohnungsbauprämie und Arbeitnehmer-Sparzulage müssen zurückgezahlt werden (Ausnahme: die 7-jährige Bindungsfrist wurde eingehalten). Die Abschlussgebühr für den Vertrag hat man in diesem Fall ebenfalls umsonst gezahlt.

Je nachdem, in welcher Phase sich der Bausparvertrag befindet, muss ein Immobilienfinanzierer unterschiedliche Strategien verfolgen.

WISO Tipp

Diesen Termin dürfen Sie nicht fest einkalkulieren. Es geht immer um den »voraussichtlichen Zuteilungstermin«, den Sie bei der Bausparkasse vor einer solchen Zwischenfinanzierung erfragen sollten. Es muss Ihnen daher klar sein, dass Sie vorher nicht wissen können, wie lange Sie zwischenfinanzieren müssen und wie teuer das wird.

Zwischenfinanzierung Zum Beispiel sollte man über eine Zwischenfinanzierung nachdenken, falls alle Mindestbedingungen erfüllt, also ein ausreichendes Mindestguthaben und eine entsprechende Mindestlaufzeit erreicht sind, der Vertrag aber noch unterhalb der Zielbewertungszahl liegt. Dabei nimmt man einen Zwischenkredit auf, der als Vorschuss auf das Bauspardarlehen zu verstehen ist. Die Laufzeit dieses Zwischenkredits und damit seine Kosten hängen davon ab, wann der Bausparvertrag die Zielbewertungszahl überschreitet und wann dementsprechend mit dem Zuteilungstermin zu rechnen ist.

Ein Zwischenkredit ist in jedem Fall nicht ganz billig, denn man zahlt auf das eigene Bausparguthaben Kreditzinsen. Der Zinssatz richtet sich nach der Länge der Laufzeit, aber natürlich auch danach, wie hoch das aktuelle Zinsniveau auf dem Kapitalmarkt ist.

Beispiel

Das Mindestsparguthaben von 20 000 Euro ist bereits erreicht, aber noch nicht zugeteilt. Darauf zahlt die Bausparkasse einen Guthabenzins von 2,5 Prozent, das ergibt pro Jahr einen Betrag von 500 Euro. Jetzt wird ein Zwischenkredit über 50 000 Euro aufgenommen; Zinssatz dafür: 6,5 Prozent, umgerechnet sind das 3 250 Euro Kreditzinsen. Unter dem Strich kostet also die Zwischenfinanzierung 2 750 Euro im Jahr oder rund 230 Euro im Monat.

Aus diesem Rechenbeispiel lässt sich also folgender Schluss ziehen: Ein bis zwei Jahre alte (nach dem Standardtarif geregelte) Bausparverträge, bei denen man bisher nur wenig angespart hat, sollte man lieber kündigen. Denn ansonsten werden die monatlichen Belastungen aus einer Zwischenfinanzierung viel zu hoch.

Umgekehrt gilt aber: Ist mit der Zuteilung des Bausparvertrags in den nächsten beiden Jahren zu rechnen, lohnt sich in der Regel eine Zwischenfinanzierung.

Immerhin kommt zu den Zinszahlungen keine Tilgung hinzu. Wenn der Bausparvertrag zugeteilt wird, tilgt man damit das Zwischendarlehen in einem einzigen Betrag. Anschließend erhält man das Bauspardarlehen und zahlt dann Zins und Tilgung wie ursprünglich geplant.

Dabei ist man keineswegs nur auf die Bausparkasse angewiesen: Auch Banken und Sparkassen bieten Zwischenkredite an. In der Regel wird man zwar bei der Bausparkasse die günstigste Zwischenfinanzierung bekommen. Trotzdem sollte man andere Angebote einholen, um mit der Bausparkasse verhandeln zu können. Maßstab für die kostengünstigste Finanzierung ist dabei der Effektivzins.

Die Zuteilung kann sich jederzeit verzögern und damit gleichzeitig die Laufzeit eines Zwischenkredits verlängern. Um erhöhte Kreditzinsen zu verhindern, sollte man Folgendes berücksichtigen: Am besten vereinbart man mit der Bausparkasse beziehungsweise mit jedem anderen Kreditgeber, dass die Zinsbindung so lange bestehen bleibt, bis der Bausparvertrag tatsächlich zugeteilt wird – egal, wie lange das dauert. Mit einer entsprechenden vertraglichen Vereinbarung kann man sich damit gegen unliebsame zusätzliche Zinserhöhungen absichern.

WISO Tipp

Je niedriger das Zinsniveau, umso mehr lohnt sich die Zwischenfinanzierung. Je höher die Zinsen, umso kürzer sollte die Laufzeit eines Zwischenkredits sein.

WISO Tipp

Falls Sie sich die Zwischenfinanzierung nicht von der Bausparkasse besorgen, sollten Sie darauf achten, dass im Vertrag mit der Bank oder Sparkasse geregelt ist, dass durch die Übertragung von Sicherheiten auf die Bausparkasse keine zusätzlichen Kosten entstehen, wenn der Zwischenkredit am Schluss abgelöst wird.

Vorfinanzierung Werden noch nicht einmal die Mindestbedingungen erfüllt, wird es richtig teuer. In diesem Fall sprechen die Bausparkassen von einer Vorfinanzierung des Bauspardarlehens. Dabei müssen neben den Kreditzinsen für die Vorfinanzierung auch die Sparbeiträge für das Mindestguthaben eingezahlt werden.

Beispiel

Annahmen wie in dem Beispiel zum Bausparvertrag auf Seite 123, aber Mindestsparguthaben und eventuell auch die Mindestlaufzeit sind noch nicht erreicht. Bei einer Bausparsumme von 50 000 Euro ergibt das – nach dem Standardtarif – in der Ansparphase eine monatliche Belastung von 200 Euro, zusätzlich zu den Kosten der Zwischenkreditfinanzierung, die in jedem Fall höher sind als bei einer

Vorfinanzierung (da lagen sie bei 230 Euro, siehe das Rechenbeispiel oben), da das angesparte Guthaben noch unter dem Mindestspargut-haben liegt und damit die Guthabenzinsen geringer sind.

Dabei ist noch gar nicht berücksichtigt, dass ein Bausparvertrag über 50 000 Euro wohl kaum ausreichen dürfte, eine adäquate Immobilie zu finanzieren. Das heißt: Durch ein zusätzliches Hypo-thekendarlehen kommen noch weitere Belastungen auf den Kre-ditnehmer zu.

Sollte man allerdings von der Bausparkasse erfahren, dass es ohnehin nur noch eines sehr geringen Betrages bedarf, damit das Mindestguthaben erreicht ist, macht eine sofortige Vorfinanzie-rung durchaus Sinn. Wichtig dabei ist, dass auch der voraussicht-liche Zuteilungstermin (nicht identisch mit dem Tag, an dem das Mindestguthaben erreicht ist!) in nicht allzu weiter Ferne liegt.

Herabsetzung der Bausparsumme Wer nicht so nah am Ziel ist, hat auch folgende Option: Er könnte zunächst die Bausparsumme herabsetzen. Damit wird der Bausparvertrag schneller zuteilungsreif. Die Vertragssum-me muss dann so weit reduziert werden, dass das bisher Ersparte dem erforderlichen Mindestguthaben entspricht.

Beispiel

Bausparsumme 50 000 Euro, das Mindestguthaben wäre wieder 40 Prozent, also 20 000 Euro. Tatsächlich hat man aber bisher nur 15 000 Euro zusammengespart. Wenn nun dieser Betrag mit 40 Prozent angesetzt wird, muss die Bausparsumme auf 37 500 Euro reduziert werden.

Damit ist aber keineswegs gewährleistet, dass mit dem Guthaben auto-matisch die Zielbewertungszahl erreicht ist. Mit etwas Glück erhöht sich die Bewertungszahl im Verhältnis der alten zur neuen Bausparsumme. Die Zielbewertungszahl ist dann überschritten und die Zuteilung erfolgt in der nächsten Periode. Die meisten Bausparkassen machen aber bei einer Herabsetzung bestimmte prozentuale Abschläge von der neuen Bewer-tungszahl. Andere erhöhen die Bewertungszahl erst nach dem nächsten Bewertungsstichtag und wieder andere akzeptieren eine schnellere Erhö-hung der Bewertungszahl nur für die neue Bausparsumme.

Man wird also normalerweise gar nicht daran vorbeikommen, trotz He-rabsetzung der Bausparsumme einen Zwischenkredit aufzunehmen. Allerdings verkürzt sich dessen Laufzeit beim Vertrag über die kleinere Bausparsumme. In jedem Fall wird man aber den Teil der Abschlussgebühren verlieren, der auf den reduzierten Betrag entfällt.

Um herauszufinden, ob sich eine sofortige Vorfinanzierung lohnt oder zunächst eine Herabsetzung (mit anschließender Zwischenfinanzierung), müssen folgende Überlegungen angestellt werden: Eine Herabsetzung wird sich erst rentieren, wenn die Summe aus eingesparten Kosten für die Vorfinanzierung und aus eingesparten Sparbeiträgen (diese Rechnung ergibt sich durch eine sofortige Vorfinanzierung) geringer ist als die Summe aus verlorenen Abschlussgebühren und aus neuen Finanzierungskosten, die aus der reduzierten Bausparsumme resultieren (diese Rechnung ergibt sich durch eine Herabsetzung). Denn die herabgesetzte Bausparsumme muss durch ein entsprechend höheres Hypothekendarlehen ersetzt werden. Dabei ist zu bedenken, dass – anders als bei der Vorfinanzierung – für dieses zusätzliche Darlehen über Jahre hinweg mehr Zins und Tilgung gezahlt werden muss.

Bezogen auf das Zinsniveau gilt folgende Faustregel: Je höher das aktuelle Zinsniveau ist, umso eher ist eine sofortige Vorfinanzierung ohne Herabsetzung lohnenswert. Denn die Alternative zum herabgesetzten Bauspardarlehen ist ein in einer Hochzinsphase weitaus teureres Hypothekendarlehen.

Je höher der aktuelle Zins ist, umso länger darf auch die Zeit bis zum Erreichen des Mindestguthabens betragen, damit eine sofortige Vorfinanzierung finanziell die bessere Lösung ist.

Diese ohnehin schon nicht leichte Rechnung hat noch eine weitere unkalkulierbare Größe: Man weiß grundsätzlich nie, wann der genaue Zuteilungstermin ist, egal, ob bei der vollen oder bei der herabgesetzten Bausparsumme.

Der Vollständigkeit halber sei hier erwähnt, dass man bei allen Rechenkunststücken an einer anschließenden Zwischenfinanzierung nicht vorbeikommen wird. Denn selbst wenn man das Mindestguthaben erreicht haben mag, muss der Vertrag noch lange nicht zuteilungsreif sein!

Teilung der Bausparsumme Als Alternative zur Herabsetzung bietet sich an, Teilbausparsummen zu bilden. Die Bausparsumme wird dabei in mehrere Teilverträge aufgeteilt. Die Teilung von Bausparverträgen führt zum gleichen Ergebnis wie eine Herabsetzung, wenn die bisher eingezahlten Sparbeiträge allesamt einem der Teilverträge zugewiesen werden können, sodass das Mindestguthaben erreicht ist. Ansonsten müsste man

Sollte es nicht möglich sein, Sparbeiträge beliebig zu verteilen, sondern nur entsprechend dem Teilungsverhältnis, sollten Sie sich für eine Herabsetzung entscheiden.

trotz der Bildung von Teilbausparsummen vorfinanzieren, um dieses Guthaben zu erzielen. In jedem Fall erhöht sich die Bewertungszahl für diesen Teilvertrag. Der Unterschied zur Herabsetzung ist, dass Teile des Bausparvertrages übrig bleiben, über die man ohne eine neue Abschlussgebühr weiter ansparen kann.

Auch bei einer Teilung sollte man sich informieren, wie die Bausparkasse mit den Bewertungszahlen des kleineren Bausparvertrages umgeht (siehe dazu die Möglichkeiten bei der Herabsetzung). Denn hier wird wohl eine nachträgliche Zwischenfinanzierung notwendig, weil zwar das Mindestguthaben erreicht wird, nicht aber auf Anhieb der Zuteilungstermin.

Hat jemand mehrere Bausparverträge abgeschlossen, die alle noch nicht zuteilungsreif sind, kann er mit seiner Bausparkasse auch darüber verhandeln, ob er diese zusammenlegen darf. Dabei werden für den neuen Bausparvertrag die Bewertungszahlen der alten Verträge genutzt. Sie werden allerdings nicht addiert, sondern dem neuen Bausparvertrag wird vielmehr eine neue Bewertungszahl zugeteilt.

Aufstockung Als letzte Möglichkeit bietet sich eine Aufstockung des Bausparvertrages durch eine einmalige Zahlung an. Dies setzt allerdings voraus, dass man über entsprechende finanzielle Mittel verfügt. Zwei Dinge müssen dabei berücksichtigt werden: Einerseits muss durch diese Einzahlung gewährleistet sein, dass das Mindestspurguthaben und darüber hinaus natürlich die Zielbewertungszahl erreicht werden. Sonst muss zusätzlich einen Zwischenkredit finanziert werden. Anderseits darf diese Aufstockung auch nicht so hoch sein, dass sie einer sehr unrentablen Soforteinzahlung gleichkommt (dazu mehr im nächsten Abschnitt).

Zum Schluss noch ein Hinweis: Das Für und Wider einer Zwischen- beziehungsweise Vorfinanzierung ist in jeder Situation anders zu bewerten. Insofern führt kein Weg daran vorbei, dass man den eigenen Fall genau prüft, selbst wenn man sich an die hier beschriebenen Grundregeln hält. Ein solcher Schritt darf die finanziellen Möglichkeiten nicht übersteigen. Daran sollte man letztlich die Entscheidung messen.

Sofortfinanzierung

Bausparkassen werben für Darlehen, bei denen der Immobilienfinanzierer vorher keinen Bausparvertrag abgeschlossen und keine Mindestsparsumme angesammelt haben muss. Ihm stellt das Institut zur Soforteinzahlung eine Summe zur Verfügung, die das Mindestsparguthaben ersetzt. Allerdings verlangt die Bausparkasse in der Regel einen Eigenkapitalanteil von 20 Prozent der Investitionssumme.

Keine Ansparphase und keine Wartezeiten oder Zuteilungstermine: Das Zauberwort heißt Sofortfinanzierung. Die Erklärung ist relativ simpel. Bei einer Sofortfinanzierung schließt man theoretisch zwei Verträge ab: einen über ein Baudarlehen und einen über einen Bausparvertrag, auf den man eine Soforteinzahlung leistet. Der weitaus größere Teil wird am Anfang als tilgungsfreies Darlehen zur Finanzierung der Immobilie ausgezahlt (Baudarlehen), der andere, kleinere als Guthaben verzinslich angelegt (Bausparvertrag).

Man vereinbart quasi eine Vorfinanzierung, allerdings nicht erst irgendwann während der Laufzeit des Bausparvertrages, sondern gleich zu Beginn. Dabei werden auch für das Darlehen zunächst nur Zinsen gezahlt. Sobald der Vertrag zuteilungsreif ist, löst man den »Zwischenkredit« durch die Bausparsumme ab. Zum Schluss zahlt man das Bauspardarlehen ganz normal mit Zins und Tilgung ab.

Auf den ersten Blick ist das eine günstige Finanzierungsform. Sieht man sich jedoch die Konstruktion einer solchen Sofortfinanzierung genauer an, erkennt man gravierende Nachteile. Zum einen gibt es bei dieser Finanzierungsform kein Mindestsparguthaben, wie sonst bei einem Bausparvertrag üblich. Das bedeutet, dieser fehlende Betrag muss zusätzlich teuer vorfinanziert werden. Zum zweiten muss man den Bausparvertrag über eine Bausparsumme abschließen, die deutlich höher ist als der Betrag, den man tatsächlich zur Finanzierung der Immobilie verwenden wird. Über die höhere Provision freut sich der Bausparkassenvertreter. Zum dritten geht man ein unnötig hohes Zinsänderungsrisiko ein, weil bis zur Auszahlung der Bausparsumme das Darlehen nicht getilgt wird.

Beispiel

Bausparsumme 70000 Euro, gefordertes Mindestsparguthaben 40 Prozent, also 28000 Euro. Auszahlungsbetrag nur 50000 Euro, wovon aber wiederum die Abschlussgebühr mit 1 Prozent der Bausparsumme abgezogen wird. Das ergibt also einen tatsächlichen Auszahlungsbetrag von 49300 Euro. Damit wird die Immobilie bezahlt (tatsächlich nur ein Teil davon!).

Der Rest von 20000 Euro wird mit einem Guthabenzins von 2,5 Prozent angelegt. Nach beispielsweise 13 Jahren ergibt das ein Guthaben von etwa 27570 Euro, das geforderte Mindestsparguthaben ist damit knapp erreicht. Für das tilgungsfreie Darlehen von 70000 Euro werden in derselben Zeit 6 Prozent Kreditzinsen verlangt, das ergibt eine monatliche Belastung von 350 Euro.

Nach 13 Jahren werden 27 750 Euro ausgezahlt – plus das Darlehen (als Differenz von Bausparsumme und Guthaben) von 42 430 Euro. Damit wird das tilgungsfreie Darlehen abgelöst, anschließend werden wie üblich Zins und Tilgung für das Bauspardarlehen gezahlt. In dieser Rechnung verlangt die Bausparkasse 6 Prozent auf die Bausparsumme von 70 000 Euro. Das sieht im ersten Moment nicht schlecht aus. Tatsächlich werden aber nicht einmal 50 000 Euro davon ausgezahlt. Bezogen auf 49 300 Euro, ergibt das einen sehr viel höheren Zinssatz von über 8,5 Prozent. Dem steht zwar die Verzinsung von 2,5 Prozent des angelegten Guthabens über 20 000 Euro gegenüber. Aber auch das reduziert den tatsächlichen Zinssatz für den Kredit lediglich auf knapp 7,5 Prozent.

Die vermeintlich günstige Sofortfinanzierung entpuppt sich als die nicht gerade billige Variante eines normalen Hypothekendarlehens. Fairerweise muss erwähnt werden, dass der Zins, den man anschließend für das Bauspardarlehen zahlen muss, günstiger ist als der für einen Hypothekenkredit. Für die gesamte Konstruktion der Sofortfinanzierung zahlt man also etwas weniger, in dem Beispiel etwa 7 Prozent. Trotzdem bleibt natürlich die Frage: Warum dann nicht gleich ein Hypothekendarlehen?

Ein weiterer gravierender Nachteil ist, dass der schöne Plan in sich zusammenbricht, falls das Mindestsparguthaben später erreicht wird als geplant. Bei einer zu kurzen Zinsbindung des zur Vorfinanzierung gedachten Darlehens kann es dann Probleme geben. Sind die Zinsen nämlich bis dahin gestiegen, muss der Kreditnehmer eine zusätzliche Zwischenfinanzierung einbauen – und das kommt ihn noch teurer zu stehen.

Ebenso kritisch zu sehen ist eine Variante dieser Sofortfinanzierung, bei der man wenigstens ein gewisses Eigenkapital einsetzt, nämlich als Soforteinzahlung in den Bausparvertrag einbringt. Ansonsten läuft der Vertrag aber nach dem gleichen Muster ab: Man zahlt Zinsen für eine Vorfinanzierung, deren Kosten wegen des eingebrachten Kapitals zwar nicht ganz so hoch sind wie bei dem oben beschriebenen Modell, aber letztlich doch höher als die ursprünglich ausgewiesenen. Denn auch hier muss man eine höhere Bausparsumme abschließen, als eigentlich für den Erwerb der Immobilie benötigt wird.

Konstantmodell

Einige Bausparkassen bieten inzwischen Sofortfinanzierungen in Form von sogenannten Konstantmodellen an, deren Gesamteffektivzins beim Vergleich mit einem normalen Hypothekendarlehen immerhin mithalten kann – zumindest in Niedrigzinsphasen. Bei diesen Verträgen zahlt man über die gesamte Vertragslaufzeit monatlich konstante Raten. Auch die Zinssätze sind vorher bekannt. Das bedeutet, der Darlehensnehmer kennt die monatlichen Belastungen bis zum Ende des Vertrages, dessen Gesamtlaufzeit je nach Bausparkasse und Ausgestaltung zwischen 15 und 30 Jahre beträgt. Insofern geht er überhaupt kein Zinsänderungsrisiko ein. Außerdem wird der Gesamteffektivzins hier ausdrücklich ausgewiesen, sodass man einen Vergleich mit Angeboten anderer Institute ziehen kann, die ein Festzinsdarlehen mit entsprechend langer Bindungsfrist im Programm haben.

Weiterer Vorteil dieser Konstantangebote: Die Zinssätze für das tilgungsfreie Darlehen zur Vorfinanzierung sind deutlich unter dem marktüblichen Niveau. Das ist auch der Grund, warum solche Angebote überhaupt mit denen anderer Finanzierungsformen mithalten können. Die monatliche Belastung in der Vorfinanzierungsphase hält sich damit einigermaßen in Grenzen.

Dem stehen auch Nachteile gegenüber: Zum einen kann beziehungsweise darf die Bausparkasse auch hier den Zuteilungstermin nicht garantieren. Um dennoch ein Konstantmodell anbieten zu können, sind diese Verträge so konstruiert, dass man auf alle Fälle mit einer hohen Bewertungszahl durchs Ziel geht. Der Vertrag muss also im entscheidenden Moment deutlich über der Zielbewertungszahl liegen. Das funktioniert nur über eine ungewöhnlich lange Ansparzeit oder über ungewöhnlich hohe Sparbeiträge (siehe weiter oben den Abschnitt Aufbau eines Bausparvertrages auf Seite 116 ff.).

Das zweite Problem betrifft jene, die finanziell in die Enge geraten. Bei einem normalen Hypothekendarlehen kann man zwischendurch mit der Tilgung aussetzen. Das ist in diesem Fall nicht möglich, denn die ersten 10 bis 15 Jahre tilgt man ja nicht, sondern zahlt nur Zinsen.

Damit ist auch ein weiteres Problem angesprochen: Wer seine Finanzierung abbrechen will – und sei es nur, weil er seine Immobilie verkaufen möchte –, für den wird es richtig teuer, vor allem wenn er einen solchen Schritt noch vor Inanspruchnahme des Bauspardarlehens geht. Er muss auf das zinsgünstige Bauspardarlehen verzichten, das zumindest einen Teil der Kosten für den vergleichsweise teuren ersten Darlehensabschnitt kompensiert, mit dem vorfinanziert wurde.

Letzter Einwand: Dieses Modell ist nur in Niedrigzinsphasen wettbewerbsfähig. Sobald die Zinsen auf höherem Niveau

WISO Tipp

Die Sofortfinanzierung mit einem Konstantmodell sollten Sie nur wählen, wenn Sie sich Immobilieneigentum in einer Niedrigzinsphase anschaffen wollen, wenn Sie regelmäßig hohe monatliche finanzielle Belastungen verkraften können, wenn Sie jedes Zinsrisiko scheuen und wenn Sie sicher sind, dass Sie das Eigentum behalten wollen, solange der Vertrag läuft.

liegen, ist ein normales Hypothekendarlehen finanziell attraktiver. Wer sich trotzdem für ein Konstantmodell interessiert, sollte den Gesamteffektivzins eines solchen Angebots mit dem Effektivzins von Hypothekendarlehen mit entsprechender Zinsbindung vergleichen.

Da eine Sofortfinanzierung unterm Strich nicht empfehlenswert ist, lohnt sich die Suche nach einer Alternative: So kann zum Beispiel ein Bausparvertrag der Großtante eingesetzt werden (auch Geschwister der Schwiegereltern kommen infrage) oder des bereits geschiedenen Ehepartners. Einige Bausparkassen akzeptieren sogar Verträge des/der Verlobten – das allerdings nur in äußerst seltenen Fällen.

Finanzierungsplan

Bisher wurden die verschiedenen Finanzierungsarten unter die Lupe genommen und die jeweiligen Vor- und Nachteile gegeneinander abgewogen. In diesem Kapitel geht es darum, alle Finanzierungsbausteine zusammenzusetzen und daraus einen eigenen, passgenauen Finanzierungsplan zu entwickeln.

Welche Anforderungen müssen an einen Finanzierungsplan gestellt werden? Zunächst soll er natürlich die monatlichen Belastungen veranschaulichen, die in den nächsten Jahren während der ersten Zinsbindungsphase auf den Finanzierer zukommen werden, sowie die Entwicklung der Restschuld. Daneben soll der Finanzierungsplan zeigen, welche monatlichen Belastungen bis zum Ende der Finanzierungsphase zu erwarten sind. Und das ist etwas problematisch, denn ganz sichere Daten gibt es nur, solange die Zinsbindung (und die Tilgung) gilt. Je weiter man voraus schaut, umso unsicherer wird die Finanzplanung. Man hat vor allem dann ein größeres Zinsänderungsrisiko, wenn man zunächst nur eine kurze Zinsbindung eingegangen ist, besonders wenn der Vertrag in einer Niedrigzinsphase abgeschlossen wurde.

Nur ein Beispiel: Wer in einer Niedrigzinsphase ein Darlehen aufnimmt, dem rechnen einige Finanzberater eine Anschlussfinanzierung aus, die von einem viel zu geringen Zinsniveau ausgeht. Bei nur 1 Prozentpunkt weniger als das, was man später tatsächlich an monatlichen Zinsbelastungen haben wird, gerät die gesamte Finanzierung in Schieflage.

Richtig kompliziert wird so ein Finanzierungsplan, wenn man über die Darlehen der Kreditinstitute hinaus Kredite vom Staat bekommt, die zunächst über Jahre tilgungsfrei sind und erst sehr viel später zurückgezahlt werden müssen (siehe das Kapitel Staatliche Förderung auf Seite 157 ff). Trotzdem sollte man nichts unversucht lassen, sich einen Überblick zu verschaffen, damit es nicht irgendwann einmal zu einer unangenehmen Überraschung kommt, weil sich die finanzielle Belastung schlagartig erhöhen. Immerhin kann man ein paar »Vorsorgemaßnahmen« treffen, damit der Finanzierungsplan einigermaßen realistisch oder, noch besser, vorsichtig kalkuliert ist:

- Man sollte nicht fest darauf bauen, in Zukunft mehr zu verdienen. Besser ist es, vom jetzigen Verdienst auszugehen!
- Zusatzeinnahmen wie Überstundenzahlungen, die unregelmäßig anfallen, sollte man ebenfalls nicht fest einplanen. Sie sind ein gutes zusätzliches Polster.
- Finanziellen Spielraum sollte man von Anfang an für eine höhere Tilgung nutzen. Das reduziert die Restschuld und macht die monatliche Belastung beim Anschlussdarlehen weniger anfällig für Zinserhöhungen (siehe das Kapitel Zinsberechnung auf Seite 74 f.).
- Besonders wichtig: Man sollte genau überlegen, von welchem Zinsniveau man bei der Anschlussfinanzierung ausgeht. Dies ist vor allem dann entscheidend, wenn man in einer Niedrigzinsphase baut oder kauft.

Falls sich trotz eines höheren Zinses bei der Anschlussfinanzierung eine niedrigere monatliche Belastung ergibt, sollte man finanzielle Spielräume für eine höhere Tilgung nutzen. Das spart insgesamt Finanzierungskosten.

WISO Tipp

Bei der Anschlussfinanzierung sollten Sie am besten von einem Effektivzins von mindestens 6 Prozent ausgehen. So hoch liegt aktuell der langjährige Durchschnitt von Hypothekendarlehen mit 10-jähriger Zinsbindungsfrist.

Beispiel

Ein Ehepaar mit zwei Kindern, die monatliche Belastbarkeit liegt bei rund 1120 Euro, ihr Eigenkapital bei 86000 Euro, davon ein zuteilungsreifer Bausparvertrag mit einem angesparten Guthaben in Höhe von 25000 Euro (Bausparsumme: 50000 Euro), der zusätzliche Finanzierungsbedarf beträgt 192000 Euro. Das bedeutet, die Familie schöpft ihren Finanzierungsrahmen voll aus.

Sie lässt sich das Bauspardarlehen über 25000 Euro auszahlen. Monatliche Belastungen aus Zins und Tilgung: 200 Euro, Darlehenslaufzeit 10 Jahre. Den restlichen Finanzierungsbedarf von 162000 Euro übernimmt eine Hypothekenbank über eine 1a-Hypothek mit 10-jähriger Bindungsfrist für nominal

6 Prozent plus 1-prozentiger Tilgung. Die Familie geht bei den beiden notwendigen Anschlussfinanzierungen von einem Nominalzins von jeweils 7 Prozent aus. Die erste Anschlussfinanzierung geht über 10 Jahre, die nachfolgende über 6 Jahre. Den Spielraum, der sich nach Rückzahlung des Bauspardarlehens ergibt, will sie bei der ersten Anschlussfinanzierung für eine höhere Tilgung nutzen. Gesamtlaufzeit damit 26 Jahre.

Dieser Finanzierungsplan zeigt genau, wie sich in den nächsten Jahren die Restschuld beziehungsweise die Tilgung weiter entwickeln wird. Daraus ergibt sich folgende Finanzierungsstrategie für Selbstnutzer: Wer es sich leisten kann, sollte bei einem Darlehen eine hohe Tilgung vereinbaren, um sich möglichst rasch zu entschulden. Wie man später sehen wird, steht dem auch unter steuerlichen Erwägungen nichts im Wege. Bei einer selbst genutzten Immobilie hat man nach dem Einzug – von wenigen Ausnahmen abgesehen – praktisch keine Möglichkeit mehr, irgendwelche finanziellen Belastungen steuermindernd geltend zu machen.

Finanzierungsplan

Jahr	Belastung aus Bausparvertrag	Belastung aus Hypotheken-darlehen	Gesamtbelastung	Restschuld
1	200	945	1145	160306
2	200	945	1145	158536
3	200	945	1145	156657
4	200	945	1145	154663
5	200	945	1145	152545
6	200	945	1145	150296
7	200	945	1145	147909
8	200	945	1145	145375
9	200	945	1145	142684
10	200	945	1145	139827
11		1145	1145	135717
12		1145	1145	131338
13		1145	1145	126643
14		1145	1145	121609

Jahr	Belastung aus Bausparvertrag	Belastung aus Hypotheken-darlehen	Gesamtbelastung	Restschuld
15		1 145	1 145	116 210
16		1 145	1 145	110 422
17		1 145	1 145	104 215
18		1 145	1 145	97 559
19		1 145	1 145	90 422
20		1 145	1 145	82 769
21		1 250	1 250	73 245
22		1 250	1 250	63 049
23		1 250	1 250	40 392
24		1 250	1 250	27 822
25		1 250	1 250	14 342
26		1 250	1 250	0

Eigentum gegen Miete

Auf den ersten Blick ist man nach der Finanzierungsplanung reichlich erschrocken: Eine so hohe Belastung über Jahre hinweg! Tatsächlich stimmt das allerdings nur zum Teil, wie sich mithilfe eines Vermögensvergleichs von Eigenheimbesitzern und Mietern nachweisen lässt.

Zwei Berechnungen müssen dafür gegeneinandergestellt werden: die monatlichen Belastungen aus der Finanzierung des Eigenheims gegen das, was in der gleichen Zeit monatlich an Miete aufgebracht werden muss. An dieser Stelle soll uns nur interessieren, wie ein solcher Vergleich für den langjährigen durchschnittlichen Hypothekenzins aussieht. Der liegt derzeit bei rund 6 Prozent effektiv (siehe die Grafik auf Seite 88), daher ist es auch angebracht, bei den Habenzinsen von einem Zinsniveau von 2,5 Prozent auszugehen. Ähnliche Überlegungen müssen auch für die Preissteigerungen von Mieten und Immobilien angestellt werden (siehe unten).

Angenommen, man würde ein bestimmte Immobilie nicht kaufen, sondern als Mieter dort einziehen: Je nach Lage und Ausstattung muss dafür eine Kaltmiete von 875 Euro im Monat gezahlt werden, geht man von einer Immobilie mit rund 120 Quadratmetern und mittlerer Ausstattung aus. Die gleiche Immobilie finanziert, ergibt sich eine monatliche Belastung von 1120 Euro (unter den Bedingungen des Rechenbeispiels, das in allen Kapiteln bisher verwendet wurde). Somit hat man allein durch die Finanzierung der Immobilie zunächst eine deutlich höhere monatliche Belastung von 245 Euro.

In beiden Rechnungen müssen nun die Wohnnebenkosten berücksichtigt werden. Sie sind durch die zusätzliche Instandhaltungsrücklage bei Immobilieneigentum etwas höher als beim gemieteten Objekt. Geht man pauschal von 0,50 Euro pro Quadratmeter für Instandhaltungskosten aus (siehe Seite 48), ergibt das in dem Beispielfall 60 Euro. Diese Rücklage muss ein Mieter nicht einplanen, deshalb muss man bei seiner Kaltmiete diesen Betrag abziehen, in dem Beispiel ergibt das 815 Euro.

Kurzfristig betrachtet fällt der Vermögensvergleich also deutlich zugunsten des Mieters aus. Erstens spart er am Anfang die hohen Finanzierungsnebenkosten; zweitens kann er jene aufgezeigte Differenz aus höheren Kreditkosten und niedrigerer Miete zusätzlich auf die hohe Kante legen – mit entsprechender Verzinsung, sodass die Vergleichsrechnung für die eigene Immobilie zunächst noch ungünstiger ausfällt.

Umso wichtiger ist deshalb die längerfristige Betrachtung eines Vermögensvergleichs, und zwar bis zu einem Zeithorizont von bis zu 30 Jahren. Der Einfachheit halber wird bei dieser Vergleichsrechnung eine gleich hohe Preissteigerung von 1 Prozent für den Immobilienwert und die Miete unterstellt.

Das Vermögen des Eigenheimbesitzers ergibt sich aus dem Wert seiner Immobilie abzüglich der Restschuld, die er durch die Kreditaufnahme hat. Das Vermögen des Mieters resultiert aus dem Geldbetrag, den er nach Abzug seiner Miete als Eigenkapital anlegen kann. Es wird davon ausgegangen, dass sämtliche Ersparnisse, die anders als beim Immobilieneigentümer zu Anfang anfallen, verzinslich angelegt werden.

Beispiel

Ehepaar, zwei Kinder, durchschnittlicher Steuersatz: 25 Prozent; Eigenkapital 86 000 Euro; Kaufpreis der Immobilie: 248 000 Euro; Finanzierungsnebenkosten: rund 25 000 Euro; Finanzierung: der Einfachheit halber mit einem einzigen Darlehen über 192 000 Euro; Zinssatz 6 Prozent, anfängliche Tilgung 1,5 Prozent. Das Eigenkapital des Mieters wird zu einem Zinssatz von 2,5 Prozent angelegt. Die Miete für das Vergleichshaus beträgt 875 Euro, die Mietsteigerung 1 Prozent pro Jahr; Mietersparnis für den Immobilieneigentümer: 815 Euro (Kaltmiete minus Instandsetzungsrücklage von 60 Euro) plus 1 Prozent jährliche Mietsteigerung; Wertsteigerung der Immobilie: ebenfalls 1 Prozent.

In der Tabelle auf Seite 140 sieht man die Differenz zwischen Miete und Eigentum. Alle Zahlen werden ganzjährig ausgewiesen.

Anhand dieses Rechenbeispiels lässt sich sehr schnell erkennen, wann sich Immobilieneigentum im Vergleich zur Miete besonders rechnet, nämlich

- wenn man über hohes Eigenkapital verfügt,
- wenn die Immobilie eine hohe Wertsteigerung erfährt,
- wenn die Mietersparnis besonders hoch ist und
- wenn das Zinsniveau besonders niedrig ist.

Bei ungünstigeren Bedingungen kann der Vorteil aus der Immobilie unter Umständen auch ins Gegenteil umschlagen, wenn man also zum Beispiel über wenig Eigenkapital verfügt oder die Mietersparnis nur sehr gering ist. Aus diesen Überlegungen ergeben sich noch einmal zusammengefasst die recht einfachen Finanzierungsregeln, die auch schon in früheren Kapiteln erwähnt wurden:

Beim Bau oder Kauf einer Immobilie

- sollte man so viel Eigenkapital einsetzen wie nur möglich;
- sollte man eine Immobilie suchen, die aufgrund der Lage und der Ausstattung eine möglichst hohe Wertsteigerung haben wird;
- sollte man so viel wie möglich tilgen, um die Restschuld schnell zu verringern.

Dass man den Preis für die Immobilie beziehungsweise deren Baukosten so niedrig wie möglich halten sollte, versteht sich von selbst.

Tabelle: Eigentum gegen Miete

Jahr	Miet-ersparnis	Kredit-zahlung	Mehr-belastung	Wertsteige-rung Haus	Restschuld Kredit	Vermögen Eigentümer	Vermögen Mieter	Differenz
0		0,00		248 000,00	192 000,00	56 000,00	86 000,00	−30 000,00
1	9 780,00	14 400,00	4 620,00	250 480,00	189 039,47	61 440,53	92 770,00	−31 329,47
2	9 877,80	14 400,00	4 522,20	252 984,80	185 896,33	67 088,47	99 611,45	−32 522,98
3	9 976,58	14 400,00	4 423,42	255 514,65	182 559,33	72 955,32	106 525,16	−33 569,84
4	10 076,34	14 400,00	4 323,66	258 069,79	179 016,52	79 053,27	113 511,94	−34 458,67
5	10 177,11	14 400,00	4 222,89	260 650,49	175 255,19	85 395,30	120 572,63	−35 177,33
6	10 278,88	14 400,00	4 121,12	263 257,00	171 261,87	91 995,13	127 708,07	−35 712,95
7	10 381,67	14 400,00	4 018,33	265 889,57	167 022,26	98 867,31	134 919,11	−36 051,80
8	10 485,48	14 400,00	3 914,52	268 548,46	162 521,15	106 027,31	142 206,60	−36 179,29
9	10 590,34	14 400,00	3 809,66	271 233,95	157 742,42	113 491,53	149 571,43	−36 079,90
10	10 696,24	14 400,00	3 703,76	273 946,29	152 668,96	121 277,33	157 014,47	−35 737,14
11	10 803,20	14 400,00	3 596,80	276 685,75	147 282,57	129 403,18	164 536,63	−35 133,45
12	10 911,24	14 400,00	3 488,76	279 452,61	141 563,96	137 888,65	172 138,81	−34 250,16
13	11 020,35	14 400,00	3 379,65	282 247,13	135 492,64	146 754,49	179 821,93	−33 067,44
14	11 130,55	14 400,00	3 269,45	285 069,60	129 046,86	156 022,74	187 586,93	−31 564,18
15	11 241,86	14 400,00	3 158,14	287 920,30	122 203,51	165 716,79	195 434,74	−29 717,95
16	11 354,28	14 400,00	3 045,72	290 799,50	114 938,08	175 861,42	203 366,33	−27 504,91
17	11 467,82	14 400,00	2 932,18	293 707,50	107 224,53	186 482,97	211 382,67	−24 899,70
18	11 582,50	14 400,00	2 817,50	296 644,57	99 035,23	197 609,34	219 484,74	−21 875,40
19	11 698,32	14 400,00	2 701,68	299 611,02	90 340,83	209 270,19	227 673,54	−18 403,35
20	11 815,31	14 400,00	2 584,69	302 607,13	81 110,19	221 496,94	235 950,07	−14 453,13
21	11 933,46	14 400,00	2 466,54	305 633,20	71 310,21	234 322,99	244 315,36	−9 992,37
22	12 052,79	14 400,00	2 347,21	308 689,53	60 905,79	247 783,74	252 770,45	−4 986,71
23	12 173,32	14 400,00	2 226,68	311 776,43	49 859,65	261 916,78	261 316,39	600,38
24	12 295,05	14 400,00	2 104,95	314 894,19	38 132,21	276 761,98	269 954,25	6 807,73
25	12 418,00	14 400,00	1 982,00	318 043,13	25 681,45	292 361,68	278 685,10	13 676,58
26	12 542,18	14 400,00	1 857,82	321 223,57	12 462,75	308 760,82	287 510,04	21 250,77

Fazit

Es gibt drei Finanzierungsvarianten für eine Immobilie:

- das Hypothekendarlehen, wegen seiner relativ einfachen Konstruktion die gängigste Finanzierungsform,
- das Versicherungsdarlehen, das sich wegen vieler Unwägbarkeiten – wenn überhaupt – nur dem Kapitalanleger empfiehlt,
- das Bauspardarlehen, das allenfalls ein Finanzierungsbaustein sein kann und in der Regel nur eingesetzt werden sollte, wenn ein Bausparvertrag schon länger besteht.

Da es in der Regel nicht bei einem Darlehen bleibt, sondern parallel oder hintereinander mehrere Kredite benötigt werden, empfiehlt sich ein Finanzierungsplan, der die Belastungen aufzeigt, bis man schuldenfrei ist. Beim Anschlussdarlehen nicht mit einem zu niedrigen Zinsniveau kalkulieren! Und: Finanzielle Spielräume für die Tilgung nutzen!

Anschluss-
finanzierung

Es gibt viele Gründe, sich über eine Anschlussfinanzierung Gedanken zu machen. Das passiert zum Beispiel, wenn die Zinsbindung beim Hypothekendarlehen ausläuft. Oft genug stellt sich dann heraus, dass ein Wechsel des Kreditgebers sinnvoll wäre. Ein weiterer Grund könnte sein, dass noch während der Zinsbindungsfrist eine Umfinanzierung geplant ist – beispielsweise weil man durch eine Erbschaft plötzlich eine Sondertilgung vornehmen kann. Oder man will umschulden, weil die Zinsen im Vergleich zu den ursprünglichen Konditionen drastisch gesunken sind. Was es bei einer Anschlussfinanzierung – egal ob nach oder während der Zinsbindung – zu beachten gilt, zeigt dieses Kapitel.

Umfinanzierung nach der Zinsbindung: das Anschlussdarlehen

Sehr viele Eigenheimbesitzer machen sich keine Gedanken darüber, wie es nach der ersten Zinsbindung weitergehen soll. Und wundern sich dann, wenn ihr Institut das Darlehen zu sehr viel schlechteren Bedingungen weiterfinanziert, als es andere Kreditgeber zu dem Zeitpunkt gemacht hätten.

Nicht selten werden Kreditnehmer erst kurz vor Ende der Zinsbindungsfrist mit einem Angebot des Kreditinstituts konfrontiert. Dann bleibt nur wenig Zeit, dieses Angebot zu prüfen und sich gegebenenfalls nach einem anderen Kreditgeber umzusehen.

Außerdem räumen Kreditgeber häufig ihren Kunden nur wenig Bedenkzeit ein. Zwar hat der Bundesgerichtshof entschieden, dass zwei Wochen zu wenig sind, aber er hat sich auch nicht konkret geäußert, wie lang diese Frist letztlich sein sollte. Um eine zu kurze Prüffrist zu verhindern, sollte man den Kreditgeber bereits sechs bis acht Wochen vor Ende der Zinsbindungsfrist nach Verlängerungsangeboten fragen. Falls man vergessen hat, rechtzeitig nach einem neuen Angebot zu fragen, sollte man sich von dem Kreditgeber eine Überlegungsfrist von vier Wochen einräumen lassen. Geht er darauf nicht ein, kann das eigentlich nur daran liegen, dass sein Angebot nicht gut ist.

Unabhängig von Fristen und Terminnöten kann ein Bankwechsel Geld kosten. So wie auch für die erste Zinsbindungsphase fallen erneut Notar- und Grundbuchgebühren an. Dazu kommen unter Umständen wieder Schätzkosten, um den Beleihungswert der Immobilie zu ermitteln.

Anpassungsklauseln

Im Kreditvertrag findet sich normalerweise ein Passus, der sich mit dem Thema Anschlussfinanzierung beschäftigt. Das ist die so genannte Anpassungsklausel, in einigen Verträgen auch Anpassungskonditionen genannt. Die meisten Kreditinstitute legen darin fest, dass der laufende Vertrag bis einen Monat vor Ablauf der Zinsbindungsfrist gekündigt werden muss. Bei ganz wenigen Kreditgebern läuft der Vertrag ohne neue Vereinbarung automatisch aus. Das ist die kundenfreundliche Variante.

Andere sehen eine sehr viel längere Kündigungsfrist vor und handeln damit nicht gesetzeskonform – jedenfalls dann nicht, wenn es sich um ein Darlehen mit einem festen Zinssatz handelt. Der Gesetzgeber gibt nämlich für Darlehen mit Zinsbindung eine Kündigungsfrist von maximal einem Monat vor, für variable Zinsen beträgt die Frist drei Monate (§ 609a BGB). Oftmals verknüpfen solche Institute ihr Verlängerungsangebot außerdem mit einer Widerspruchsfrist von wenigen Wochen. Wird die Frist versäumt, gilt das Angebot als angenommen, und das unter Umständen zu Konditionen, die der Darlehensnehmer bei längerer Prüfung mit Sicherheit nicht akzeptiert hätte. Oder es wird lapidar ohne Überlegungsfrist mitgeteilt, dass der Vertrag mit einem bestimmten Zins weiter fortgesetzt wird, es sei denn, man widerspricht dem Angebot. Das sind dann die kundenunfreundlichen Varianten, die leider gar nicht so selten vorkommen.

Effektivzins

Auch bei Anschlussfinanzierungen muss der Kreditgeber den Effektivzins ausweisen. Dabei darf man als »Altkunde« nicht schlechter behandelt werden als solche Kreditnehmer, die mit dem Institut gerade einen neuen Vertrag abschließen.

Ohnehin sollte man meinen, dass ein Kreditgeber dem Altkunden bessere Konditionen einräumt als neuen Kunden. Er ist dem Institut schließlich als zuverlässiger Kreditnehmer bekannt und der Aufwand, um seine Sicherheiten und die seiner Immobilie zu prüfen, ist vernachlässigbar klein. Insofern ist das Risiko des Kreditgebers geringer als bei neuen Kunden.

Auf Basis der aktuellen Restschuld sollte man sich beim Institut Angebote mit unterschiedlichen Zinsbindungsfristen einholen und sich über den jeweiligen Effektivzins, die Restschuld am Ende der Zinsbindung und die Höhe der monatlichen Raten informieren lassen – nur dann hat man Vergleichsmöglichkeiten. Keinesfalls sollte man sich mit dem ersten Angebot zufrieden geben. Vor dem Verhandlungsgespräch sollte man Alternativangebote einholen und auf diese Konditionen verweisen, falls sich der Finanzierer als unnachgiebig erweist. Nützt das alles nichts, hilft nur der Wechsel zu einem anderen Kreditgeber.

WISO Tipp

Schicken Sie einen Bekannten zu Ihrem Institut, der dort als Neukunde auftritt und die aktuellen Konditionen abfragt. Diese Informationen können Sie dann in Ihren eigenen Verhandlungen nutzen.

WISO Tipp

Wenn Sie den Kreditgeber wechseln, dürfen Sie den alten Vertrag erst dann kündigen, wenn der neue abgeschlossen ist!

Ein neuer Kreditgeber

Bevor man sich einen neuen Kreditgeber sucht, sollte der erste Weg zum Notar führen. Denn die Übertragung der Grundpfandrechte auf den neuen Kreditgeber muss notariell beurkundet werden; genauso müssen die

Grundbucheintragungen geändert werden. Dafür fallen bei Notar und Grundbuchamt Gebühren an.

Beim Vergleich der Kreditangebote und deren Finanzierungsbedingungen kommt es wieder auf die Höhe des Effektivzinses an, außerdem auf die Dauer der Zinsbindung, die Höhe der Restschuld nach der neuen Zinsbindung und auf die monatlichen Belastungen. Zu klären ist auch, welche zusätzlichen Finanzierungsnebenkosten entstehen. Zum Beispiel könnte der neue Kreditgeber ein weiteres Wertgutachten verlangen, was zu Schätzgebühren führt. In diesem Fall hilft eventuell der Verweis auf das bestehende Gutachten, auf das der neue Kreditgeber zurückgreifen kann.

Die Restschuld bietet neben dem Effektivzins eine zweite Vergleichsmöglichkeit. Vorausgesetzt, dass es sich um den gleichen Darlehensbetrag, die gleiche Zinsbindung und die gleiche monatliche Belastung handelt, ist jenes Angebot am günstigsten, das am Ende der Zinsbindung die geringste Restschuld ausweist. Erst nach Berücksichtigung aller Finanzierungsnebenkosten und Gebühren lässt sich entscheiden, ob der Wechsel zu einem neuen Kreditgeber sinnvoll ist. Es gibt eine Faustregel, wonach sich ein Wechsel bei einer 10-jährigen Zinsbindung dann lohnt, wenn die Zinsdifferenz zwischen altem und neuem Vertrag über 0,2 Prozentpunkte liegt. Generell gilt aber: Je höher die Kosten des Wechsels zu einem anderen Kreditgeber und je kürzer die Zinsbindung der Anschlussfinanzierung, umso größer muss die Zinsdifferenz sein, damit sich der Umstieg rechnet.

Wer in der glücklichen Lage ist, dann einen niedrigeren Zins zu zahlen, muss bedenken: Dank der niedrigeren monatlichen Belastung kann und sollte man den finanziellen Spielraum nutzen und einen höheren Tilgungssatz vereinbaren, um schneller die Schulden zu reduzieren.

Umfinanzierung während der Zinsbindung

Sondertilgungen und Umfinanzierungen sind bei einem laufenden Kreditvertrag nicht immer ohne Weiteres möglich. Das ist ein Nachteil längerer Zinsbindungsfristen.

Sondertilgung/ Umfinanzierung ohne zusätzliche Kosten

Hier sollen zunächst die Fälle behandelt werden, bei denen keine zusätzlichen Kosten anfallen, also keine sogenannte Vorfälligkeitsentschädigung verlangt wird. Das gilt für folgende Situationen:

- Das Gesetz erlaubt grundsätzlich die Kündigung eines Darlehensvertrages nach zehn Jahren, selbst wenn längere Laufzeiten vereinbart sind. Allerdings muss man nach einer Kündigung noch sechs Monate Geduld haben; so lange dauert die Kündigungsfrist.
- Handelt es sich um einen Darlehensvertrag mit variablem Zinssatz, kann man jederzeit eine Sondertilgung leisten. Die Wartezeit beträgt dann lediglich drei Monate, manchmal auch weniger.
- Überhaupt keine Wartefrist gibt es beim Bauspardarlehen, das jederzeit ganz oder in Teilbeträgen zurückgezahlt werden kann.

Wer von vornherein eine Sondertilgung plant oder sie zumindest nicht ausschließen kann, für den bietet sich eine weitere Variante an: die Sondertilgungsvereinbarung.

Einige Kreditinstitute räumen dem Kreditnehmer das Recht ein, dass er während des laufenden Vertrags die Tilgungsraten bis zu einer bestimmten Höhe heraufsetzen – und natürlich auch wieder herabsetzen – kann. Dies bietet sich an, wenn man damit rechnet, später mehr zu verdienen.

Probleme gibt es meist bei großen Anbietern, vor allem Hypothekenbanken machen das sehr ungern. Die meisten Kreditgeber verlangen ohnehin als Gegenleistung einen höheren Zinssatz. Aus Sicht der Institute übernehmen sie nämlich einen Teil des Zinsrisikos: Falls die Zinsen sinken, können sie den Betrag der Sondertilgung als neues Darlehen nur zu Bedingungen weitergeben, die für sie schlechter sind.

Das Recht auf Sondertilgung zählt zu den variablen Verhandlungspunkten bei der Vertragsgestaltung. Man sollte mit dem Finanzberater darüber reden und darauf bestehen, dass dieses Recht kostenlos, also ohne eine Zinserhöhung, zugestanden wird.

Allerdings ist es nicht immer eindeutig, ob der Kreditnehmer von diesem Recht auf Sondertilgung überhaupt Gebrauch machen sollte, ob also eine Sondertilgung finanziell sinnvoll ist. Er hat immerhin die Möglichkeit, das Geld stattdessen auf die hohe Kante zu legen.

In dem folgenden Rechenbeispiel wird eine typische Situation dargestellt, wobei allerdings zugunsten der Verständlichkeit auf Rechengenauigkeit verzichtet wird.

WISO Tipp

Sie können schon bei Abschluss Ihres Darlehensvertrages eine mögliche Sondertilgung vereinbaren. Gerade wenn Sie planen, die Immobilie schon in wenigen Jahren wieder zu verkaufen, ist ein Sondertilgungsrecht sinnvoll. Falls nämlich der spätere Käufer der Immobilie nicht das Darlehen samt Konditionen übernimmt, müssen Sie dem Kreditgeber eine Vorfälligkeitsentschädigung zahlen

WISO Tipp

Um herauszufinden, ob sich eine Sondertilgung finanziell lohnt, müssen Sie den Effektivzins des Darlehens mit der Rendite festverzinslicher Wertpapiere vergleichen, die eine gleiche Laufzeit haben wie die (restliche) Zinsbindungsfrist des Darlehens. Ist der Effektivzins höher, sollten Sie eine Sondertilgung vornehmen.

Beispiel

Darlehenssumme 192 000 Euro, frei verfügbarer Betrag 20 000 Euro, (Rest-)
Zinsbindung zehn Jahre, Effektivzins 6 Prozent, Rendite des Wertpapiers 5 Prozent, Laufzeit zehn Jahre.

Variante 1:

Man verzichtet auf die Sondertilgung und kauft stattdessen das Wertpapier.
Damit wird in zehn Jahren eine Rendite von 1000 Euro (20 000 Euro x 5 Prozent,
ohne Zinseszinsen) erwirtschaftet. Gleichzeitig zahlt man für die volle Darlehenssumme in den zehn Jahren insgesamt 11 520 Euro an Zinsen. Das Plus aus dem
Wertpapier berücksichtigt, ergibt sich in den zehn Jahren eine Belastung von
10 520 Euro.

Variante 2:

Der Kreditnehmer leistet eine Sondertilgung. Dadurch reduziert sich sein Rest-
darlehen auf 172 000 Euro. Zu 6 Prozent verzinst, hat er in den zehn Jahren eine
Belastung von 10 320 Euro. Mit der Sondertilgung spart er also 200 Euro gegenüber der Lösung, den Betrag in ein Wertpapier anzulegen.

Zur Berechnung kann auch eine einfache Formel verwendet werden:

Frei verfügbarer Betrag x (Effektivzins – Rendite) = Belastung

Anhand der Zahlen aus dem Beispiel bedeutet das:

20 000 Euro x (7 Prozent – 6 Prozent) = 200 Euro

WISO Tipp

Die Anlage in Wertpapieren
ist in der Regel dann sinnvoller als eine Sondertilgung,
wenn seit Abschluss des Darlehensvertrages die Zinsen
deutlich gestiegen sind. Bis
zum Ende der Zinsbindung
sollten Sie in diesem Fall das
Geld festverzinslich anlegen.

Hat das Ergebnis dieser Rechnung ein positives Vorzeichen, bedeutet das: Sondertilgung ist sinnvoll. Ist die Zahl negativ, ist die
Anlage in Wertpapieren zweckmäßiger.

Bei vermieteten Immobilien sieht die Rechnung anders aus, weil
die Schuldzinsen aus dem Darlehen als Werbungskosten steuerlich anerkannt werden (siehe das Kapitel Staatliche Förderung für
Kapitalanleger auf Seite 178 ff.). Außerdem sind Kapitaleinkünfte
steuerfrei, solange der Sparerfreibetrag nicht überschritten wird.
Das bedeutet sozusagen ein doppeltes Plus: Hier wird die Steuer
gemindert (Schuldzinsen aus Darlehen), dort fällt sie nicht an (Kapitaleinkünfte).

Vorfälligkeitsentschädigung

Für eine Sondertilgung oder eine Umfinanzierung muss mit dem Kreditgeber ein sogenannter Aufhebungsvertrag geschlossen werden, in dem
die Bedingungen für eine vorzeitige Kündigung niedergelegt sind. Der

Kreditgeber wird dabei eine sogenannte Vorfälligkeitsentschädigung verlangen.

Beispiel

192 000 Euro als Darlehen mit 10-jähriger Zinsbindung, Effektivzins 6,17 Prozent, jährlich also umgerechnet 13 440 Euro. Während der Darlehensphase sinken die Zinsen. Nach fünf Jahren plant der Immobilienfinanzierer eine Sondertilgung von 50 000 Euro, um die Restschulden zu senken.

Der Kreditgeber wird dies mit Hinweis auf den Zinsschaden, der ihm dadurch entsteht, nicht ohne Weiteres akzeptieren. Angenommen, der vom Institut aktuell verlangte Effektivzins liegt bei 5,17 Prozent. Die 50 000 Euro, die er nun erhält, kann er dem nächsten Kreditnehmer nur zu diesen neuen Konditionen überlassen, umgerechnet ein Einnahmeverlust von 1000 Euro pro Jahr. Für die Restlaufzeit von fünf Jahren ergibt das immerhin einen Zinsverlust von 5000 Euro, ohne Berücksichtigung der Zinseszinsen. Nutzt der Kreditnehmer zudem den neuen finanziellen Spielraum für eine höhere Tilgung, ist der Schaden aus Sicht des Instituts noch sehr viel höher.

Die gleichen Überlegungen stellt der Kreditgeber an, wenn man während der Zinsbindung umschulden möchte, zum Beispiel weil die Zinsen gesunken sind. In beiden Fällen wird das Institut verlangen, dass ihm der Zinsverlust ersetzt wird. Auch hier fällt also eine Vorfälligkeitsentschädigung an. Der Kunde hat laut Bundesgerichtshof das Recht, einen Vertrag vorzeitig aufzulösen. Dieses Kündigungsrecht gilt aber nur unter einer Bedingung: wenn er die Immobilie verkaufen möchte, egal aus welchem Grund. Begründet wurde das vom BGH mit der wirtschaftlichen Handlungsfreiheit des Kunden. Einen Wermutstropfen hat diese Regelung aber: Der Kreditgeber muss einem vorzeitigen Vertragsausstieg nicht zustimmen, wenn es Ihnen nur darum geht, an günstigere Zinsen und damit an einen billigeren Kredit heranzukommen.

Der BGH hat die Höhe dieser Vorfälligkeitsentgelte genau geregelt. Er überlässt den Kreditinstituten zwei Berechnungsmöglichkeiten. Bei der in der Praxis häufiger angewandten Methode werden die Refinanzierungskosten zugrunde gelegt. Der Schadenersatz berechnet sich in diesem Fall danach, wie viel Geld dem Kreditgeber verloren geht, wenn er die frei werdenden Mittel in festverzinsliche Wertpapiere anlegt. Maßstab dafür ist die Rendite von Hypothekenpfandbriefen (nach einem BGH-Urteil, AZ: XI ZR 27/00).

WISO Tipp

Falls das Kreditinstitut dennoch einem Vertragsausstieg zustimmt, kann es in einem solchen Fall deutlich höhere Vorfälligkeitsentschädigungen verlangen, als ihm dies normalerweise erlaubt ist (mehr dazu am Ende dieses Abschnitts).

Dieser (fiktive) Wiederanlage-Zins darf nicht einheitlich festgelegt werden. Er muss gestaffelt sein, also den Anlagezeitraum und die sich daraus ergebenden Zahlungsströme sowie laufende Anpassungen an die (reale) Zinsstruktur berücksichtigen. Das gleiche Prinzip gilt für die Berechnung der Zinsen, die der Kunde bis zum Ende der Laufzeit hätte zahlen müssen. Dafür muss außerdem der vereinbarte Nominalzinssatz zugrunde gelegt werden und nicht der effektive Zins, der im Vertrag steht.

Außerdem darf das Institut nicht die volle Differenz verlangen. Erstens muss es die ersparten Verwaltungsaufwendungen abziehen, und zwar unabhängig von der Darlehenssumme. Üblich sind dabei bis zu 5 Euro pro Monat. Und zweitens muss es einen finanziellen Gegenwert für das entfallene Risiko beim abgelösten Kredit einbeziehen. Wie das berechnet werden muss, hat der BGH ebenfalls festgelegt, nämlich als Prozentsatz vom Darlehen, der zwischen 0,05 Prozent und 0,06 Prozent liegt.

Bei der anderen Methode geht es um Betrag, den das Institut verliert, wenn es die zurückerhaltene Darlehenssumme bei gesunkenen Zinsen nur zu schlechteren Konditionen an einen neuen Kreditnehmer wieder ausleihen kann. Dafür darf der Kreditgeber einen sogenannten Zinsverschlechterungsschaden berechnen. Entscheidend dabei ist die Differenz zwischen den Zahlungsströmen, die das Darlehen während der Restlaufzeit ausweist, und den Zahlungsströmen, die der Kreditgeber für einen neuen Kredit mit entsprechender Laufzeit bekäme. Beide Zahlungsströme müssen auf den heutigen Stand abgezinst werden. Dabei müssen auch hier die reale Zinsstruktur und der Zins von Hypothekenpfandbriefen zugrunde gelegt werden (siehe oben).

Zusätzlich darf das Institut einen Zinsmargenschaden geltend machen. Er ist das Äquivalent für den Gewinn, der dem Kreditgeber durch die Kündigung entgeht. Diese Marge sollte sich auf die Restschuld beziehen und nach Ansicht untergeordneter Gerichte und auch der Verbraucherschützer nicht mehr als 0,5 Prozent pro Jahr betragen.

Übrigens gelten diese Regelungen auch für die sogenannte Nichtabnahmeentschädigung. Die wird fällig, wenn der Darlehensnehmer bereits einen Vertrag unterschrieben hat, das Geld aber nicht abruft, zum Beispiel weil der Kaufvertrag über die Immobilie geplatzt ist.

Nach einem BGH-Urteil kann jeder Kunde eine Neuberechnung verlangen. Die Verjährungsfrist für Vorfälligkeits- beziehungsweise Nichtabnahmeentschädigungen beträgt allerdings nur 3 Jahre. Sollte der Kreditgeber im Nachhinein feststellen, dass er zu wenig an Vorfälligkeitsentschädigung verlangt hat, ist das nicht das Problem des Kunden.

Wiederanlage als Kredit (margin)

Zinsverschlechterungsschaden (margin)

Zinsmargenschaden (margin)

Nichtabnahmeentschädigung (margin)

Übrigens: Falls ein Ersatzkreditnehmer für das Darlehen gefunden wird, der bereit ist, zu gleichen Konditionen einzuspringen, darf überhaupt keine Entschädigung verlangt werden. Dies ist eine letztinstanzliche Entscheidung des BGH (AZ: III ZR 197/88). Das Kreditinstitut darf auch keine Vorfälligkeitsentschädigung verlangen, wenn der Darlehensnehmer für den Kauf einer neuen Immobilie sein noch nicht abbezahltes Eigenheim verkauft und sein Bankdarlehen unverändert weiterlaufen lassen möchte. Voraussetzung ist nach einem Urteil des Bundesgerichtshofs allerdings, dass er der Bank eine gleichwertige Sicherheit anbietet und ein »berechtigtes Interesse« am Umzug ins neue Heim hat. Außerdem dürfen der Bank keine sonstigen Nachteile entstehen – was bedeutet, dass der Kreditnehmer die mit dem Austausch verbundenen Verwaltungskosten (zum Beispiel durch den Eintrag einer neuen Grundschuld) selbst tragen muss (BGH-Urteil v. 3.2.2004, AZ: XI ZR 398/02).

Wer vorzeitig aus einem Kreditvertrag aussteigen will, nur um an günstigere Zinsen heranzukommen, muss mit einer deutlich höheren Vorfälligkeitsentschädigung rechnen als in den bisher beschriebenen Fällen. Denn nach einem BGH-Urteil (AZ: XI ZR 226/02) dürfen Kreditinstitute Zuschläge verlangen, die bis zum Doppelten des Üblichen gehen können.

Darlehensnehmer können zwar die Ablösesumme anfechten, wenn sie deren Höhe für sittenwidrig halten. Doch ist dies nach Ansicht des Gerichts nur dann der Fall, wenn das Kreditinstitut mehr als 100 Prozent seines entstandenen Schadens verlangt.

Wann sich die Umfinanzierung lohnt

Wie im vorherigen Kapitel beschrieben, ist es wenig empfehlenswert, einen Darlehensvertrag vorzeitig zu kündigen – jedenfalls dann nicht, wenn es dem Kreditnehmer nur um günstigere Zinsen geht. Dennoch lohnt es sich, einmal einen Blick darauf zu werfen, welche Überlegungen bei einer Sondertilgung oder einer Umschuldung eine Rolle spielen.

Die Vorfälligkeitsentschädigung, die das Institut verlangt, muss aufgerechnet werden gegen die Zinsen, die in Zukunft eingespart werden. Das zu berechnen ist relativ einfach und funktioniert durch einen Vergleich der jeweiligen Restschuld.

WISO Tipp

Wenn Sie bereits eine Vorfälligkeits- oder Nichtabnahmeentschädigung gezahlt haben, sollten Sie Ihr Kreditinstitut schriftlich zur Neuberechnung auffordern. Das Institut ist nicht zu diesem Schritt verpflichtet. Je nach Darlehenshöhe und Laufzeit können Sie dabei mehrere Tausend Euro zurückbekommen.

WISO Tipp

Bei laufenden Kreditverträgen ist es meist sinnlos, umzuschulden, um günstigere Zinsen zu bekommen. Denn die Vorfälligkeitsentschädigung, die in diesem Fall vom Kreditinstitut verlangt werden kann, macht den Zinsvorteil in der Regel zunichte.

WISO Tipp

Die Vorfälligkeitsentschädigung fällt umso höher aus, je mehr die Zinsen seit Vertragsabschluss gesunken sind und je länger die Zinsbindung des Darlehens noch läuft.

Beispiel

Eine Familie hat 192 000 Euro als Darlehen mit 10-jähriger Zinsbindung aufgenommen und zahlt nun 6 Prozent nominal plus 1 Prozent Tilgung an den Kreditgeber zurück, jährlich also 13 440 Euro. Während der Darlehensphase sinken die Zinsen. Nach 8 Jahren beschließt die Familie, einen neuen Vertrag mit 10-jähriger Bindungsfrist und einem nominalen Zins von 4 Prozent abzuschließen. Die Restschuld beträgt zu diesem Zeitpunkt 172 296 Euro. Nun lautet die Frage: Ist eine vorzeitige Kündigung sinnvoll?

Der Kreditgeber würde die vorzeitige Vertragsauflösung akzeptieren, aber nur mit einer Vorfälligkeitsentschädigung in Höhe seiner Refinanzierungsmöglichkeiten. Bei einer (Rest-)Laufzeit von 2 Jahren und einem angenommenen Effektivzins von 4 Prozent für das festverzinsliche Wertpapier errechnet das Institut eine Vorfälligkeitsentschädigung von 11 300 Euro.

Die Vorfälligkeitsentschädigung wird nun auf die Restschuld zum Ablösetermin addiert; das ergibt ein neues Gesamtdarlehen von 183 596 Euro. Festgelegt auf 10 Jahre mit 4 Prozent nominal plus 3,32 Prozent Tilgung, bleibt die jährliche Belastung bei 13 440 Euro. Nach 2 Jahren liegt die Restschuld bei 170 903 Euro. Dazu der Vergleich ohne Umschuldung: Wenn die Familie die vollen 10 Jahre abwartet, hat sie nach Ende der Zinsbindungsfrist eine Restschuld von 165 721 Euro. Ist das Zinsniveau gleichgeblieben, würde sie jetzt ohne Umschuldung eindeutig besser dastehen. Ist der Zins aber in der Zwischenzeit wieder angestiegen, muss nachgerechnet werden, ab wann sich die Umschuldung gelohnt hat.

Das Problem dabei ist nur, dass man nicht genau wissen kann, wie sich die Zinsen in Zukunft entwickeln und wie hoch daher die Zinsen am Ende der noch laufenden Zinsbindungsfrist sein werden.

Nur dann ließe sich nämlich eine solch genaue Berechnung unter Berücksichtigung der Vorfälligkeitsentschädigung anstellen.

Denn bei jedem Wechsel des Kreditinstituts entstehen außerdem Notarkosten, wenn man die Buchgrundschuld auf den neuen Kreditgeber umschreiben lässt. Und die müssen bei der Rechnung ebenfalls berücksichtigt werden.

In der vereinfachten Beispielrechnung ist eines deutlich geworden: Finanzielle Spielräume nach einer Vertragskündigung sollte man nutzen, um einen höheren Tilgungssatz zu vereinbaren und damit die Schulden schneller abzubauen.

Vorzeitige Kündigung bei Hypothekendarlehen mit Disagio

Bei einer vorzeitigen Kündigung des Vertrages ist der Kreditgeber nicht verpflichtet, das Disagio anteilig zurückzahlen – es sei denn, für den Kreditnehmer war im Vertrag das Recht verankert, das Darlehen zu kündigen, oder dem Institut ist kein wirtschaftlicher Schaden entstanden. Der Bundesgerichtshof hat speziell in dieser Sache eine Entscheidung getroffen – in diesem Fall nicht gerade zum Vorteil des Verbrauchers (AZ: XI ZR 283/95). Wenn das Disagio nicht erstattet wird, gilt folgender Grundsatz: Verlangt der Kreditgeber von Ihnen eine Vorfälligkeitsentschädigung, muss er ein Disagio damit verrechnen.

Falls das Recht besteht, den Vertrag zu kündigen (weil es im Vertrag verankert war oder weil man verkaufen will) oder eine Sondertilgung vorzunehmen, hat man Anspruch auf eine anteilige Erstattung des Disagio. Auch das hat der BGH bereits höchstrichterlich entschieden (AZ: XI ZR 231/89). Klauseln im Kreditvertrag, die das umgehen wollen, haben keine Gültigkeit.

Der BGH hat auch klargestellt, wie diese anteilige Rückzahlung bei einem normalen Annuitätendarlehen zu berechnen ist (AZ: XI ZR 158/97). Danach müssen die Kreditinstitute die Zinssummen-Methode anwenden. Grundlage dafür ist, dass bei einem Annuitätendarlehen wegen der fortlaufenden Tilgung der Zinsanteil in der zu zahlenden Rate mehr und mehr schrumpft. Das Institut addiert nun die Zinssumme, die der Kreditnehmer bis zum Ablösetag gezahlt hat. Danach ermittelt es die Zinssumme, die bis zum eigentlichen Vertragsende noch aufzubringen wäre. Beide Summen werden dann ins Verhältnis gesetzt. Mit diesem Verhältnis wird auch das Disagio in den verbrauchten und in den nicht verbrauchten Teil aufgeteilt. Den nicht verbrauchten Teil zahlt der Kreditgeber zurück.

Bei einem tilgungsfreien Darlehen entspricht der zu erstattende Teil des Disagios dem noch ausstehenden Anteil der vereinbarten Laufzeit. Der Kreditgeber muss also das Disagio gleichmäßig auf den Festschreibungszeitraum verteilen.

Auch für Darlehen mit variablen Zinsen gilt das Recht auf Erstattung des Disagio. Anders ist die Situation bei Krediten, die mit öffentlichen Zuschüssen gefördert wurden. Das Disagio wird hier als Teil der Kosten betrachtet, die durch diese Förderung entstanden sind (AZ: XI ZR 49/93). Unabhängig von der Ausgestaltung des Darlehens hat man bei nachträglicher Erstattung des Disagios auf jeden Fall einen Verzinsungsanspruch.

Zinssummen-Methode

WISO Tipp

Denken Sie daran, sich den ausgezahlten Disagio-Anteil verzinsen zu lassen. Denn der Kreditgeber hat mit dem einbehaltenen Betrag aus dem Disagio einen Gewinn erwirtschaftet, den er anteilig an Sie weitergeben muss.

Wenn der Kreditgeber fair ist, orientiert er sich bei der Höhe der Verzinsung daran, was er während der Laufzeit des Vertrages an Gewinnen aus dem Hypothekengeschäft erwirtschaftet hat. Auf jeden Fall sollte man sich von seinem Kreditgeber nicht mit dem Hinweis auf irgendwelche Bearbeitungsgebühren abspeisen lassen.

So behält man sich das Recht vor, nachträglich eine höhere Zinsentschädigung zu fordern. Aber keine Angst: Wer es bisher versäumt hat, die Abrechnung seines Kreditgebers zu beanstanden, geht ebenfalls nicht leer aus. Einen stillschweigenden Verzicht, wie einige Banken bereits argumentiert haben, sieht der BGH nämlich darin nicht (AZ: XI ZR 70/93).

Eine Ausnahme besteht dann, wenn der Disagio-Anteil erkennbar in die Berechnung der Vorfälligkeitsentschädigung mit eingeflossen ist (AZ: XI ZR 66/93).

WISO Tipp

Nach bisheriger Bankenpraxis müssen Sie davon ausgehen, dass das erste Angebot des Kreditgebers zu niedrig liegt. Fordern Sie deshalb eine Erhöhung und zahlen Sie nur unter ausdrücklichem Vorbehalt.

WISO Tipp

Schieben Sie den Zeitpunkt möglichst weit hinaus, ab dem für das neue Darlehen Bereitstellungszinsen verlangt werden. Unter Umständen können Sie eine Frist von bis zu einem halben Jahr herausholen.

Vorratsdarlehen

Das Vorratsdarlehen ist eine Alternative zur vorzeitigen Kündigung: Man sichert sich bei einem Kreditgeber die günstigen Konditionen für ein (Anschluss-)Darlehen, nimmt es aber erst in Anspruch, wenn der Vertrag für das laufende Darlehen beendet ist. Für solch ein Vorratsdarlehen werden vom Kreditgeber Bereitstellungszinsen berechnet.

Was sich nun mehr lohnt – die vorzeitige Kündigung des laufenden Darlehens mit einer Vorfälligkeitsentschädigung oder der Abschluss eines Vorratsdarlehens mit Bereitstellungszinsen –, muss im Einzelfall gegeneinander aufgerechnet werden.

Beispiel

Vorratsdarlehen: 50 000 Euro, Effektivzins: 5,5 Prozent, Bereitstellungszinsen: 0,25 Prozent monatlich ab dem sechsten Monat.

Ein Jahr vor Ablauf des laufenden Vertrags soll das Vorratsdarlehen abgeschlossen werden. Demnach fallen bis zur Auszahlung des Neudarlehens zusätzlich 875 Euro an (50 000 Euro x 0,25 Prozent x 7 Monate). Dieser Betrag erhöht den Effektivzins des Vorratsdarlehens auf 5,8 Prozent. Steigt das Zinsniveau innerhalb dieses Jahres um mehr als 0,3 Prozentpunkte, hat sich der Abschluss eines Vorratsdarlehens gelohnt.

Fazit

Da es in der Regel nicht bei einem Darlehen bleibt, muss sich der Immobilienfinanzierer – rechtzeitig – um ein Anschlussdarlehen kümmern. Unter Umständen wird die Anschlussfinanzierung vorzeitig notwendig, etwa weil man umschulden oder eine Sondertilgung vornehmen möchte. Es hängt dann von der Vertragsgestaltung des ursprünglichen Darlehens ab, ob dabei zusätzliche Kosten anfallen, zum Beispiel in Form einer Vorfälligkeitsentschädigung. In einem solchen Fall sollte man sehr genau nachrechnen, ob sich die vorzeitige Kündigung überhaupt lohnt.

Staatliche Förderung

Staatliche Förderung beim Erwerb eines Eigenheims kann man auf ganz unterschiedliche Art erhalten. Das hängt in erster Linie davon ab, ob das Eigenheim selbst genutzt wird oder eine Kapitalanlage ist. Daneben gibt es Erhaltungs- und Sanierungszuschüsse, steuerliche oder kommunale Förderung, Lastenzuschüsse und letztlich auch die Riester-Rente. Für Kapitalanleger sind vor allem die steuerlichen Aspekte interessant, zum Beispiel durch Verlustausgleich und Abschreibungsmöglichkeiten, gleichzeitig muss man jedoch vor Steuerfallen auf der Hut sein. Alle Aspekte der staatlichen Förderung, sowohl für Selbstnutzer als auch für Kapitalanleger, werden in diesem Kapitel behandelt.

Staatliche Förderung für Selbstnutzer

Das Eigenheim wurde in Deutschland jahrzehntelang auf ganz unterschiedliche Weise staatlich unterstützt. Entweder subventionierte der Staat die eigenen vier Wände und räumte Steuervergünstigungen ein oder er erleichterte mit zinslosen beziehungsweise verbilligten Darlehen den Bau der eigenen Immobilie. Doch bei knapper werdenden staatlichen Mitteln wurde auch die Förderung des Eigenheims immer weiter zurückgeschraubt. Besonders einschneidend erwies sich dabei die Abschaffung der Eigenheimzulage im Jahr 2006. Zwar wurde dieser staatliche Zuschuss für eigengenutzte (Neu-)Bauten in den Jahren davor bereits reduziert. Doch erst das endgültige Aus der Zulage hat zu einem Einbruch beim Erwerb von eigengenutzten Immobilien geführt – glaubt man jedenfalls der Wohnungswirtschaft und der Baubranche.

Dies ist einer der Gründe, warum von dieser Seite vehement eine neue Ausgestaltung der staatlichen Bezuschussung verlangt wurde, nämlich dass der Erwerb von Eigenheimen bei der Riester-Rente berücksichtigt wird, jedenfalls mehr als bisher. Denn bis dahin fristete der Immobilienerwerb bei dieser Form der Altersvorsorge eher ein Schattendasein. Das sollte sich mit dem sogenannten Wohn-Riester ändern. Ein entsprechendes Gesetz wurde Mitte 2008 verabschiedet.

Handwerkerkosten

Mieter und Wohnungseigentümer können seit dem 1.1.2006 Handwerkerleistungen steuerlich geltend machen, wenn sie die Arbeiten für eine Wohnung in Auftrag geben, die sie selbst nutzen. Das gilt auch dann, wenn sie in Deutschland ansässig (und damit steuerpflichtig) sind und innerhalb der EU einen (weiteren) Haushalt haben, für den sie den Steuerbonus in Anspruch nehmen. Begünstigt sind alle Renovierungs- und Sanierungsarbeiten, egal ob es sich um Erhaltungs- oder Modernisierungsarbeiten handelt. Beispiel: Modernisierung des Badezimmers oder das Verlegen von Fliesen im Eingangsbereich der Wohnung. Handwerkliche Tätigkeiten für einen Neubau können nicht steuerlich geltend gemacht werden. Dazu gehören alle Maßnahmen, die im Zusammenhang mit einer Wohnflächenschaffung beziehungsweise -erweiterung anfallen. Beispiel: ein Dachausbau, damit die Tochter eine eigene Etage hat.

Zu den handwerklichen Tätigkeiten zählen nach einem Erlass der Finanzverwaltung unter anderem:

- Arbeiten an Innen- und Außenwänden
- Arbeiten am Dach, an der Fassade, an Garagen
- Reparatur oder Austausch von Fenstern und Türen
- Streichen/Lackieren von Türen, Fenstern (innen und außen), Wandschränken, Heizkörpern und -rohren
- Reparatur oder Austausch von Bodenbelägen wie Teppichboden, Parkett, Fliesen
- Reparatur, Wartung oder Austausch von Heizungsanlagen, Elektro-, Gas- und Wasserinstallationen
- Modernisierung oder Austausch der Einbauküche
- Modernisierung des Badezimmers
- Reparatur/Wartung von Haushaltsgeräten, also Waschmaschine, Geschirrspüler, Herd, Fernseher, Computer und andere Gegenstände, die in der Hausratversicherung mitversichert werden können
- Maßnahmen der Gartengestaltung
- Pflasterarbeiten auf dem Wohngrundstück
- Aufwendungen zur Überprüfung von Anlagen, zum Beispiel die Gebühr für den Schornsteinfeger oder für die Kontrolle von Blitzschutzanlagen; Aufwendungen für technische Prüfdienste (zum Beispiel für Heizungsanlagen) sind nicht begünstigt, weil sie vergleichbar sind mit Gutachtertätigkeiten.
- handwerkliche Leistungen für Hausanschlüsse (Kabel für Strom oder Fernsehen), soweit die Aufwendungen die Zuleitung zum Haus oder zur Wohnung betreffen

Seit Anfang 2009 dürfen 20 Prozent der Aufwendungen, maximal 1200 Euro, von der Steuerschuld (!) abgezogen werden (§ 35a Absatz 3 EStG).

Beispiel
Ein Fliesenleger kachelt das Badezimmer und stellt eine Rechnung über 2000 Euro plus 19 Prozent Mehrwertsteuer aus. Davon betragen die Materialkosten 500 Euro plus Mehrwertsteuer (insgesamt 595 Euro), die Arbeitskosten 1500 Euro zuzüglich Mehrwertsteuer (insgesamt 1785 Euro). Die Summe, die bei der Steuer geltend gemacht werden kann, beträgt also 357 Euro (20 Prozent von 1785 Euro). Die Steuerschuld bei der Einkommensteuer beläuft sich auf 10 000 Euro. Davon können die 357 Euro abgezogen werden – das ergibt schließlich eine Steuerschuld von 9643 Euro.

Die Steuerermäßigung kann weder vor- noch zurückgetragen werden, falls der Auftraggeber zum Beispiel im laufenden Jahr nicht (einkommen-) steuerpflichtig ist. Diese Vorschrift ist aus Sicht des Bundesfinanzhofs auch nicht verfassungswidrig (BFH-Urteil v. 29.1.2009, AZ: VI R 44/08). Allerdings gibt es durchaus die Möglichkeit, die Steuervergünstigungen auf mehrere Jahre zu verteilen.

Beispiel

Ein Eigentümer lässt die Außenfassade seines Eigenheims verputzen. Die Rechnung des Handwerkers erhält er zum Jahresende. Die gesondert ausgewiesenen Arbeitskosten betragen 8000 Euro. Noch im Dezember überweist er die erste Rate in Höhe von 6000 Euro und sichert sich damit die maximale Steuerermäßigung für das alte Jahr in Höhe von 1200 Euro. Den Restbetrag in Höhe von 2000 Euro zahlt er im folgenden Jahr und erhält nochmals eine Steuerermäßigung von 400 Euro.

Alles auf Rechnung! Wie das Beispiel zeigt: Wichtig ist, dass die Handwerkerrechnung Arbeits- und Materialkosten getrennt (und mit Mehrwertsteuer) ausweist. Der Rechnungsbetrag muss zum Nachweis der Zahlung auf das Konto des Handwerksbetriebs überwiesen werden. Barzahlung ist deshalb nicht möglich. Dieses Barzahlungsverbot hat inzwischen den höchstrichterlichen Segen des Bundesfinanzhofs (BFH-Urteil v. 20.11.2008, AZ: VI R 14/08). Als Nachweis dient ein Beleg des Kreditinstituts, also ein Überweisungsbeleg oder ein Kontoauszug.

Rechnungen und Überweisungsbeleg müssen inzwischen nicht mehr mit der Steuererklärung eingereicht werden. Allerdings muss man die Unterlagen jederzeit vorlegen können, wenn das Finanzamt dies verlangt. Die Belege müssen noch mindestens zwei Jahre aufgehoben werden, und zwar zwei Jahre ab Erhalt des Steuerbescheids, zu dem die Rechnungen eingereicht wurden.

Den Höchstbetrag der Steuermäßigung können zusammenveranlagte Ehepaare nur einmal in Anspruch nehmen, auch wenn sie mehrere Wohnungen nutzen (BFH-Urteil v. 29.7.2010, AZ: VI R 60/09). Das Gleiche gilt für eine nichtehelichen Lebensgemeinschaft und eingetragene Lebenspartner mit einem gemeinsamen Haushalt. Sind beide Partner Auftraggeber, werden die Ausgaben dem Partner zugeordnet, der gezahlt hat, oder sie werden je zur Hälfte berücksichtigt.

Den Steuerabzug können Eigentümer selbst dann für Immobilien beanspruchen, wenn sie dort (noch) nicht wohnen, allerdings nur, wenn sie beabsichtigen, die Wohnung anschließend selbst zu nutzen. Soll hingegen die Immobilie nach der Renovierung vermietet werden, sind die Renovierungs- und Modernisierungskosten als Werbungskosten bei den Einkünften aus Vermietung und Verpachtung absetzbar (siehe Kapitel Werbungskosten **Seite 186 ff.**).

Bei Wohnungseigentümern, die zu einer Eigentümergemeinschaft gehören, werden vom Hausgeld häufig auch Handwerkerarbeiten bezahlt. Auch die können steuermindernd geltend gemacht werden, allerdings, wie bereits erwähnt, nur die Fahrt- und Arbeitskosten. Ergeben sich die Beträge nicht aus der Jahresabrechnung, müssen sie nachgewiesen werden. Der Anteil des einzelnen Wohnungseigentümers muss dabei anhand seines Beteiligungsverhältnisses individuell errechnet und entsprechend vom Verwalter als anteilige Aufwendung bescheinigt werden.

Beispiel

Für das Erneuern des Dachs werden den Wohnungseigentümern – gleiche Anteile vorausgesetzt – jeweils 600 Euro in Rechnung gestellt. Aus der Rechnung ergibt sich, dass davon zwei Drittel Fahrt- und Arbeitskosten ausmachen; der Rest entfällt auf das Material. Die Wohnungseigentümer können also 80 Euro (400 Euro x 20 Prozent) von ihrer Steuerschuld abziehen.

Haushaltsnahe Dienstleistungen

Aufwendungen für haushaltsnahe Dienstleistungen, wie zum Beispiel die Reinigung einer Wohnung oder das Streichen von Wänden, können ebenfalls steuerlich geltend gemacht werden, und zwar parallel zu den Handwerkerkosten. Die Förderung beträgt 20 Prozent der Aufwendungen von bis zu 20 000 Euro, maximal also 4000 Euro pro Jahr.

Begünstigt sind haushaltsnahe Dienstleistungen wie Kinderbetreuung, Rasenmähen, Fensterputzen, Teppichreinigung und einfach zu verrichtende Handwerksarbeiten (Reparaturarbeiten) in der eigenen Wohnung. Haushaltsnahe und handwerkliche Arbeiten sind nach dem Bundesfinanzhof klar voneinander abzugrenzen (BFH-Urteil v. 1. 2. 2007, AZ: VI R 77/05). »Haushaltsnah« sind danach Tätigkeiten, die gewöhnlich durch Mitglieder des privaten Haushalts oder entsprechend Beschäftigte erledigt werden und in regelmäßigen Abständen anfallen. Handwerkliche Tätigkeiten können im Regelfall nur von Fachkräften durchgeführt werden.

Außerdem muss die Dienstleistung im Haushalt des Antragstellers (in Deutschland oder in einem EU-Staat) erbracht werden. Wer seine Hemden zum Waschen und Bügeln in die Reinigung bringt, bekommt nichts vom Finanzamt. Personenbezogene Dienstleistungen sind ebenfalls nicht begünstigt, selbst wenn zum Beispiel die Friseurin oder die Kosmetikerin nach Hause kommt.

WISO Tipp

Die Steuerermäßigung wird auch bei mehreren Wohnungen insgesamt nur einmal bis zum Höchstbetrag gewährt.

Zum Haushalt gehören auch eine selbst genutzte Zweit-, Wochenend- oder Ferienwohnung und eine Wohnung, die einem zu berücksichtigenden Kind (Anspruch auf Kindergeld) zur unentgeltlichen Nutzung überlassen wurde.

Bei Dienstleistungen sowohl auf öffentlichem als auch auf Privatgelände, zum Beispiel wenn die Straße gereinigt oder im Winter gestreut wird, sind nur die Aufwendungen begünstigt, die auf das Privatgelände entfallen. Das heißt: Wer sowohl öffentliche als auch private Wege von einem Dienstleister räumen und reinigen lässt, muss die Kosten aufteilen.

Für Aufwendungen, bei denen die Entsorgung im Vordergrund steht, gibt es keinen Steuerbonus. Ist die Entsorgung aber eine Nebenleistung – zum Beispiel wenn nach einer Neuverfliesung des Bades die alten Fliesen entsorgt werden –, kann die Steuerermäßigung genutzt werden.

Auch Bewohner eines Seniorenheims können von dieser steuerlichen Regelung profitieren, wenn sie dort in ihrer eigenen Wohnung leben. Beispiele für haushaltsnahe Dienstleistungen in einem Seniorenheim: Kosten für die Reinigung der Wohnung oder für Betreuungsleistungen. Der Bundesfinanzhof hat diese Auslegung bestätigt (BFH-Urteil v. 29.1.2009, AZ:VI R 28/08).

Die Finanzverwaltung erkennt zudem Umzugskosten an, allerdings nicht, wenn der Umzug beruflich bedingt ist (dann sind die Kosten in voller Höhe als Werbungskosten abzugsfähig). Das bedeutet: Wer zum Beispiel in sein neu erworbenes Eigenheim umzieht, kann die Aufwendungen für diesen privat veranlassten Umzug steuerlich berücksichtigen. Als Beleg verlangt das Finanzamt die Rechnung der Umzugsfirma und einen Kontoauszug, aus dem hervorgeht, dass die Rechnung auch tatsächlich gezahlt wurde – unbelegte Barzahlungen oder einfache Quittungen genügen nicht.

Alles auf Rechnung! Apropos Barzahlungsverbot: Für die steuerliche Anerkennung von haushaltsnahen Dienstleistungen gelten selbstverständlich die gleichen Bedingungen wie für die Handwerkerleistungen, also neben dem Barzahlungsverbot auch die Nachweis- und Aufbewahrungspflicht von Rechnungen. Begünstigt sind auch hier nur Arbeits- und Fahrtkosten. Aber es lohnt sich trotzdem, genauer auf die Rechnung zu schauen.

Wohnungseigentümer, die zu einer Eigentümergemeinschaft gehören, können einen Teil der Aufwendungen beim Hausgeld als haushaltsnahe Dienstleistungen steuermindernd geltend machen. Das gilt selbst dann, wenn der Hausverwalter den Auftrag vergeben hat. Zu den haushaltsnahen Dienstleistungen zählen die Hof-, Gehweg- und Straßenreinigung, die Fenster- und Gebäudereinigung, die Gartenpflege, die Arbeiten eines Hausmeisters oder des Schornsteinfegers, aber auch die Heizungs- und Aufzugswartung. Voraussetzung ist, dass diese Aufwendungen aus einer detaillierten Jahresabrechnung hervorgehen und eine entsprechende Bescheinigung des Verwalters vorliegt.

WISO Tipp

Verbrauchsmittel wie Schmier-, Reinigungs- oder Spülmitte sowie Streugut lassen sich steuerlich geltend machen.

Haushaltsnahe Dienstleistungen können durchaus von Angehörigen erledigt werden. Bedingung ist, dass der Beschäftigte nicht im selben Haushalt wohnt und der Arbeitsvertrag rechtlich wirksam zustande gekommen ist, einem Fremdvergleich standhält und tatsächlich wie vereinbart durchgeführt wird. Die haushaltsnahe Dienstleistung muss in jedem Fall in selbstständiger Tätigkeit erbracht werden.

Handwerker- und haushaltsnahe Dienstleistungen

Die Steueranrechnung für beide Leistungen wird doppelt gewährt, wenn zwei Steuerzahler im Laufe des Jahres erstmals einen gemeinsamen Haushalt begründen oder wenn der gemeinsame Haushalt während des Jahres aufgegeben wird. Das geht aus einem Schreiben der Senatsverwaltung für Finanzen hervor (Runderlass ESt-Nr. 20 vom 15. 10. 2010, AZ: III B S 2506 - 1/2007). Dies gilt für Ehepaare, für eingetragene Lebenspartner sowie für unverheiratete Paare.

Bei Handwerker- und haushaltsnahen Dienstleistungen sind nur Renovierungs-, Erhaltungs- und Modernisierungsarbeiten begünstigt. Doch durch geschicktes Timing können auch Leistungen für Arbeiten geltend gemacht werden, die eigentlich nicht in diese Kategorien fallen. Hintergrund ist ein Urteil des Bundesfinanzhofs (Urteil v. 13. 7. 2011, AZ: VI R 61/10). Der Kläger hatte sein Haus bezogen und erst danach den Garten erstmalig(!) anlegen lassen. Der BFH folgte seiner Argumentation, dass es sich um Leistungen für einen bereits bezogenen Haushalt handele.

Beispiel
Eine Baufirma stellt ein schlüsselfertiges Haus auf, ohne den Garten anzulegen und zu gestalten. Der Eigentümer bezieht das Haus und beauftragt erst danach eine Firma mit der erstmaligen Anlage des Gartens. In diesem Fall kann er Handwerkerleistungen für eine Steueranrechnung geltend machen. Allerdings

wird das Finanzamt von ihm Nachweise verlangen, dass das Haus tatsächlich schon bezogen ist (zum Beispiel Umzugs-, Strom-, Telefonrechung für den erstmaligen Anschluss).

Unter Umständen kann die Steueranrechnung auch für andere Maßnahmen gelten (bis zur Drucklegung des Buchs nicht geklärt):

– Anbau eines Wintergartens
– Einbau einer Infrarotheizung oder Ähnlichem
– Einbau einer kleinen Solaranlage (nur für die eigene Nutzung)
– Ausbau des Dachgeschosses
– Schaffung eines echten Gästezimmers, indem das bisher offen zugängliche Zimmer im Obergeschoss durch Einbau einer Tür und einer Trennwand zu einer abschließbaren Einheit wird
– Einbau eines Arbeitszimmers, Hobby- oder Partyraums im Kellergeschoss
– Einbau einer Sauna
– Vergrößerung eines Zimmers durch Einbau einer Dachgaube

Gebäude in Sanierungsgebieten und Baudenkmale

Aufwendungen, die durch Sanierungsmaßnahmen an Gebäuden in förmlich festgelegten Sanierungsgebieten und städtebaulichen Entwicklungsbereichen entstanden sind sowie an selbst genutzten oder unentgeltlich überlassenen Baudenkmalen, werden steuerlich besonders gefördert. Die entsprechenden Gesetzestexte finden sich unter § 10f EStG.

Gebäude in Sanierungsgebieten

Bei Immobilien in Sanierungs- und Entwicklungsgebieten geht es um Modernisierungs- und Instandsetzungsmaßnahmen im Sinne von § 177 Baugesetzbuch, welche die Gemeinde anordnet, um bestimmte im Gesetz definierte Missstände zu beseitigen beziehungsweise Mängel zu beheben. Als Eigentümer einer Immobilie ist man gegenüber der Gemeinde verpflichtet, diese Maßnahmen durchzuführen.

Missstände liegen insbesondere dann vor, wenn die bauliche Anlage nicht den allgemeinen Anforderungen an gesunde Wohn- und Arbeitsverhältnisse entspricht. Bei Mängeln durch Abnutzung, Alterung, Witterungseinflüsse oder Einwirkungen Dritter kommt es auf die Beeinträchtigung der bestimmungsgemäßen Nutzung der baulichen Anlage an. Außerdem werden Maßnahmen gefördert, die der Erhaltung, Erneuerung und funktionsgerechten Verwendung eines Gebäudes dienen, das wegen seiner geschichtlichen, künstlerischen oder städtebaulichen Bedeutung erhalten bleiben soll.

Voraussetzung für die steuerliche Förderung ist, dass der Eigentümer die Aufwendungen wirtschaftlich selbst getragen hat. Öffentliche Zuschüsse aus Sanierungs- oder Entwicklungsförderungsmitteln können nicht beantragt, müssen also abgezogen werden. Außerdem muss die Gemeinde bescheinigen, dass die entsprechende Baumaßnahme auch tatsächlich durchgeführt wurde, und die Höhe der Kosten bestätigen.

Auch bei Baudenkmalen werden alle Maßnahmen gefördert, die dazu dienen, die schützenswerte Bausubstanz auf Dauer zu erhalten. Um in den Genuss der Steuervergünstigungen zu kommen, muss man sich für alle Maßnahmen mit den Behörden abgestimmt haben. Bei den Baudenkmalen wird ein förmliches Bescheinigungsverfahren vorgeschrieben, Ansprechpartner dafür ist die für Denkmalschutz und Denkmalpflege zuständige Behörde.

Auch die vom Wohnhaus getrennten Nebengebäude wie der Abstellraum für Gartenmöbel, die nur mittelbar eigenen Wohnzwecken dienen, sind steuerbegünstigt.

Wer den Behörden-Hindernislauf – ob für Immobilien in Sanierungsgebieten oder für Baudenkmale – hinter sich hat, kann zehn Jahre lang jeweils 9 Prozent der Aufwendungen für die Baumaßnahmen von der Steuer absetzen, beginnend mit dem Kalenderjahr, in dem die Baumaßnahmen abgeschlossen sind.

Baudenkmal

WISO Tipp

Eine steuerliche Vergünstigung dieser Art erhalten Sie nur für ein Gebäude; wenn Sie allerdings verheiratet und zusammen veranlagt sind auch für zwei.

Steuerliche Förderung bei selbst genutzten Immobilien seit 1.1.2006

§ 10f EStG	
Geförderte Objekte	Baudenkmal oder Gebäude im Sanierungs-/Entwicklungsgebiet, Selbstnutzer, unentgeltliche Überlassung
Geförderte Person	Bauherr, Erwerber
Einkunftsgrenze	Keine
Objektbeschränkung	Einmal beziehungsweise zweimal bei Ehegatten
Bemessungsgrundlage	Aufwendungen für Baumaßnahmen, außerdem Erhaltungsaufwand
Beginn der Förderung	Fertigstellung beziehungsweise Abschluss der Bauarbeiten
Höchstbetrag	Keiner, aber Kürzung um Zuschüsse aus öffentlichen Mitteln
Abzugssätze	10 x 9 Prozent

Außergewöhnliche Belastung

Unter außergewöhnlicher Belastung versteht der Gesetzgeber, dass dem Steuerpflichtigen zwangsläufig größere Aufwendungen als der überwiegenden Mehrzahl der Steuerpflichtigen gleicher Einkommens- beziehungsweise gleicher Vermögensverhältnisse und gleichen Familienstands entstanden sind. Um Härten zu vermeiden, wird der Teil der Aufwendungen, der die zumutbare Belastung übersteigt, vom Gesamtbetrag der Einkünfte abgezogen. Dies geschieht auf Antrag bei der Einkommensteuererklärung. Dabei sind mehrere knifflige Dinge zu klären:

– Welche Aufwendungen sind zwangsläufig, also wann kann man sich ihnen aus rechtlichen, tatsächlichen oder sittlichen Gründen nicht entziehen?
– Wann sind die Aufwendungen den Umständen nach notwendig?
– Wann sind Belastungen zumutbar?
– Wie hoch ist der angemessene Betrag, den der Steuerpflichtige selbst zu tragen hat?

Umweltbelastung Solche außergewöhnlichen Belastungen können auch im Zusammenhang mit Immobilieneigentum entstehen. So können Hauseigentümer zum Beispiel Aufwendungen wegen einer Umweltbelastung ihrer Immobilie (nach Abzug des zumutbaren Eigenanteils) als außergewöhnliche Belastung steuerlich geltend machen. Voraussetzung ist, dass diese Aufwendungen einen Gegenstand des existenznotwendigen Bedarfs betreffen, zudem eine konkrete Gesundheitsgefährdung besteht und wenn vor Beginn der Maßnahme ein amtsärztliches Gutachten eingeholt wurde (BFH-Urteil v. 20. 12. 2007, AZ: III R 56/04). Ein Abzug ist allerdings nur für eine angemessene Grundstücksgröße zulässig. Der BFH machte dazu keine genauen Quadratmeter-Angaben, nahm aber Bezug auf das Sozialgesetzbuch. Danach muss bei der Sozialhilfe ein selbst bewohntes »angemessenes« Hausgrundstück nicht verwertet werden. Grundstücke bis 800 qm dürften daher ohne Weiteres steuerlich noch als »angemessen« durchgehen.

Auch Aufwendungen für die Beseitigung von Hausschwamm können als außergewöhnliche Belastungen abgezogen werden. Das hat das Finanzgericht Niedersachsen entschieden (Urteil v. 17.8.2010, AZ: 12 K 10270/09). Das Urteil ist allerdings noch nicht rechtskräftig.

Mängelbeseitigung Sollte es aber nur um eine Mängelbeseitigung an der Immobilie gehen, können die Kosten dafür nicht als außergewöhnliche Belastung abgesetzt werden (BFH-Urteil v. 11. 2. 2009, AZ: IV B140/08). Dies ist nur möglich für

Kosten, die »zwangsläufig«, also unvermeidlich sind, entschied der Bundesfinanzhof in einem weiteren Fall (Urteil v. 19.6.2006, AZ: III B 37/05). So können auch Kosten für den Bau einer Hangmauer, die wegen eines Hangrutsches erforderlich wurde, als außergewöhnliche Belastung geltend gemacht werden. So ein Urteil des Finanzgerichts Rheinland-Pfalz (Urteil v. 19.10.2005, AZ: 1 K 2507/04), das in den Baumaßnahmen eine Schadensbeseitigung sah, ohne die das Gebäude nicht weiter benutzbar war.

Wird einem Immobilieneigentümer aufgrund von Baumängeln untersagt, in seinem Eigentum zu wohnen, kann er die für eine Ersatzwohnung gezahlte Kaltmiete als außergewöhnliche Belastung geltend machen (BFH-Urteil v. 21.4.2010, AZ: VI R 62/08). Das zuständige Bauordnungsamt hatte in dem Fall eine Einsturzgefahr aufgrund von Baumängeln festgestellt und den Besitzern der Eigentumswohnung untersagt, das Gebäude zu betreten. Ein Schadensersatzanspruch gegen die Verkäuferin der Wohnung war erfolglos geblieben. Ersatzwohnung

Behinderungsbedingte Baumaßnahmen sind ebenfalls nach einer Entscheidung des Bundesfinanzhofs grundsätzlich als außergewöhnliche Belastungen abziehbar (Urteil v. 24.2.2011, AZ: VI R 16/10). Dafür gelten folgende Voraussetzungen: Behinderungsbedingte Baumaßnahmen

– Die Umbaumaßnahmen müssen ausschließlich behinderungs- oder krankheitsbedingte Gründe haben.
– Die Aufwendungen sind sofort abzugsfähig. Die Möglichkeit der Verteilung auf mehrere Kalenderjahre ist ausgeschlossen.

Wohnraumförderungsgesetz

Es ist immer einen Versuch wert, sich ein (zusätzliches) Darlehen vom Staat zu besorgen. Denn neben dem zinslosen Familiendarlehen ist das die günstigste Art, Immobilieneigentum zu finanzieren. Staatliche Darlehen werden mit äußerst günstigen Konditionen geboten, teilweise sogar als Zuschüsse, die man nicht zurückzahlen muss. Außerdem übernehmen Bund und Länder Bürgschaften. Und auch die Gemeinden sind in diese Förderung eingebunden, indem sie verbilligtes Bauland zur Verfügung stellen, und zwar so, dass sie ihre »Wohnraumversorgungskonzepte« zugrunde legen.

Geregelt wird dies durch das Wohnraumförderungsgesetz, kurz WoFG. Wie die Förderprogramme und die entsprechenden Richtlinien im Einzelnen ausgestaltet werden, bleibt jedem Bundesland überlassen. Was und ob man letztlich Geld bekommt, hängt also davon ab, wo die Immobilie gebaut oder gekauft wird. Über einzelne Maßnahmen muss man sich bei den zuständigen Behörden informieren.

Förderpauschale

Gesamteinkommen

Mit dem WoFG will man gezielt Wohnungen für Haushalte mit niedrigem Einkommen oder von kinderreichen Familien und Alleinerziehenden fördern. Auch der vorhandene Wohnungsbestand wird dabei berücksichtigt: Für kinderreiche Familien und andere Haushalte mit Kindern sowie für Behinderte soll der Erwerb von gebrauchtem Wohneigentum gestärkt werden. Darüber hinaus werden auch diejenigen begünstigt, die über Erbbaupacht ein Grundstück erworben haben.

Festgelegt sind die Förderbedingungen, unter denen dem Begünstigten Gelder zufließen sollen. Eine lautet zum Beispiel, dass man besonders kostensparend bauen soll. Entsprechend wird die Förderung auf einen bestimmten Betrag durch eine Pauschale begrenzt. Nicht notwendige oder übermäßige Aufwendungen des Bauherrn sollen damit unberücksichtigt bleiben. Die Höhe der Förderpauschale kann von Bundesland zu Bundesland verschieden sein. Außerdem werden Kostenobergrenzen bestimmt, deren Überschreiten die Förderung ausschließt.

Besonders bevorzugt werden Familien und andere Haushalte mit zwei und mehr Kindern sowie Haushalte, bei denen wegen einer Behinderung eines Haushaltsangehörigen oder aus sonstigen Gründen ein besonderer baulicher Bedarf besteht. Auch wer seine Immobilie in Selbsthilfe, also in Eigenleistungen erstellt, kann bevorzugt behandelt werden.

Eine Förderzusage gewährt die zuständige Stelle auf schriftlichen Antrag. In dieser Förderzusage wird vieles geregelt, zum Beispiel die Art und Höhe der Förderung, wie lange man die Förderbeträge erhält, wie die Verzinsung und Tilgung aussieht oder was passiert, wenn man die Immobilie verkauft.

Damit der Bauherr oder der Erwerber selbst genutzten Eigentums angemessen gefördert wird, soll die Förderung berücksichtigen, wie sich sein Einkommen entwickelt. Das macht unter Umständen eine jährliche Überprüfung der Einkünfte notwendig.

Ob man überhaupt zum Kreis der Begünstigten zählt, hängt vom Gesamteinkommen ab. Das ist die Summe der Jahreseinkommen der Haushaltsangehörigen abzüglich bestimmter Frei- und Abzugsbeträge. Es wird geprüft, wie hoch das Einkommen im Kalenderjahr vor der Antragstellung ist. Daraus leitet die Antragsbehörde dann ab, mit welchen Einkünften man in den nächsten zwölf Monaten rechnen kann, wobei zu erwartende Änderungen im laufenden Jahr mit berücksichtigt werden müssen.

Um das Jahreseinkommen zu ermitteln, werden von jedem Haushaltsangehörigen, zum Beispiel auch von Großeltern und Kindern, jeweils die positiven Bruttoeinkünfte addiert. Dazu zählen Zins- und Kapitalerträge, ohne Berücksichtigung des Sparerfreibetrags, oder auch steuerfreie Lohnzuschläge. Von dem somit ermittelten Jahresbruttoeinkommen werden dann pauschal 30 Prozent abgezogen:

- 10 Prozent für Steuern
- 10 Prozent für die gesetzliche Krankenversicherung
- 10 Prozent für die gesetzliche Rentenversicherung

Zahlt man keine Steuern oder Beiträge an die Sozialversicherungen, werden pauschal jeweils höchstens bis zu 10 Prozent abgezogen.

Weitere Frei- und Abzugsbeträge werden angerechnet: für im Haushalt lebende Schwerbehinderte (je nach Behindertengrad 2100 Euro oder 4500 Euro), bei Alleinerziehenden für jedes kindergeldberechtigte Kind unter zwölf Jahren (600 Euro), für Kinder mit eigenem Einkommen zwischen 16 und 24 Jahren (bis zu 600 Euro) und für Unterhaltspflichtige. Dabei wird entweder der volle Betrag akzeptiert oder bestimmte Pauschalsätze von bis zu 3000 Euro beziehungsweise 6000 Euro (speziell für geschiedene oder dauernd getrennt lebende Ehegatten). Außerdem werden Unterhaltspflichten für eine sonstige, nicht zum Haushalt zählende Person bis zu 3000 Euro angerechnet. Ein besonderes Bonbon gibt es für junge Ehepaare, die noch keine fünf Jahre verheiratet sind und die beide noch nicht das 40. Lebensjahr vollendet haben. Sie bekommen einen Extra-Freibetrag von 4000 Euro.

Frei- und Abzugsbeträge

Das damit ermittelte Gesamteinkommen darf folgende Einkommensgrenzen nicht überschreiten:

- bei einem Einpersonenhaushalt 12 000 Euro
- bei einem Zweipersonenhaushalt 18 000 Euro
- für jede weitere zum Haushalt zählende Person 4100 Euro
- für jedes Kind, das zum Haushalt zählt, weitere 500 Euro

Haushaltsangehörige sind der Antragsteller selbst, der Ehegatte, der Lebenspartner und der Partner einer sonstigen auf Dauer angelegten Lebensgemeinschaft sowie die Verwandten ersten und zweiten Grades, aber auch Pflegekinder und Pflegeeltern.

Haushaltsangehörige

Wer über der Einkommensgrenze liegt, kann sich zum Beispiel überlegen, die Großeltern mit in das Haus einziehen zu lassen. Dadurch vergrö-

WISO Tipp

In einigen Bundesländern
wird man durchaus kulant
sein und akzeptiert, dass Sie
über der Einkommensgrenze
liegen. Sie sollten sich also
genau informieren!

ßert sich die Zahl der im Haushalt lebenden Personen und damit auch die entsprechende Einkommensgrenze, die der Förderung zugrunde gelegt wird.

Die Bundesländer werden aber durch das Gesetz ausdrücklich ermächtigt, von diesen Einkommensgrenzen abzuweichen, zum Beispiel wenn es die örtlichen Bedingungen bei der Förderung von selbst genutztem Wohneigentum als notwendig erscheinen lassen.

Kommunale Förderung

Einige Kommunen haben ihre eigenen Förderprogramme aufgelegt. Diese Zuwendungen gibt es unabhängig von anderen öffentlichen Mitteln. Ist eine Gemeinde oder Stadt im Bund-Länder-Programm zur Städtebauförderung aufgenommen worden, gibt es außerdem über dieses Programm Geld von der Kommune. Die Immobilie, die man kaufen will, muss aber in einem Sanierungsgebiet liegen, denn nur dann bekommt man zusätzliche Mittel aus dem Topf der Städtebauförderung. Hier gilt: Im Rathaus nachfragen!

Förderprogramme der Kreditanstalt für Wiederaufbau

Förderprogramme für Wohneigentum

Die staatseigene Bank KfW, die Kreditanstalt für Wiederaufbau, bietet bundesweit Förderprogramme für Wohneigentum an. Anspruchsberechtigt ist jeder, der privat eine Wohnimmobilie selbst nutzt, egal, ob er sie baut oder erwirbt. Von den Gesamtkosten werden derzeit bis zu 100 Prozent bezuschusst, maximal aber 50 000 Euro für den Bau oder Kauf von Immobilien. Das Darlehen läuft bis zu 35 Jahre, in der ersten Zeit ist es tilgungsfrei, die (günstigen) Zinssätze werden aber laufend an die auf dem Markt verlangten Zinsen angepasst. In den meisten Bundesländern kann man ein KfW-Darlehen zusätzlich zu anderen öffentlichen Darlehen bekommen.

Programm zur Reduzierung des Energieverbrauchs

Außerdem bietet die KfW ganz unterschiedliche Programme an, die der Reduzierung des Energieverbrauchs bei Gebäuden dienen. Ein weiteres Programm zielt auf die CO_2-Minderung ab. Dabei wird im gesamten Bundesgebiet der Bau von Niedrigenergiehäusern gefördert, außerdem weitere Energiesparmaßnahmen wie eine Wärmedämmung oder ein Brennwertkessel.

Für ein Gebäudesanierungsprogramm können statt zinsverbilligte Darle-

hen wahlweise auch Investitionszuschüsse in Anspruch genommen werden. Antragsberechtigt sind Eigentümer von selbst genutzten oder vermieteten Ein- und Zweifamilienhäusern und Eigentumswohnungen.
Dabei werden nach Maßgabe der Energieverordnung zum Beispiel
20 Prozent der Investitionskosten, höchstens aber 15 000 Euro, pro Wohnung bezuschusst, wenn die Sanierung eines Altbaus Neubauniveau erreicht. Bei kleineren Maßnahmenpaketen beträgt der Zuschuss zum Beispiel nur 7,5 Prozent beziehungsweise maximal 3750 Euro.

Gebäudesanierungs-
programm

Daneben bietet die Kreditanstalt auch für Anlagen zur Strom-
und Wärmeerzeugung Darlehen an, die niedrig verzinst sind
und deren Tilgung in den ersten Jahren ausgesetzt werden
kann. Gefördert wird hier, wer sich zum Beispiel eine Photovol-
taik-Anlage errichten lässt und den Strom nicht selbst verbraucht
– allerdings nicht Eigenbauanlagen, Prototypen oder gebrauch-
te Anlagen.
Auch für den altersgerechten Umbau einer Immobilie gibt es
einen Zuschuss. Gefördert werden alle Maßnahmen, die das
Wohnen im Alter erleichtern, vom Einbau eines Treppenlifts über Rampen
für Rollstuhlfahrer bis zur Umgestaltung des Bades. Auch der Kauf gerade
erst umgebauter Wohngebäude wird gefördert. Der maximale Kreditbetrag mit günstigen Zinskonditionen beträgt 50 000 Euro pro Wohneinheit.

WISO Tipp

Den Antrag für ein Darle-
hen von der KfW können Sie
nur über ein Kreditinstitut stellen. Aktuelle Informationen zu
KfW-Darlehen finden Sie im
Internet unter www.kfw.de.

Zuschussprogramm Rückbau/Aufwertung

Erklärtes Ziel dieses Programms ist es, die städtischen Wohnungsmärkte
in den neuen Bundesländern (Stadtumbau Ost) und in westdeutschen
Kommunen (Stadtumbau West) durch den Rückbau leer stehender, dauerhaft nicht mehr benötigter Wohngebäude zu stabilisieren. Außerdem
sollen Investitionen gefördert werden, die der Aufwertung von Stadtvier-
teln dienen, die von Rückbaumaßnahmen betroffen sind. Darunter wird
unter anderem – und das ist für private Immobilieneigentümer interessant
– auch die Aufwertung des vorhandenen Gebäudebestandes verstanden.
Wegen der Unterscheidung von Rückbau und Aufwertung dürfen die Mittel zur Aufwertung nicht genutzt werden, Wohnungen zum unmittelbaren
Rückbau frei zu machen.
Förderungsfähig sind nur Baumaßnahmen in Fördergebieten, die durch
Stadtumbaumaßnahmen nach § 171 BauGB oder mit Sanierungsgebieten nach § 142 BauGB sowie Erhaltungsgebieten nach § 172 BauGB festgelegt sind. Das Fördergebiet ist durch Beschluss der Gemeinde räum-

lich abzugrenzen. Wurde eine Stadt oder eine Gemeinde in das Förderprogramm aufgenommen, können Wohnungseigentümer dort einen Zuschuss beantragen. Auf die Förderung besteht kein Rechtsanspruch.

Rückbau Beim Zuschuss für den Rückbau legt jedes Bundesland für sich einen Pauschalbetrag pro Quadratmeter rückgebauter Wohnfläche fest. Der Zuschuss wird nur gewährt, wenn der Grundstückseigentümer auf mögliche Entschädigungsansprüche verzichtet, die durch Planungsschäden entstehen. Leistungen an Eigentümer, die den Wert rückgebauter Gebäude oder Gebäudeteile ausgleichen sollen, werden nicht gefördert.

Aufwertung Bei der Aufwertung wird ein Zuschuss zu den unrentierlichen Kosten geleistet. Darunter werden alle Kosten verstanden, die nicht durch sanierungsbedingte Einnahmen oder auf sonstige Weise gedeckt werden. Über die Höhe des Zuschusses entscheidet die jeweilige Gemeinde. Darüber und über weitere Details geben Förderrichtlinien Auskunft, die jedes Bundesland für sich festlegt.

Lastenzuschuss

Von den bisher aufgezählten Zuwendungen des Staates unterscheidet sich der sogenannte Lastenzuschuss in wesentlichen Aspekten. Erstens ist er bundesweit einheitlich geregelt. Und zweitens ist er nicht davon abhängig, wo und welche Immobilie man bauen oder kaufen möchte, sondern richtet sich allein nach den persönlichen Lebensverhältnissen. Im Fachdeutsch heißt das »Subjektförderung«, während alle anderen öffentlichen Mittel sich aus der »Objektförderung« ergeben.

WISO Tipp

Auf diesen Lastenzuschuss haben Sie als Eigentümer einer selbst genutzten Immobilie sogar einen Rechtsanspruch, und zwar dann, wenn Ihr Einkommen bestimmte Grenzen unterschreitet.

Wer die monatliche Belastung trotz der gewährten öffentlichen Zuwendungen nicht mehr tragen kann, kann zum Wohngeldamt gehen und dort einen Lastenzuschuss beantragen.

Die Höhe des Lastenzuschusses hängt davon ab, wie hoch das Familieneinkommen ist, was man an monatlicher Belastung hat und wie groß die Familie ist. Und so ganz ohne Berücksichtigung der Immobilie gibt es den Lastenzuschuss dann doch nicht: Denn zum Beispiel auch die Ausstattung einer Immobilie beeinflusst die Höhe dieser staatlichen Zuwendung.

Monatliche Belastung Das Familieneinkommen ergibt sich aus allen Einnahmen, die eine Familie erzielt, egal, ob Arbeitslohn oder staatliche Unterstützung wie Arbeitslosengeld oder Rente. Und die monatliche Belastung errechnet sich aus den Aufwendungen für Zins- und Tilgungsleistungen, für Bausparbeiträge und Versicherungsprämien, die durch den Kauf oder Bau einer Immobilie, aber auch durch seine Modernisierung und Instandsetzung entstanden sind. Bewirtschaftungskosten werden ebenfalls berücksichtigt. Dazu zählen unter bestimmten Bedingungen auch Verwaltungskosten und die Grundsteuer.

Adressenliste

Es führt kein Weg daran vorbei: Wer erfahren will, ob und in welcher Höhe er öffentliche Zuwendungen in Anspruch nehmen kann, muss selbst aktiv werden. Denn jedes Bundesland hat, wie bereits erwähnt, mehrere Förderprogramme parallel laufen. Und dazu kommen noch die Mittel von Städten und Gemeinden. Erste Ansprechpartner sind die Landesbehörden beziehungsweise die Kreditanstalten der Bundesländer selbst oder die mit dieser Aufgabe betrauten Verwaltungen der Kommunen. Die folgende Adressenliste zeigt die entsprechenden Ansprechpartner:

Baden-Württemberg
Landeskreditbank Baden-Württemberg (76113 Karlsruhe oder Postfach 10 29 43, 70025 Stuttgart) — www.l-bank.de

Bayern
Landratsämter und Verwaltungen der kreisfreien Städte — www.labo-bayern.de

Berlin
Investitionsbank Berlin (Bundesallee 210, 10719 Berlin, Telefon 030/21 25-0) — www.investitionsbank.de

Brandenburg
Investitionsbank Brandenburg (Steinstr. 104–106, 14480 Potsdam, Telefon 03 31/6 60-0) — www.ilb.de

Bremen
Amt für Wohnungs- und Städtebauförderung (Breitenweg 24–26, 28195 Bremen, Telefon 04 21/3 61-23 57) — www.bremen.de

Hamburg
Hamburgische Wohnungsbaukreditanstalt (Besenbinderhof 31, 20097 Hamburg, Telefon 0 40/2 48 46-0) — www.wk-hamburg.de

Hessen
Landestreuhandstelle Hessen (60297 Frankfurt/Main, Telefon 069/91 32 01) — www.lth.de

Mecklenburg-Vorpommern
Landesförderungsinstitut Mecklenburg-Vorpommern (Werkstr. 213, 19061 Schwerin, Telefon 0385/63 63-0) — www.lfi-mv.de

Niedersachsen

www.nbank.de Investitions- und Förderbank Niedersachsen NBank (Günther-Wagner-Allee 12–16, 30177 Hannover, Telefon 0511/30031-0)

Nordrhein-Westfalen

www.mbw.nrw.de Ministerium für Bauen und Verkehr (Jürgensplatz 1, 40219 Düsseldorf, Telefon 0211/3843-0)

Rheinland-Pfalz

www.fm.rlp.de Stadt- und Gemeindeverwaltungen; Ministerium der Finanzen (Kaiser-Friedrich-Str. 5, 55116 Mainz, Telefon 06131/164207)

Saarland

www.finanzen.saarland.de Ministerium für Finanzen und Bundesangelegenheiten, Ref. Wohnungsbauförderung (Am Tummelplatz 7, 66117 Saarbrücken, Telefon 0681/501-00)

Sachsen

www.sab.sachsen.de Kreisverwaltungen; Sächsische Aufbaubank (Pirnaische Straße 9, 01069 Dresden, Telefon 0351/49100)

Sachsen-Anhalt

www.ib.sachsen-anhalt.de Wohnungsbau-Förderungsstellen der Landkreise und Städte; Investitionsbank Sachsen-Anhalt (Domplatz 12, 39104 Magdeburg, Telefon 0391/5891745)

Schleswig-Holstein

www.ibank-sh.de Investitionsbank Schleswig-Holstein (Fleethörn 29–31, 24103 Kiel, Telefon 0431/99050)

Thüringen

www.aufbaubank.de Thüringer Aufbaubank (Postfach 900244, 99105 Erfurt, Telefon 0361/74470)

Wohn-Riester

Der Staat unterstützt mit der »Riester-Rente« die private Altersvorsorge mit Zulagen. Fonds, Bankssparpläne und Lebensversicherungen sind die klassischen Riester-Produkte. Aber auch Häuslebauer können die Förderung für die Tilgung ihres Immobilienkredits beantragen. Voraussetzung ist, dass sie ein Haus oder eine Wohnung nach 2007 gekauft haben und die Immobilie selbst nutzen, in Deutschland, aber auch in den meisten europäischen Ländern (nicht Türkei und die Schweiz). Gefördert wird zudem der Kauf von Anteilen an Wohnungsbaugenossenschaften.

Beim Wohn-Riester gibt es unterschiedliche Wege, die Förderung zu nutzen. Die erste Variante: Das bereits vorhandene Riester-Vermögen lässt sich als Eigenkapital beim Erwerb eines Hauses oder einer Wohnung Riester-Vermögen als Eigenkapital verwenden. Außerdem dürfen die künftigen Riester-Sparbeiträge und die Förderbeträge zur Tilgung des Darlehens verwendet werden. Anders als bei der Riester-Rente muss man bei Wohn-Riester das für die Immobilie entnommene Sparguthaben zum Rentenbeginn nicht wieder in den Vertrag einzahlen. Allerdings muss das Darlehen bis zum 68. Lebensjahr zurückgezahlt werden.

Wer noch keinen Riester-Vertrag hat, kann einen speziellen Darlehensvertrag abschließen – Variante zwei. Die laufenden Sparbeiträge und die Riester-Darlehensvertrag staatlichen Zulagen werden dann für die Darlehenstilgung verwendet.

Die dritte Variante bieten die Bausparkassen an. Für Sparbeiträge spezi- Riester-Bausparvertrag eller Bausparverträge werden die Riester-Zulage und zusätzlich eine Steuerermäßigung gewährt. Kommt es beim Bausparvertrag zur Darlehensphase, gelten auch die Tilgungsleistungen für dieses Darlehen als Altersvorsorgebeiträge. Außerdem bieten Bausparkassen sogenannte Kombikredite an. Sie bestehen aus einem Bausparvertrag und einem tilgungsfreien Darlehen, mit dem die Bausparkasse die vereinbarte Bausparsumme bis zur Zuteilung vorfinanziert.

Die staatliche Förderung beim Wohn-Riester ist dieselbe wie bei anderen Förderbeträge Riester-Verträgen. Das sind im Jahr für jeden Erwachsenen 154 Euro, für jedes Kind 185 Euro und 300 Euro für jedes Kind, das nach dem 1. Januar 2008 geboren ist. Um die volle Förderung zu erhalten, muss der Sparer mindestens 4 Prozent seines Bruttojahreseinkommens in den Vertrag stecken (inklusive Zulage), maximal 2100 Euro pro Jahr. Wer als Single zum Beispiel ein Einkommen von 30 000 Euro hat, muss jährlich 1200 Euro einzahlen, um die Maximalförderung zu erhalten, er selbst davon 1046 Euro, der Rest von 154 Euro kommt als Zulage vom Staat. Kann er nur weniger als 4 Prozent ansparen, verringern sich die Zulagen entsprechend. Die geförderten Einzahlungen sind bis zu einer Höhe von jährlich 2100 Euro von der Steuer absetzbar.

Wer sein mit Wohn-Riester finanziertes Eigenheim zum Beispiel wegen eines Jobwechsels verkaufen muss, von dem verlangt der Staat die bis dahin geflossene Förderung zurück. Immerhin: Bei Arbeitslosigkeit darf der Vertrag »ruhen«. Der Gesetzgeber verzichtet dann auf die Erstattung der Riester-Förderung.

Riester-Verträge werden nachgelagert besteuert. Das heißt, die Steuer fällt Nachgelagerte Besteuerung erst im Rentenalter an, also zwischen dem 60. und 67. Lebensjahr. Der Vorteil: Der persönliche Steuersatz ist im Ruhestand meist geringer als während der Lebensarbeitszeit. Die Besteuerung beim Wohn-Riester ist allerdings etwas knifflig. Da das Geld in den Hausbau geflossen ist, fallen ja keine echten Geldbeträge an. Deshalb wird das so genannte Wohnförderkonto gebildet. Dort werden für das Finanzamt alle Zulagen sowie geförderten Tilgungsraten vermerkt. Außerdem wird der Betrag auf dem Konto bis zur Rente mit jährlich zwei Prozent (fiktiv) verzinst.

WISO Tipp

Stirbt der Immobilieneigentümer vor dem 85. Lebens-
jahr, ist seine Steuerschuld
keineswegs erloschen! Zu-
rückzahlen müssen dann die
Erben – allerdings zum Steuersatz des Verstorbenen.

Von Rentenbeginn an bis zum 85. Lebensjahr wird die aufgelaufene Fördersumme (inklusive Zinsen) mit dem persönlichen Steuersatz versteuert. Man hat allerdings auch die Möglichkeit, seine Steuerschuld zu Beginn des Ruhestands in einem Einmalbetrag abzugelten. Vorteil: Der Fiskus gewährt einen Abschlag von 30 Prozent. Falls ein Eigentümer sich vor dem 85. Lebensjahr von seiner Immobilie trennen will, muss er das Wohnförderkonto tilgen. Entweder zahlt er innerhalb eines Jahres die Fördersumme in eine Riester-Rente ein oder er investiert innerhalb von vier Jahren wieder in eine selbst genutzte Immobilie. Und noch eine Alternative: Er verwendet das Kapital für eine Genossenschaftswohnung oder ein Dauerwohnrecht in einem Seniorenheim.

Die Frage für alle Interessierten lautet nun: Lohnt sich der Wohn-Riester überhaupt? Allen drei bestehenden Finanzierungsvarianten unterliegt der Gedanke, dass ein Darlehen für die Immobilie mithilfe der staatlichen Zuschüsse schneller getilgt wird als ohne die Förderung. Je nach Einkommen und Alter, je nach Höhe des Darlehens, je nach Familienstand, also ob Single oder verheiratet, ob mit oder ohne Kinder, können dabei Finanzierungsvorteile von bis zu 50 000 Euro und mehr herauskommen – können, müssen aber nicht. Praktisch ist jeder Wohn-Riester-Vertrag ein Fall für sich. Doch um wenigstens grundsätzlich Vor- und Nachteile dieser Konstruktion auszuloten, hier zunächst ein möglicher Verlauf nach Abschluss eines solchen Vertrags.

Beispiel

Arbeitnehmer, 30 Jahre, Bruttoeinkommen 35 000 Euro, schließt einen Wohn-Riester-Bausparvertrag über 37 000 Euro ab. Er zahlt 4 Prozent (= 1400 Euro) seines Bruttogehalts pro Jahr ein, abzüglich der Zulage von 154 Euro monatlich umgerechnet also 103,83 Euro (1400 Euro minus 154 Euro geteilt durch 12). Neben dieser Zulage bringt ihm der Vertrag eine Steuerersparnis von etwa 350 Euro, die er wieder anlegt. Nach knapp 13 Jahren kann er die Bausparsumme von 37 000 Euro in die Finanzierung einer selbst genutzten Wohnung einbringen.

Anschließend erfolgt in knapp elf Jahren die Rückzahlung des Bauspardarlehens mit monatlich etwa 150 Euro. In der Rate sind Zins und Tilgung enthalten, die

Zulage gibt es jedoch nur auf den Tilgungsbeitrag (der 4 Prozent des Bruttoeinkommens betragen muss, um die volle Zulage zu bekommen). Am Ende der Tilgung ist der Wohneigentümer 53 Jahre alt. Auf seinem Wohnförderkonto werden alle aufgelaufenen Förderbeiträge weiter (mit 2 Prozent) verzinst. Mit 60 geht er in Rente, auf seinem Wohnförderkonto hat sich bis dahin ein (fiktives) Guthaben von rund 50 000 Euro angesammelt. Bis zum 85. Lebensjahr hat er (auf 25 Jahre verteilt) etwa 2000 Euro jährlich zu versteuern, macht bei einem Steuersatz von 25 Prozent eine jährliche Belastung von circa 500 Euro.

Was zeigt dieses Beispiel? Erstens: Je jünger man beim Abschluss eines solchen Vertrags ist, umso mehr kann man von den staatlichen Zulagen und den Steuervorteilen profitieren. Doch umso eher gilt: Wer einen Wohn-Riester-Vertrag abschließt, bindet sich jahrelang daran, unter Umständen ein Leben lang (in unserem Beispiel 55 Jahre!), will er voll in den Genuss der Zulagen kommen. Zweitens: Das Finanzierungsmodell funktioniert nur, wer während seines Berufslebens zwischendurch nicht arbeitslos geworden ist oder auch nur eine Zeit lang weniger verdient hat. Dritter wichtiger Punkt: Alle geförderten Beträge müssen spätestens mit Rentenbeginn versteuert werden. In der Beispielrechnung ist das Darlehen früher abbezahlt (also noch vor Rentenbeginn) als ohne Riester. Damit kann rechtzeitig Geld angelegt werden, um die anfallenden Steuern zu zahlen. Viele Ruheständler bekommen Schwierigkeiten, von ihrer ohnehin kargen Rente auch noch Steuern zu zahlen.

Viertens: Die speziell für Riester zertifizierten Darlehen und Bausparverträge müssen mit den Zinsbedingungen »normaler« Darlehen so weit mithalten, dass ihre Laufzeit tatsächlich kürzer ist beziehungsweise dass staatliche Zulagen nicht durch höhere Zinsen beziehungsweise Gebühren aufgefressen werden. Dies ist häufig nicht der Fall. Gerade die Banken fordern wegen des Verwaltungsaufwands für das fiktive Wohngeldkonto höhere Zinsen als für einen »normalen« Kredit. Liegt der Zins für ein Wohn-Riester-Darlehen nur einen halben Prozentpunkt höher, ist der Vorteil der staatlichen Zulage futsch.

Die Angebote der Bausparkassen schnitten in der Vergangenheit oftmals besser ab und dabei besonders die bereits erwähnten Kombikredite (siehe oben). Der Grund: die vergleichsweise günstigen Zinsen. Doch sollte man sich gerade bei der Bauspar-Variante sicher sein, dass man später tatsächlich eine Immobilie erwerben möchte. Der Ansparzins ist wie bei »normalen« Bau-

WISO Tipp

Bevor Sie sich für ein Wohn-Riester-Darlehen entscheiden, vergleichen Sie zunächst Angebote verschiedener Kreditinstitute. Schauen Sie sich dabei auch die Konditionen »normaler« Darlehen an. Unter Umständen sind diese günstiger als die des Wohn-Riester-Darlehens mit Zulagen und Steuererleichterungen.

sparverträgen mager, dafür sichert man sich den günstigen Zins in der Darlehensphase. Wenn aber aus der Immobilie nichts wird, hat man in eine ziemlich miese Geldanlage investiert. Immerhin kann man in einem solchen Fall den Riester-Bausparvertrag in einen herkömmlichen Riester-Vertrag mit monatlicher Rentenzahlung umwandeln lassen.

Mit der Bauspar-Variante lassen sich mit einem Trick Teile der gesetzlichen Vorgaben umgehen: Man schließt einen Wohn-Riester-Bausparvertrag ab und kassiert die Förderung. Doch wenn das Bauspardarlehen fällig wird, ruft der Riester-Bausparer nur das zinsgünstige Bauspardarlehen ab und lässt das Guthaben samt staatlichen Zulagen stehen. Er zahlt dann weiter in einen Riester-Folgevertrag ein.

Das Geld bleibt im Topf bis zur Rente. Erst dann lässt sich der Bausparer seine Riester-Einzahlungen plus Zulagen als normale Riester-Rente auszahlen. Der Vorteil: Man ist nicht mehr daran gebunden, bis zum Alter von 85 Jahren im Eigenheim leben zu müssen.

Unterm Strich zeigen aber die aufgeführten Punkte: Wohn-Riestern ist mit vielen bürokratischen Hürden und Auflagen verbunden. Viele Unwägbarkeiten, die einem im Leben widerfahren – Arbeitslosigkeit, Scheidung, Jobwechsel, Umzug –, können den schönen Riester-Plan über den Haufen werfen.

Staatliche Förderung für Kapitalanleger

Wie wirkt sich Immobilieneigentum auf die Einkommensteuer aus? Sie belastet das Einkommen, das in einem Kalenderjahr erzielt wird. Unter anderem zählen Einkünfte aus Vermietung und Verpachtung dazu. Von den Einnahmen werden die Ausgaben abgezogen. Sind diese höher als die Einnahmen, sind Einkünfte negativ. Das sind dann Verluste.

Verlustausgleich

Im deutschen Steuerrecht können Verluste innerhalb einer Einkunftsart unbeschränkt ausgeglichen werden. Verluste aus einzelnen Einkunftsarten dürfen zudem mit positiven Einkünften anderer Einkunftsarten vor der endgültigen Besteuerung verrechnet werden. Schließlich dürfen Verluste – die im Entstehungsjahr nicht mit (positiven) Einkünften verrechnet werden können – in den vorangegangenen Veranlagungszeitraum zurückgetragen und in diesem mit (positiven) Einkünften ausgeglichen werden. Dies allerdings nur im Rahmen der gesetzlichen Verlustrücktragsgrenzen in Höhe von 511500 Euro für Alleinstehende und 1 023 000 Euro bei zusammen veranlagten Ehegatten.

Wer Verluste weder im aktuellen noch im vorhergehenden Veranlagungszeitraum mit Einnahmen ausgleichen konnte, kann sie in den kommenden Veranlagungszeitraum »mitnehmen«. Allerdings: Die Grenze für Verlustvorträge beträgt 1 000 000 Euro für Alleinstehende und 2 000 000 Euro bei zusammen veranlagten Ehegatten. Für Einkünfte, die darüber liegen, ist nur noch ein Verlustausgleich bis zu 60 Prozent möglich, 40 Prozent sind zu versteuern.

Etwas knifflig ist das Verrechnen von Gewinnen und Verlusten verschiedener Einkunftsarten. So können zum Beispiel Verluste aus einer Vermietung mit Gewinnen verrechnet werden, die durch Aktien- oder auch durch Immobilienverkäufe (beides sogenannte private Veräußerungsgeschäfte) entstanden sind.

Doch der umgekehrte Fall geht nicht: Verluste aus privaten Veräußerungsgeschäften lassen sich nicht mit Gewinnen aus der Vermietung ausgleichen. Immerhin können alternativ solche Veräußerungsverluste mit (positiven) Einkünften aus vorhergehenden oder nachfolgenden Veranlagungszeiträumen verrechnet werden (siehe oben).

Beispiel

Variante 1:

Ein Immobilieneigentümer hat durch die Vermietung seiner Wohnung einen Verlust von 20 000 Euro gemacht, gleichzeitig durch den Verkauf einer anderen Immobilie einen Gewinn von 30 000 Euro erzielt. Nach Verrechnung des Verlustes ist er bei seinen Einkünften aus Veräußerungsgewinnen nur noch für 10 000 Euro steuerpflichtig.

Variante 2:

Ein Immobilieneigentümer hat durch die Vermietung seiner Wohnung einen Gewinn von 20 000 Euro erwirtschaftet, gleichzeitig durch den Verkauf einer anderen Immobilie einen Verlust von 30 000 Euro erzielt. Diesen Verlust kann er bei seinen Vermietungseinkünften nicht geltend machen. Er hat aber im vergangenen Veranlagungszeitraum aus dem Verkauf einer weiteren Immobilie einen Gewinn von 10 000 Euro erwirtschaftet, den er dort mit dem Verlust verrechnen kann.

Mit dieser Regelung haben Immobilieneigentümer Gestaltungsmöglichkeiten, an die man sich aber nur zusammen mit einem gewieften Steuerfachmann heranwagen sollte.

Mehrere Miteigentümer einer Immobilie können sich darauf einigen, dass nur einer von ihnen Vermieter sein soll. Das kann beim Erwerb der Immobilie geschehen, aber auch wenn sich das Objekt schon im Eigentum befindet. Gewinne oder Verluste werden dann steuerlich nur bei dem einen Eigentümer erfasst. Dies macht zum Beispiel dann Sinn, wenn die Immobilie Gewinn abwirft und die einzelnen Eigentümer unterschiedlich hohe Steuerprogressionen haben. Im Verlustfall kommt diese Gestaltung in Betracht, wenn einer der Eigentümer steuerpflichtige Einkünfte verrechnen möchte.

Dies gilt auch für eine Erbengemeinschaft, hat der Bundesfinanzhof entschieden (Urteil v. 5.8.2004, AZ: IX B 60/04). Sie muss vertraglich festlegen, dass nur dem einen Miterben das Verwaltungsrecht und das sogenannte »Fruchtziehungsrecht« zustehen sollen. Alle anderen Miterben müssen aus ihren mietvertraglichen Rechten und Pflichten entlassen werden. Konkret bedeutet das: Der Mietvertrag muss so geändert werden, dass nur noch dieser eine Miterbe als Vermieter ausgewiesen wird. Er muss alle Mieten kassieren und alle Kosten des Grundstücks tragen. Der Zahlungsverkehr darf nicht mehr über ein gemeinschaftliches Konto abgewickelt werden. Und der Erbe muss eine Überschusserzielungsabsicht glaubhaft machen können.

Einkunftserzielungsabsicht

Sind also die Ausgaben höher als die Mieteinnahmen, hat man entsprechende Verluste aus der Vermietung. Nun wird man dagegenhalten: Wenn die Immobilie ein Renditeobjekt sein soll, wird man wohl kaum negative Einkünfte haben, also Verluste machen. Aber das stimmt so nicht! Denn nicht jeder Verlust, der die Einkommensteuer mindert, tritt auch tatsächlich auf. Das, was das Finanzamt als Verlust anerkennt, und das, was man real an Ausgaben hat, sind zwei verschiedene Dinge.

Das lässt sich an einem Beispiel nachvollziehen: Das Finanzamt geht bei einer Vermietung davon aus, dass eine Immobilie in 50 Jahren nichts mehr wert ist. Unterm Strich kann man damit laufend einen steuerlichen Verlust (als Werbungskosten) geltend machen. Tatsächlich aber wird ein gut ausgewähltes Ver-

WISO Tipp

Als Immobilienanleger müssen Sie genau diese Situation ansteuern: Die Immobilie steigt im Wert, gleichzeitig machen Sie einen steuerlichen Verlust geltend.

mietungsobjekt über Jahre hinweg an Wert steigen: Der Verlust wird also in Wirklichkeit gar nicht eintreten.

Man muss also ganz legal einen steuerlichen Verlust herbeiführen. Kritische Stimmen werden nun vielleicht anmerken: Wer lange Jahre nur Verluste bei der Vermietung geltend macht, dem wird das Finanzamt irgendwann einen Strich durch die Rechnung machen und »Liebhaberei« unterstellen oder, wie es im Amtsdeutsch heißt, »fehlende Einkunftserzielungsabsicht«. Doch darüber sollte man sich wenig Sorgen machen. Allein die Tatsache, dass man die Immobilie langfristig vermietet, muss dem misstrauischen Finanzbeamten genügen. Denn der Bundesfinanzhof hat in einem Grundsatzurteil (BFH-Urteil v. 30.9.1997, AZ: IX R 80/94) entschieden: Bei der auf Dauer angelegten Vermietung einer Immobilie ist grundsätzlich davon auszugehen, dass der Steuerpflichtige letztlich einen Einnahmeüberschuss erwirtschaften will. Eine längere Verlustphase steht dieser Absicht nicht entgegen. Dies gilt auch unter bestimmten Bedingungen bei einer verbilligten Vermietung an Angehörige (siehe unten).

Der Bundesfinanzhof begründet diese Ansicht damit, dass beim Erwerb von Immobilien die Werbungskosten in den ersten Jahren nach dem Kauf häufig die Mieteinnahmen übersteigen. Die Einkunftserzielungsabsicht eines Vermieters kann damit nur infrage gestellt werden, wenn besondere Umstände wie bei Ferienwohnungen oder bei Bauherrenmodellen mit Rückkaufangebot oder Verkaufsgarantie dagegen sprechen.

So hat der Bundesfinanzhof in einem Urteil festgestellt, dass ein Werbungskostenabzug grundsätzlich möglich ist, selbst wenn eine Wohnung längere Zeit leer steht. Einzige Voraussetzung: Der Eigentümer muss sich definitiv dazu entschlossen haben, die Wohnung zu vermieten, und darf von dieser Absicht nicht mehr abrücken (Beschluss v. 21.9.2000, AZ: IX B 75/00).

Leerstand

Wenn eine Immobilie längere Zeit leer steht und/oder abgerissen und durch eine neue ersetzt wird, bedeutet das nicht, dass die Einkunftserzielungsabsicht wegfällt. Dies hat der Bundesfinanzhof klargestellt (Urteil v. 19.12.2007, AZ: IX R 50/07). Zwar bringt der Vermieter mit dem Abriss zum Ausdruck, dass er das Grundstück mit der vorhandenen Bebauung nicht mehr vermieten will. Entscheidend ist aber, ob er das Grundstück mit einer neuen Bebauung nach wie vor vermieten und Einkünfte erzielen will. Das muss das Finanzamt unabhängig von der Beseitigung der Bausubstanz prüfen.

Wer über Jahre hinweg regelmäßig Anzeigen geschaltet oder

WISO Tipp

Legen Sie dem Finanzamt Baupläne vor, mit denen Sie dokumentieren, dass Sie beim Abriss bereits Pläne für den Bau eines neuen Vermietungsobjekts haben. Das spricht für eine weiterhin bestehende Einkunftserzielungsabsicht.

einen Makler beauftragt hat, für den muss das Finanzamt den Werbungskostenabzug trotz Leerstand anerkennen. Das gilt auch, wenn die Immobilie wegen erfolgloser Vermietung gleichzeitig zum Verkauf angeboten wird (BFH-Urteil v. 9.7.2003, AZ: IX R 102/00).

Ein Vermieter hat auch dann eine Einkunftserzielungsabsicht, wenn er die vermietete Wohnung zwar verkaufen will, der Verkauf aber vom Auszug des Mieters abhängig ist und dieser trotz festgelegter Räumungsfrist die Wohnung noch nicht verlassen hat. Der Vermieter erzielt bis zum Tag der – in diesem Fall vom Vermieter veranlassten – Zwangsräumung Einkünfte aus Vermietung und Verpachtung, selbst wenn zwischen Kaufvertrag und Räumungstermin lange Zeit vergangen ist, urteilte das Finanzgericht Hessen (Urteil v. 6.4.2006, AZ: 3 K 1524/04). Die Aufwendungen für die Zwangsräumung dürfen allerdings nicht als Werbungskosten geltend gemacht werden.

Ferienwohnungen
Der Bundesfinanzhof hat ebenfalls Regeln festgelegt, wie eine Überschusserzielungsabsicht bei Ferienwohnungen unterstellt werden kann, auch wenn eine solche Immobilie teilweise selbst genutzt wird (Urteil v. 6.11.2001, AZ: IX R 97/00). Danach ist eine solche Absicht gegeben, wenn die Summe der Mieteinnahmen auf lange Frist – der Bundesfinanzhof geht hier von 30 Jahren aus – die Summe der Werbungskosten übersteigt. Nun dürfte es wohl relativ schwierig sein, eine Überschussprognose für die nächsten 30 Jahre abzugeben. Da hilft ein Blick zurück: Basis ist der Durchschnittswert der Einnahmen und Ausgaben der zurückliegenden fünf Jahre. Für jedes Jahr müssen die Zeiten ermittelt werden, wann vermietet und wann selbst genutzt wird. Im Verhältnis dieser Zeiträume müssen dann auch die Zeiträume aufgeteilt werden, in denen die Wohnung leer steht.

Eine Überschusserzielungsabsicht vorausgesetzt, werden Ausgaben wie Abschreibungen, Schuldzinsen oder Versicherungsbeiträge auf die Zeiträume Vermietung beziehungsweise Eigennutzung verteilt. Ausnahmen sind Ausgaben, die ohnehin eindeutig der Vermietung zuzuordnen sind (zum Beispiel Zeitungsinserate).

Bei einer ausschließlich an wechselnde Feriengäste vermieteten und in der übrigen Zeit hierfür dauerhaft bereitgehaltenen Ferienwohnung wird Überschusserzielungsabsicht angenommen, unabhängig davon, ob man die Ferienwohnung in Eigenregie oder durch Einschalten eines Vermittlers vermietet. Dann werden die Leerstandszeiten der Vermietung zugerechnet.

Wird jedoch die ortsübliche Vermietungszeit um mindestens

WISO Tipp

Bewahren Sie alles auf, was Ihre Vermietungsbemühungen dokumentiert, zum Beispiel Vermietungsinserate. Im Zweifel können Sie diese dann beim Finanzamt vorlegen.

25 Prozent unterschritten und gibt es keine Gründe dafür – zum Beispiel wegen Renovierungsarbeiten –, ist ein Nachweis der Einkunftserzielungsabsicht mittels Überschussprognose erforderlich (BFH-Urteil v. 26.10.2004, AZ: IX R 57/02, DStR 2005 S. 324). Ist eine ortsübliche Vermietungszeit vom Finanzamt nicht feststellbar, muss der Vermieter selbst recherchieren oder seine Einkunftserzielungsabsicht durch eine Prognoserechnung nachweisen (BFH-Urteil v. 19.8.2008, AZ: IX R 39/07).

Ein befristeter Mietvertrag schließt allerdings eine dauerhafte Vermietung nicht grundsätzlich aus. So jedenfalls hat der Bundesfinanzhof entschieden (Urteil v. 2.4.2008, AZ: IX R 63/07, Urteil v. 14.12.2004, AZ: IX R 1/04) – denn der Vertrag kann ja verlängert werden. Vorsicht allerdings, wer mit seinem Mieter einen befristeten Vertrag abschließt und dies auch schriftlich damit begründet, dass er die Immobilie nach Ablauf der Frist verkaufen möchte. In einem solchen Fall kann das Finanzamt von einer fehlenden Einkunftserzielungsabsicht ausgehen und Verluste aus der Vermietung nicht anerkennen. Deshalb empfiehlt sich als Vorsichtsmaßnahme eine befristete Vermietung.

Bei befristeter Vermietung verlangt der Fiskus eine Prognoserechnung, um die Einkunftserzielungsabsicht nachweisen zu können. In diesem Fall muss eine Prognoserechnung nur für den tatsächlich vermieteten Zeitraum abgegeben werden. Damit bleiben auf der Einnahmenseite Gewinne aus früheren Mietverhältnissen sowie mögliche Gewinne aus dem Verkauf der Immobilie unberücksichtigt. Dagegen müssen auf der Ausgabenseite, also bei den Werbungskosten, die tatsächlich genutzten Abschreibungssätze angesetzt werden, also auch die bei der erhöhten AfA (Absetzung für Abnutzung, siehe das Kapitel Abschreibungen auf Seite 197 ff.).

Ein weiteres Urteil des Bundesfinanzhofs beschäftigt sich mit der Einkunftserzielungsabsicht bei kurzfristiger Vermietung, wenn man die Immobilie schon kurz nach dem Kauf wieder veräußert (Urteil v. 9.7.2002, AZ: IX R 47/99). Hat der Immobilieneigentümer endgültig den Entschluss gefasst, auf Dauer zu vermieten, wird die Einkunftserzielungsabsicht auch nicht mehr infrage gestellt, wenn er nach dem Beginn seiner Vermietungstätigkeit das bebaute Grundstück doch wieder veräußert, zum Beispiel weil neue, nicht vorhersehbare Umstände eingetreten sind.

Wer allerdings das Objekt binnen fünf Jahren wieder verkauft, bei dem muss nach Einschätzung des Bundesfinanzhofs »sehr nachdrücklich« davon ausgegangen werden, dass von Anfang an keine Einkunftserzielungsabsicht vorlag. Je kürzer der zeitliche Abstand zwischen Anschaffung beziehungsweise Errichtung und Verkauf der Immobilie, umso mehr spricht gegen eine auf Dauer angelegte Vermietungstätigkeit. Der Immobilieneigentümer steht dabei in der Beweispflicht (Feststellungslast). Er muss hieb- und stichfeste Gründe vorweisen können, weshalb er sich, anders als ursprünglich beabsichtigt, vorzeitig von der Immobilie trennt.

Wer nach kurzer Zeit eine Immobilie selbst nutzt oder Angehörigen überlässt, hat die gleichen Probleme. Deshalb gilt auch hier: Bei befristeten Mietverträgen sollte man nie als Begründung hineinschreiben, dass man die Immobilie später selbst nutzen möchte.

Wer sich sehr bald nach Abschluss der Verlustphase von einer Immobilie trennen möchte, muss das Finanzamt davon überzeugen können, dass der Verkauf oder eine Schenkung in der Familie nicht vorhersehbar oder geplant war. Andernfalls unterstellt das Finanzamt fehlende Einkunftserzielungsabsicht. Dies geht auf ein Urteil des Bundesfinanzhofs zurück (Urteil v. 19.4.2005, AZ: IX R 15/04).

Immobilienkaufverträge zwischen Ehegatten werden übrigens steuerlich anerkannt, wenn sie im Großen und Ganzen wie zwischen fremden Dritten vereinbart und durchgeführt werden. Schuldzinsen und die Abschreibung müssen dann bei dem Ehepartner, der die Immobilie gekauft hat, vom Finanzamt als Werbungskosten anerkannt werden. Entscheidend ist, dass der gezahlte Kaufpreis eindeutig ins Vermögen des Ehepartners übergegangen ist, der die Immobilie veräußert hat, und er alleinige Verfügungsgewalt darüber hat. Dies geht auf eine Entscheidung des Bundesfinanzhofs zurück (Urteil v. 21.9.2004, AZ: IX R 5/03).

Einnahmen

Um zu klären, wie man Steuern sparen oder besser gesagt die Verluste optimal gestalten kann, sollte man zunächst die Einnahmenseite betrachten, also das, was eigentlich zu den Einnahmen aus der Vermietung (Verpachtung soll hier vernachlässigt werden) gehört. Dabei geht es zunächst ganz allgemein um Wohnobjekte, also um Ein-, Zwei- und Mehrfamilienhäuser sowie um die Eigentumswohnung. In einem gesonderten Kapitel wird die Situation für den betrachtet, der als Eigentümer eines Zwei- und Mehrfamilienhauses einen Teil selbst nutzt und den anderen vermietet hat.

Zu den Mieteinnahmen zählen nach dem Gesetz alle Zuflüsse in Geld oder Geldeswert, die aus der Vermietung erzielt werden (§ 8 Abs. 1 EStG). Was das heißt, kann man sich an einigen Einnahmeposten anschauen, die zu den wichtigeren gehören und steuerlich interessant sind.

Der größte Brocken ist natürlich die mit dem Mieter vertraglich vereinbarte Monatsmiete – egal, ob sie für ein Haus, eine Wohnung, eine Garage oder ein Grundstück gezahlt wird. Normalerweise handelt es sich dabei um Kaltmieten. Daher hat man als Vermieter mit den Abrechnungen von Strom, Wasser und Gas meist nichts zu tun (sind allerdings Warmmieten vereinbart, trägt der Vermieter auch solche Kosten und kann diese dann in vollem Umfang steuerlich geltend machen).

Monatsmiete

Mietumlagen müssen ebenfalls auf der Einnahmenseite verbucht werden. Mit diesen Zahlungen werden laufende Betriebskosten auf die Mieter umgelegt. Dazu zählen zum Beispiel die Kosten für Heizung, Wasserverbrauch, Müllabfuhr, Straßenreinigung, Grundsteuer und so weiter.

Mietumlagen

Ein unter steuerlichen Gesichtspunkten sehr wichtiger Punkt sind Mieterzuschüsse. Wenn sich der Mieter an den Herstellungskosten beteiligt und die Zuschüsse mit seiner Miete verrechnet werden, hat man zwei Möglichkeiten.

Mietzuschüsse

Werden Mieterzuschüsse mit der Miete verrechnet, können sie in dem Jahr berücksichtigt werden, in dem der Mieter die Zuschüsse gezahlt hat. Wer jedoch die Einnahmen möglichst gleichmäßig verteilen will, kann beim Finanzamt beantragen, dass diese Zuschüsse erst jeweils in den Verrechnungsjahren erfasst werden.

Übrigens: Wenn sich der Mieter mit seinen Zuschüssen am Erhaltungsaufwand beteiligt, sind das für den Fiskus keine steuerpflichtigen Einnahmen.

Noch anders lässt sich verfahren, wenn die Mieterzuschüsse nicht mit der späteren Miete verrechnet werden. Die Mieterzuschüsse werden dann als tilgungsfreies Darlehen angesehen und können auf einen Zeitraum von bis zu zehn Jahren verteilt werden; wobei der Fiskus aus Vereinfachungsgründen unterstellt, dass ein Zuschuss in Höhe einer Jahresmiete in vier Jahren verbraucht ist.

WISO Tipp

Werden Mieterzuschüsse nicht mit der Miete verrechnet, lassen sie sich in dem Jahr ansetzen, in dem sie Ihnen zufließen. Sie können aber die Mieterzuschüsse auf Antrag auch auf die voraussichtliche Dauer des Mietverhältnisses verteilen.

Beispiel

Der Mieter zahlt Vorschüsse in Höhe von 18 000 Euro. Die Jahreskaltmiete beträgt 9000 Euro. Die Mietzuschüsse können dann, auf maximal acht Jahre verteilt, mit jeweils 2250 Euro als Einnahmen steuerlich angesetzt werden.

Mietvorauszahlungen

Mit Mietvorauszahlungen, die man erst bei ihrer Verrechnung mit der Miete erfassen lassen muss, kann man in gleicher Weise verfahren.

Zuschüsse aus öffentlichen Mitteln

Zuschüsse aus öffentlichen Mitteln gelten dann als Einnahmen, wenn es sich bei den bezuschussten Aufwendungen um Erhaltungsaufwand oder Schuldzinsen handelt. Man spricht hier von Aufwandszuschüssen. Dazu zählen Zinsverbilligungen aus dem Förderprogramm der Kreditanstalt für Wiederaufbau (KfW) oder Aufwendungszuschüsse der Bundesländer, mit denen laufende Betriebskosten gesenkt werden. Solche Zuschüsse müssen im Kalenderjahr ihres Zuflusses angesetzt werden.

Anders die öffentlichen Zuschüsse zur Finanzierung von Herstellungskosten: Solche Zuschüsse kürzen die Bemessungsgrundlage bei der Gebäudeabschreibung und entsprechend mindert sich auch die Höhe der Abschreibungen.

Hausmeistertätigkeit

Weil es relativ häufig vorkommt, sei außerdem erwähnt: Wenn ein Mieter die Hausmeisterfunktion übernimmt und dessen Miete sich dadurch verringert, müssen seine Leistungen bewertet und als Einnahmen verbucht werden (wenn er für diese Funktion extra bezahlt wird, sind das Werbungskosten). Bei der Bewertung muss man sich daran orientieren, was ein Hausmeister normalerweise in vergleichbarer Funktion vor Ort verdient.

Abschließend sei noch auf einen besonderen Aspekt für den selbst genutzten Teil (beziehungsweise für den Selbstnutzer generell, wenn er eine Zeit lang seine Immobilie vermietet) bei Zwei- oder Mehrfamilienhäusern hingewiesen: Bringt man einen Mieter bei sich unter, müssen die Einnahmen nicht versteuert werden, falls diese im Kalenderjahr unter 520 Euro bleiben.

Werbungskosten

Das Gesetz versteht unter Werbungskosten alle Aufwendungen zur Erwerbung, Sicherung und Erhaltung der Einnahmen (§ 9 EStG). Bei Immobilien sind dies alle Finanzierungskosten, außerdem Verwaltungs-, Betriebs- und Instandhaltungskosten – also alles Aufwendungen, die mit der Vermietung direkt in engem Zusammenhang stehen.

Vorweggenommene Werbungskosten

Interessanterweise macht der Bundesfinanzhof dabei Ausnahmen (Urteil v. 31.5.2000, AZ: IX R 6/96): Wenn jemand umfangreiche Instandsetzungsarbeiten an einer Mietimmobilie durchführen lässt, die ihm zwar fest versprochen, aber noch nicht auf ihn übertragen wurde, kann er die Kosten dafür als vorweggenommene Vermietungsverluste geltend machen.

Um sicherzugehen, empfiehlt es sich trotz dieses Urteils, mit den Reparaturen erst nach Eigentumsübertragung zu beginnen.

Die Kosten für eine bislang selbst bewohnte und jetzt leer stehende und noch nicht vermietete Wohnung können ebenfalls steuermindernd als vorweggenommene Werbungskosten bei den Vermietungseinkünften abgesetzt werden (BFH-Urteil v. 28.10.2008, AZ: IX R 1/07). Bedingung: Der Eigentümer muss sich endgültig entschlossen haben, die Wohnung zu vermieten, und muss diese Absicht auch belegen können. Den Entschluss zur Vermietung muss er durch ernsthafte und nachhaltige Vermietungsbemühungen belegen. Dabei ist die Würdigung des Finanzgerichts für den BFH in der Regel verbindlich. In einem solchen Fall muss der Eigentümer das Finanzgericht von der Vermietungsabsicht überzeugen.

WISO Tipp

Je mehr Sie Ihre Absicht zur Vermietung belegen können – zum Beispiel durch wiederholte Vermietungsinserate –, umso deutlicher spricht das für eine ernsthafte und nachhaltige Vermietungsabsicht.

Wer als Eigentümer Aufwendungen trägt für ein Grundstück, das mit einem Nießbrauch belastet ist, kann sie ausnahmsweise als vorweggenommene Werbungskosten geltend machen. Bedingung: Er hat diese Aufwendungen im eigenen Interesse als künftiger Nutzer der Immobilie getätigt und der Nießbrauch soll in nächster Zeit aufgehoben werden. Das hat der Bundesfinanzhof entschieden (BFH-Urteil v. 25.2.2009, AZ: IX R 3/07). Das Urteil gilt nicht nur zwischen Kindern und Eltern, sondern zwischen allen Angehörigen.

Es gibt aber auch sogenannte vergebliche Werbungskosten. Ein konkretes Beispiel: Ein Bauherr hat für ein geplantes Vermietungsobjekt einem Bauunternehmer schon Anzahlungen geleistet, der dann Pleite macht. Daraufhin wird der Bau der Immobilie von einem anderen Unternehmen umgesetzt. Dann darf der Bauherr die Anzahlungen als vergebliche Werbungskosten geltend machen. Das hat sogar der Bundesfinanzhof höchstrichterlich entschieden (Urteil v. 17.5.2000, AZ: X R 87/98).

Vergebliche Werbungskosten

Gleiches gilt, wenn man in diesem Zusammenhang einen Kreditvertrag rückabwickeln muss. Die Bereitstellungszinsen und die Nichtabnahmeentschädigung, die das Kreditinstitut dafür verlangt, können ebenfalls steuerlich geltend gemacht werden (BFH-Urteil v. 5.11.2001 AZ: IX B92/01).

WISO Tipp

Wenn Sie dem Finanzamt glaubhaft nachweisen können, dass Sie ernsthaft Interesse an einer Immobilie hatten, der Kauf aber geplatzt ist, können Sie dadurch entstandene Kosten steuerlich geltend machen.

Als Grundregel gilt: Werbungskosten sollten so über die Jahre verteilt werden, dass unter steuerlichen Gesichtspunkten Einkünfte aus Vermietung und Verpachtung möglichst gering gehalten werden. Hat man also einmalig hohe Einnahmen, müssen auch einmalig hohe Ausgaben ausgewiesen werden können. Hat man gleichmäßig hohe Einnahmen, müssen die Ausgaben über mehrere Jahre verteilt werden können. Dabei geht es weniger um die laufenden (Betriebs- und Verwaltungs-)Aufwendungen als vielmehr speziell um die Instandhaltungskosten (Erhaltungsaufwand). Im Folgenden werden nur bestimmte Bestandteile der Werbungskosten herausgepickt und die Abschreibungen ihrer Bedeutung wegen im folgenden Kapitel behandelt.

Beim Kauf einer Gebrauchtimmobilie hat es in der Vergangenheit häufig Auseinandersetzungen mit dem Finanzamt gegeben, ob bestimmte Renovierungskosten als Erhaltungsaufwand oder als nachträgliche Herstellungskosten (Anschaffungsnaher Aufwand) zu verstehen sind. Erhaltungsaufwand ist nämlich über die Werbungskosten sofort absetzbar, nachträgliche Herstellungskosten sind auf die voraussichtliche Nutzungsdauer der Immobilie zu verteilen, erhöhen also nur die Bemessungsgrundlage für deren Abschreibung.

Erhaltungsaufwand Als Erhaltungsaufwand werden normalerweise alle Instandhaltungsarbeiten verstanden, die durch die gewöhnliche Nutzung des Gebäudes entstehen. Dazu zählen zum Beispiel die Ausbesserung des Dachs, der Fenster oder die Erneuerung sanitärer Anlagen. Auch der Einbau einer Solaranlage zur Brauchwassererwärmung in eine bereits vorhandene Gaswärmeversorgung gilt zum Beispiel als Erhaltungsaufwand (nach einem Urteil des BFH v. 14. 7. 2004, AZ: IX R 52/02).

Schwierig wird es bei höheren Ausgaben. Man kann zwar durchaus auch Teile ergänzen oder erneuern lassen, die bereits bei den Herstellungs- beziehungsweise Anschaffungskosten berücksichtigt sind – egal, ob diese Teile nun verbraucht sind oder nicht. Dazu zählt zum Beispiel der Austausch von Fenstern mit Holzgegen solche mit Aluminiumrahmen oder der Einbau von Heizungsmessgeräten in Wohnungen.

Sollten diese Arbeiten den Immobilienwert deutlich steigern oder zusätzlichen Wohnraum schaffen, versteht das Finanzamt die entstehenden Aufwendungen als Herstellungskosten (mehr zur Abgrenzung weiter unten). Dagegen akzeptiert das Finanzamt Ausgaben bis 4000 Euro netto (also ohne Mehrwertsteuer) pro Jahr auf Antrag hin problemlos als Erhaltungsaufwand. Mit einer Ausnahme, nämlich wenn der Aufwand der Fertigstellung einer vermieteten Immobilie dient. Doch selbst wenn fein säuberlich zwischen Herstellungs- und Erhaltungskosten getrennt wird, sind dem Immobilieneigentümer bei

15-Prozent-Grenze

der Anerkennung von Erhaltungsaufwendungen enge Grenzen gesetzt. So akzeptieren Finanzämter Instandsetzungskosten, die innerhalb von drei Jahren nach Erwerb der Immobilie entstanden sind, nur dann als Erhaltungskosten, wenn sie nicht 15 Prozent der Anschaffungskosten (ohne Mehrwertsteuer) übersteigen. Nur dann darf dieser Aufwand als Werbungskosten sofort abgesetzt werden.

WISO Tipp

Sind die Instandsetzungskosten höher als 15 Prozent des Kaufpreises, sollten Sie dem Finanzamt gegenüber nur den Teil nachweisen, der darunter liegt. Dann können Sie den Aufwand sofort steuerlich geltend machen.

Anschaffungsnaher Aufwand Liegen die Kosten jedoch darüber, geht das Finanzamt von einem anschaffungsnahen Aufwand aus, der lediglich die Bemessungsgrundlage für die Abschreibung vergrößert. Die Aufwendungen werden also wie nachträgliche Herstellungskosten behandelt.

Beispiel
Kauf einer Immobilie als Vermietungsobjekt für 225 000 Euro im Jahr 2012, davon beträgt der Gebäudeanteil 200 000 Euro. Im Jahr 2013 wird das Dach für 20 000 Euro repariert und die Heizungsanlage für 15 000 Euro saniert.
Beide Aufwendungen gelten zwar als Erhaltungsaufwendungen, fallen aber innerhalb der ersten drei Jahre nach dem Kauf an. Deshalb prüft das Finanzamt, in welchem Verhältnis die Erhaltungsaufwendungen zum Kaufpreis des Gebäudes stehen. Die Aufwendungen werden hier als anschaffungsnaher Aufwand angesehen, da sie zusammen die 15-Prozent-Grenze übersteigen (35 000 Euro sind 17,5 Prozent von 200 000 Euro). Sie können nur als Abschreibung geltend gemacht werden.
Die Abschreibung im Jahr 2012 beträgt 2 Prozent von 200 000 Euro (Gebäudeanteil), das macht 4000 Euro. Ab dem folgenden Jahr erhöht sich die Bemessungsgrundlage auf 235 000 Euro (Gebäude plus anschaffungsnaher Aufwand), davon 2 Prozent ergeben 4700 Euro pro Jahr als Abschreibungssumme (siehe dazu das Kapitel Abschreibungen auf Seite 197 ff.).

Aber Vorsicht: Alle Aufwendungen, die innerhalb der drei Jahre anfallen, werden addiert. Und das kann dazu führen, dass ein anfänglicher Erhaltungsaufwand doch noch zu einem anschaffungsnahem Aufwand wird. Aufwendungen für Schönheitsreparaturen werden nicht in die 15-Prozent-Grenze eingerechnet.
Was also nicht unbedingt notwendig ist an Reparaturen, sollte auf die Zeit nach den ersten drei Jahren verschoben werden. Auch hier heißt es aufpassen: Außerhalb der Drei-Jahres-Frist muss man wieder darauf achten,

dass durch die Arbeiten der Standard der Immobilie nicht erhöht wird und das Finanzamt von Herstellungskosten ausgeht (siehe oben).

Wer jetzt auf die Idee kommt, den Drei-Jahres-Zeitraum dadurch zu umgehen, dass er Baurechnungen später stellt oder zahlt, hat Pech gehabt: Dem hat das Bayerische Landesamt für Steuern in einem »Bund-Länder-Erlass« den Riegel vorgeschoben (Verfügung v. 6. 8. 2010, AZ: S 2211.1,1-4/2 St32). Darin wird klargestellt, dass immer auch (anteilig) Aufwendungen zu berücksichtigen sind, die auf Maßnahmen entfallen, die innerhalb der Drei-Jahres-Frist durchgeführt wurden. Dies gilt auch, wenn die Baumaßnahmen zum Ende des Drei-Jahres-Zeitraums weder abgeschlossen noch abgerechnet oder bezahlt sind.

Schwierigkeiten gibt es außerdem, wenn Erhaltungsaufwand und Herstellungsaufwand in einem engen räumlichen und zeitlichen Zusammenhang stehen. Denn unter Umständen akzeptiert der Fiskus dann den Erhaltungsaufwand steuerlich nicht. Und das führt dazu, dass er nicht als Werbungskosten abgesetzt werden darf. Wird zum Beispiel eine Baufirma beauftragt, die Wohnung im Dachgeschoss eines Hauses auszubauen (Herstellungsaufwand), und dort auch die Fenster zu erneuern (Erhaltungsaufwand) kann es Probleme geben: Die Erneuerung der Fenster zählt der Fiskus dann mit zum Herstellungsaufwand und die Kosten sind nicht sofort abzugsfähig. Anders wird das gesehen, wenn Arbeiten zwar zeitlich parallel ausgeführt werden, aber räumlich getrennt sind. Dazu ein ähnliches Beispiel wie eben: Die Fenster im Dachgeschoss werden erneuert (Erhaltungsaufwand), es wird aber stattdessen das Erdgeschoss ausgebaut (Herstellungsaufwand). Das ist dann kein Problem, hier ist der Erhaltungsaufwand sofort abzugsfähig.

Wenn die Bauarbeiten in verschiedenen Stockwerken stattfinden, bautechnisch aber zusammenhängen, macht der Fiskus wieder einen Strich durch die Rechnung. Wenn im Keller die Gebäudefundamente erneuert werden (Erhaltungsaufwand) und parallel das Erdgeschoss ausgebaut wird (Herstellungsaufwand), dann wird der Erhaltungsaufwand zu den Herstellungskosten hinzugerechnet, da nach Ansicht des Finanzamtes ohne die Fundament-Erneuerung ein Umbau nicht möglich gewesen wäre. Wenn möglich, sollten daher bautechnisch zusammengehörende Arbeiten auf verschiedene Jahre verteilt werden. Die Instandsetzungsarbeiten sollten zuerst erledigt werden und können dann als Werbungskosten angesetzt werden. Und erst im folgenden Jahr sollte man dann alle Arbeiten erledigen lassen, die zum Herstellungsaufwand zählen

Wer nach einer Generalrenovierung der Immobilie (Erhaltungsaufwand) die Miete für die Wohnungen deutlich erhöht, dem unterstellt das Finanzamt bei einem solchen Schritt Herstellungsaufwand ohne sofortige Abzugsmöglichkeit. Begründung: Der Gebrauchswert der Immobilie ist gestiegen und die Arbeiten gingen über die reine Substanzerhaltung hinaus.

Sind Aufwendungen als Erhaltungsaufwand sofort abziehbar, bietet das Gesetz die Möglichkeit, bei größeren Erhaltungsaufwendungen alle Kosten gleichmäßig auf zwei bis fünf Jahre zu verteilen (§ 82 b EStDV). Das setzt allerdings voraus, dass das Gebäude nicht zu einem Betriebsvermögen gehört und überwiegend zu Wohnzwecken vermietet wird. Eine Nutzung zu Wohnzwecken liegt vor, wenn dafür die gesamte Fläche inklusive Keller und Hobbyräumen zu mehr als 50 Prozent verwendet wird. Einzelgaragen sind dem Wohnbereich zuzuordnen, Doppelgaragen oder weitere zusätzliche Unterstellmöglichkeiten dagegen nicht.

Der Erhaltungsaufwand muss gleichmäßig auf die Kalenderjahre verteilt werden. Von dieser Regel muss man allerdings abweichen, wenn das Gebäude während dieses Zeitraums veräußert, nicht mehr vermietet oder in ein Betriebsvermögen eingebracht wird. In solchen Fällen werden die noch verbliebenen Kosten im Jahr der Änderung in einem Restbetrag abgezogen. Was letztlich steuerlich günstiger ist, nämlich Erhaltungsaufwand in einem Einmalbetrag sofort abzusetzen oder über mehrere Jahre zu verteilen, hängt von Ihrer Einkommenssituation in den jeweiligen Folgejahren ab.

Beiträge zur Instandhaltungsrücklage kann der Wohnungseigentümer erst in dem Steuerjahr als Werbungskosten für seine vermietete Eigentumswohnung geltend machen, in dem der Verwalter sie tatsächlich für Erhaltungsmaßnahmen ausgegeben hat. So ein Beschluss des Bundesfinanzhofs, der damit seine bisherige Rechtsprechung bestätigt (Beschluss v. 9. 12. 2008, AZ: IX B 124/08). Begründung: Erst bei Verwenden der Rücklage könne beurteilt werden, ob die Maßnahmen zu Erhaltungsaufwand (= sofort abziehbare Werbungskosten) oder zu Herstellungskosten führen.

Disagio Für Vermieter kann es – anders als für den Selbstnutzer – steuerlich attraktiv sein, ein Disagio (Damnum) bei der Darlehensaufnahme zu vereinbaren. Das Disagio ist als Werbungskostenbetrag sofort abzugsfä-

WISO Tipp

Falls Sie nach einer Renovierung eine Mieterhöhung planen sollten Sie mit Ihren Mietern eine schrittweise Erhöhung über mehrere Jahre vereinbaren. Dann akzeptiert das Finanzamt die Renovierungsarbeiten als Erhaltungsaufwand.

WISO Tipp

Schon allein aus diesem Grund sollten Sie beim Verkauf einer Immobilie Beiträge zur Instandhaltungsrücklage, die noch nicht verausgabt sind, bei der Höhe des Kaufpreises berücksichtigen.

hig. Voraussetzung dafür ist ein »marktübliches« Damnum, nach Definition des Bundesfinanzministeriums ein Disagio von bis zu 5 Prozent bei einer Zinsbindungsfrist von mindestens fünf Jahren.

Beispiel

Darlehen 165 000 Euro, Zinsbindungsfrist 5 Jahre, Disagio: 8 Prozent = 13 200 Euro. Abschluss am 1. 4. 2013. Davon sofort abzugsfähig 8250 Euro (= 5 Prozent).

Der Rest von 4950 Euro verteilt sich auf die Laufzeit des Darlehens wie folgt:

– vom 1. 4. 2013 bis 31. 12. 2013: 742,50 Euro

– in den Jahren 2014 bis 2017: jeweils 990 Euro

– im Jahr 2018: der Rest von 247,50 Euro

Für das Jahr 2013 können also insgesamt 8992,50 Euro steuerlich abgesetzt werden.

WISO Tipp

Ein (hohes) Disagio ist nur sinnvoll, wenn Sie im Finanzierungsjahr eine hohe Steuerprogression haben, die anschließend während der Vermietungsphase geringer ist. Haben Sie einen gleichbleibend hohen Steuersatz, bringt ein Disagio steuerliche Nachteile. Rechnen Sie damit, dass die Einnahmen in den nächsten Jahren steigen werden, sollten Sie auf ein Disagio verzichten.

Wer ein Disagio vereinbart, hat eine vergleichsweise hohe Steuerersparnis im Finanzierungsjahr. Gleichzeitig muss er aber bedenken, dass damit beim Darlehen der Nominalzins verringert und die Steuervorteile während der Zinsbindungsdauer und damit auch während der Vermietungsdauer reduziert werden.

Übrigens: Erstattet der Käufer einer Immobilie dem Verkäufer ein Disagio, weil er das Darlehen auf sich umschreiben lässt, betrachtet der Bundesfinanzhof den Erstattungsbetrag als Finanzierungskosten. Ein Disagio kann dann sofort als Werbungskosten abgezogen werden (BFH-Urteil v. 12. 5. 2009, AZ: IX R 40/08). Bedingung allerdings: Die Vereinbarung über die Erstattung des Disagio wurde unabhängig vom Kaufvertrag getroffen. Dieses gehört dann nicht mehr zum Kaufpreis. Daran vermag auch die äußerliche Verknüpfung des Verkaufs der Immobilie und des Disagio in einer Notarurkunde nicht zwingend etwas zu ändern.

Vorfälligkeitsentschädigung Bei vorzeitiger Kündigung eines Darlehens wird der Kreditgeber in vielen Fällen eine Vorfälligkeitsentschädigung verlangen, weil er sich für den entgangenen Gewinn bezahlen lassen möchte (ausführliche Erläuterungen siehe im Kapitel Anschlussfinanzierung auf Seite 143 ff.). Unter Umständen kann eine solche Vorfälligkeitsentschädigung als Werbungskosten steuerlich abgesetzt werden.

In jedem Fall abzugsfähig ist eine Vorfälligkeitsentschädigung, wenn der Kredit nur umgeschuldet und die Immobilie nicht veräußert wird (BFH-Urteil v. 14.1.2004, AZ: IX R 34/01). Etwas kniffliger ist die Sache, wenn die Immobilie verkauft wird. Da muss der Einzelfall betrachtet werden, zumal mehrere Senate des Bundesfinanzhofs, die sich mit dem Thema aus unterschiedlichem Anlass beschäftigt haben, nicht zu einheitlichen Urteilen gekommen sind. Danach müssen im Veräußerungsfall ganz bestimmte Voraussetzungen erfüllt sein, um eine Vorfälligkeitsentschädigung als Werbungskosten geltend zu machen.

Zum einen muss die vorzeitige Vertragsauflösung damit zu tun haben, dass ein neues, bereits konkret ins Auge gefasstes Vermietungsobjekt gekauft werden soll. Wenn man den Vertrag kündigt und dann erst sucht, gibt es diese Möglichkeit nicht. Man muss also schon bei der Veräußerung des alten Objekts geplant haben, das neue zu kaufen. Zum anderen muss man sich darauf festgelegt haben, das neue Objekt mithilfe des Erlöses aus dem Verkauf der alten Immobilie zu erwerben, spätestens aber beim Abschluss des Verkaufsvertrags für das Altobjekt.

Unter diesen Bedingungen kann dem Fiskus gegenüber glaubhaft gemacht werden, dass der Verkauf der alten Immobilie tatsächlich dem Kauf der neuen dient und hinter der Vertragsauflösung somit eine Einkunftserzielungsabsicht steht. Dabei kann man sich auf ein Urteil des Bundesfinanzhofs stützen (BFH-Urteil v. 23.4.1996, AZ: IX R 5/94).

Abzugsfähig ist die Vorfälligkeitsentschädigung zum Beispiel dann, wenn man beim Verkauf der alten Immobilie deutlich macht (eventuell sogar im Vertragstext), dass man den dabei erzielten Preis zum Kauf einer neuen Immobilie nutzen möchte.

Anders sieht es der Bundesfinanzhof, wenn das Darlehen abgelöst wird, weil die Immobilie veräußert wird, um den erzielten Kaufpreis in eine andere Einkunftsart zu investieren, zum Beispiel in Wertpapiere. Das Gleiche gilt, wenn das Geld gar nicht mehr angelegt werden soll, zum Beispiel um schuldenfrei zu sein. Wer nur Verbindlichkeiten tilgt, dem fehlt die Einkunftserzielungsabsicht, so das Argument der Finanzgerichte.

WISO Tipp

Wenn Sie also planen, eine vermietete Immobilie vorzeitig zu verkaufen – eventuell mit der Absicht, neu zu investieren –, sollten Sie vorher mit Ihrem Steuerberater reden!

Wenn der Eigentümer eine Immobilie innerhalb der zehnjährigen Spekulationsfrist verkauft und einen (Spekulations-)Gewinn erzielt, kann er die Vorfälligkeitsentschädigung aber auf andere Weise steuerlich geltend machen: Als Veräußerungskosten mindert sie den steuerpflichtigen Veräußerungsgewinn (siehe das Kapitel Steuerfallen auf Seite 206 ff.).

Werbungskosten-Abc Neben den bereits erwähnten Aufwendungen, die als Werbungskosten sofort steuerlich abzusetzen sind, gibt es eine Fülle von Kosten, die man in dieser Form beim Fiskus geltend machen kann. Deshalb im Folgenden eine Auflistung aller relevanten Werbungskosten:

- Abbruchkosten: Wer ein bislang vermietetes Gebäude abreißen lässt, weil es aufgrund von Mängeln nicht mehr vermietet werden kann, darf die Abbruchkosten und den Restwert des Gebäudes als Werbungskosten bei den Vermietungseinkünften abziehen. Das gilt auch, wenn man anschließend ein selbst genutztes Gebäude errichtet (BFH-Urteil v. 31.7.2007, AZ: IX R 51/05);
- Abfindungszahlungen an Mieter, damit dieser seine Wohnung räumt – vorausgesetzt, der Eigentümer will auch weiterhin mit dem Gebäude Einkünfte erzielen
- Kosten für Altlasten wie Sanierungsaufwendungen oder Schadensersatzleistungen bei vermieteten Gebäuden
- Kosten für die Asbestsanierung von Mietimmobilien
- Aufwendungen, die für den Bau oder Kauf eines noch zu errichtenden Vermietungsobjekts entstehen, gelten als vorab entstandene Werbungskosten. Der Abzug bleibt sogar erhalten, wenn noch vor der Fertigstellung der Immobilie die Vermietungsabsicht aufgegeben wird, um das Objekt selbst zu nutzen. Es muss allerdings dem Finanzamt die Vermietungsabsicht glaubhaft gemacht werden können. Ab dem Zeitpunkt, wo die Vermietungsabsicht aufgegeben wird, ist kein Werbungskostenabzug mehr möglich (BFH-Urteil v. 4.11.2003, AZ: IX R 55/02)
- Aufwendungen können auch als nachträgliche Werbungskosten abzugsfähig sein, beispielsweise die nach Aufgabe der Vermietungstätigkeit gezahlten Schuldzinsen. Dies gilt immer dann, wenn mit dem Darlehen sofort abziehbare Aufwendungen (häufig also Erhaltungsaufwand) finanziert wurden. So hat der Bundesfinanzhof mehrfach entschieden (zuletzt Urteil v. 12.10.2005, AZ: IX R 28/04). Das Bundesfinanzministerium hat inzwischen einen entsprechenden Erlass an die Finanzverwaltung geschickt (BMF-Schreiben v. 3.5.2006, AZ: IV C 3 –S 2211 – 11/06).
- Finanzierungskosten für den Erwerb von Bauerwartungsland, wenn eine konkrete Bauabsicht besteht und damit zu rechnen ist, dass das Grundstück in absehbarer Zeit bebaut werden soll (BFH-Urteil v. 4.6.1991, AZ: IX R 30/89, BstBl 1991 II, 761)
- Abschlussgebühren für einen Bausparvertrag, wenn er der Finanzierung einer Mietimmobilie dient

- Kosten für die Bewirtschaftung (Heizung, Müllabfuhr, Wasser und so weiter) einer vermieteten Immobilie. Werden die Kosten allerdings auf die Mieter umgelegt, müssen die Beträge als Einnahmen aus Vermietung und Verpachtung versteuert werden (BFH-Urteil v. 14.12.1999, AZ IX R 69/98, DStR 2000, 46)
- Ein Breitbandverteileranschluss, wenn er nachträglich in einer bestehende Immobilie installiert wird. Bei einem Neubau zählt er zu den Herstellungskosten des Gebäudes.
- Ist die Dämmung einer Außenwand bei einem gemischt genutzten Gebäude nur beim vermieteten Teil verstärkt worden, sind die Aufwendungen in voller Höhe als Werbungskosten anrechenbar. Anders verhält es sich zum Beispiel bei der Reparatur eines Daches, weil diese Maßnahme sowohl dem vermieteten als auch dem selbst genutzten Teil zugute kommt.
- Kosten für neue Einbaumöbel, wenn die alten in einem bestehenden Gebäude ausgetauscht werden
- Laufende Erbbauzinsen
- Erschließungskosten, soweit sie als Beiträge für die Modernisierung oder Erweiterung bestehender Anlagen anfallen
- Fahrtkosten, Mehraufwand für Verpflegung oder Übernachtungskosten im Zusammenhang mit der Vermietung einer Immobilie
- Kosten für Ferienhäuser und -wohnungen können selbst bei Leerstandszeiten in voller Höhe abgesetzt werden, wenn die Immobilie ausschließlich vermietet wird. Anders sieht es aus, wenn die Ferienwohnung auch teilweise selbst genutzt wird.
- Aufwendungen für die Instandhaltung eines Gartens
- Grundsteuer, soweit sie nicht auf den Mieter umgelegt wurde
- Dient eine Kapitallebensversicherung der Rückzahlung eines Immobiliendarlehens, sind die Zinsen für ein zur Finanzierung der Versicherungsbeiträge aufgenommenes Darlehen als Werbungskosten abziehbar (BFH-Urteil v. 25.2.2009, AZ: IX R 62/07)
- Die während eines Leerstands entstandenen Kosten (Schuldzinsen, laufende Kosten), wenn die Immobilie nach dem Auszug eines Mieters vorübergehend leer steht und wieder vermietet werden soll. Dies gilt selbst dann, wenn sich der Eigentümer gleichzeitig um den Verkauf der Immobilie bemüht, vorausgesetzt, er kann belegen, dass seine Vermietungsbemühungen ernsthaft und nachhaltig waren (BFH-Urteil v. 9.7.2003, AZ: IX R 102/00).
- Mitgliedsbeiträge zu Haus- und Grundbesitzervereinen

- Notargebühren, die dadurch anfallen, dass ein Vermieter zum Beispiel durch Sicherung eines Darlehens eine Grundschuld eintragen lässt, sind als Nebenkosten der Geldbeschaffung absetzbar (BFH-Urteil vom 1.10.2002, AZ: IX R 72/99).
- Hausverwaltung (keine Eigenleistungen!)
- Heizkosten
- Kosten für einen nachträglichen Kabelanschluss bei einem bestehenden Gebäude
- Maklerprovision, aber nur für die Vermittlung eines neuen Mieters, nicht für die Vermittlung einer Immobilie
- Kann ein Gebäudeteil aufgrund einer Nutzungsuntersagung nicht vermietet werden, sind die auf diesen Gebäudeteil entfallenden Aufwendungen dennoch als Werbungskosten abziehbar. So entschied das Finanzgericht Berlin-Brandenburg (rechtskräftiges Urteil v. 16.4.2008, AZ: 14 K 2286/05 B).
- Prozesskosten, soweit sie Mietangelegenheiten betreffen
- Prämien für eine Rechtsschutzversicherung
- Auch Rechtsanwaltskosten, die im Zusammenhang mit einem Darlehen für den Immobilienkauf entstehen, sind Werbungskosten (BFH-Urteil v. 25.6.2009, AZ: IX R 47/08). Wenn ein Darlehen durch die Einkunftserzielung veranlasst war, können auch mögliche Anwaltskosten als Werbungskosten bei den Vermietungseinkünften abgezogen werden, so die Begründung.
- Schadensersatzzahlungen, wenn sie zum Beispiel durch den Rücktritt vom Kaufvertrag entstehen
- Aufwendungen für ein Schadstoffgutachten, aber nur wenn das Gutachten nicht im Zusammenhang mit Veräußerungsabsichten in Auftrag gegeben wurde
- Schönheitsreparaturen in einer vermieteten Wohnung
- Steuerberatungskosten, die im Zusammenhang mit den Einkünften aus Vermietung und Verpachtung anfallen
- Telefonkosten, die durch die Vermietungstätigkeit entstehen
- Prämien für Versicherungen (zum Beispiel Gebäudeversicherung, Gebäudehaftpflichtversicherung, Bauwesen- oder Bauherren-Haftpflichtversicherung)
- Zweitwohnungsteuer, soweit sie bei Vermietung und Verpachtung anfällt, bei Selbstnutzung entsprechend anteilig gekürzt (Finanzgericht Niedersachsen, Urteil v. 4.9.2000, AZ: 15 K 91/98)

Abschreibungen

Steuern sparen lassen sich auch durch Abschreibungen (Absetzung für Abnutzung, AfA) als Teil der Werbungskosten. Normalerweise verteilen sich die Beträge, die der Eigentümer absetzen kann, gleichmäßig auf die Nutzungsdauer der Immobilie. Unter steuerlichen Gesichtspunkten geht der Fiskus nämlich von einem beständigen Wertverlust des Objektes aus (faktisch sollte das allerdings nicht der Fall sein), und zwar bei einer angenommenen Nutzungsdauer von 50 beziehungsweise 40 Jahren je nach Fertigstellungsdatum. Unter besonderen Umständen geht der Fiskus von einer verkürzten Nutzungsdauer aus.

Was darf überhaupt abgeschrieben werden? Grundsätzlich muss zwischen dem Bau und dem Kauf einer Immobilie unterschieden werden. In dem einen Fall spricht man von Herstellungskosten (Bau), in dem anderen von Anschaffungskosten (Kauf) eines Objekts. Diese Unterscheidung bereitet normalerweise eigentlich keine Probleme. Wer allerdings schlüsselfertig bauen lässt, dem stellt sich schnell die Frage: Wurde gebaut oder doch gekauft? Der Gesetzgeber hat es so definiert: Ein Bauherr baut oder lässt auf eigene Rechnung und Gefahr bauen und »beherrscht« das Baugeschehen. Warum das so wichtig ist, wird bei den verschiedenen Abschreibungsmöglichkeiten noch deutlich werden.

Herstellungskosten sind alle Aufwendungen, die durch den Bau einer Immobilie entstehen. Typischerweise zählen dazu Maurer-, Zimmermanns- oder Dachdeckerarbeiten sowie Baumaterial, außerdem diverse Baunebenkosten wie Architektenhonorare, Bauabnahmegebühren oder die Fahrtkosten zur Baustelle. Herstellungskosten

Das Gesetz zählt außerdem weitere Herstellungskosten auf: vom Anschluss an das Stromversorgungsnetz über Küchenspülen und Bauplanänderungen bis hin zu Materialverlust durch Diebstahl oder die Richtfestkosten. Im Prinzip geht es um alle Kosten, die weder das Grundstück noch die Finanzierungskosten betreffen.

Nachträgliche Herstellungskosten sind Aus- und Umbauten, Erweiterungen und Modernisierungsmaßnahmen, die den Substanzwert der Immobilie deutlich vergrößern oder verbessern. Diese Kosten erhöhen die Bemessungsgrundlage für die Abschreibungen. Um die Begriffsbestimmung und die steuerliche Behandlung solcher Kosten in Abgrenzung zum Erhaltungsaufwand hat es in den vergangenen Jahren häufig rechtliche Auseinandersetzungen gegeben (siehe dazu den Abschnitt Erhaltungsaufwand weiter oben auf Seite 188 f.) Nachträgliche Herstellungskosten

Zu den Anschaffungskosten zählen alle Aufwendungen, die durch die Anschaffung eines Wohnobjekts entstanden sind, zum Beispiel auch ein Darlehensbetrag, der vom Verkäufer des Objekts übernommen wurde. Doch in erster Linie geht es um den Kaufpreis. Dabei wird der Preis des Gebäudes von dem des Grundstücks getrennt. Der Grund dafür ist, dass es bei dem einen Wertverzehr gibt, bei dem anderen nicht. Abschreiben lassen sich demnach nur die Anschaffungskosten, die für das Gebäude anfallen, nicht aber die für das Grundstück. Das Problem dabei ist, dass im Kaufvertrag normalerweise nur ein Preis für beides ausgewiesen wird.

Deshalb muss der Verkehrswert des Gebäudes und der des Grundstücks getrennt ermittelt werden. Das geschieht mit der sogenannten Verkehrswertmethode (zur Ermittlung des Verkehrswerts). Je nachdem, in welchem Verhältnis beide Werte stehen, wird der Kaufpreis für Gebäude und Grundstück aufgeteilt.

Umstritten, aber dennoch nicht selten angewendet wird die alternative Restwertmethode. Dabei wird der Bodenwertanteil ermittelt und vom Gesamtkaufpreis abgezogen. Der Bundesfinanzhof sieht diese Methode jedoch als nicht unbedingt gesetzeskonform an.

Hilfestellung bei der Ermittlung der Verkehrswerte gibt es beim Finanzamt. Dort kann man erfahren, was je nach Objekt und Region üblicherweise als Verkehrswert beim Gebäudeanteil anzusetzen ist.

Der Immobilienerwerber kann sich aber auch mit dem Bauträger im Kaufvertrag oder nachträglich darauf einigen, wie sich der Kaufpreis auf Gebäude und Grundstück verteilt. So kann er den Streit um Verkehrswert oder Restwert umgehen.

Der Bundesfinanzhof hat deutlich gemacht, dass eine solche Vereinbarung im »beiderseitigen Interesse« von Käufer und Verkäufer sein müsse. Ansonsten werde die Zustimmung zu dieser vertraglichen Regelung verweigert (Urteil v. 15.3.2001, AZ: II R 39/99).

Zu den Anschaffungsnebenkosten für das Gebäude zählen alle mittelbaren Kosten wie Notarkosten, Maklercourtage oder Grundbuchgebühren sowie die Grunderwerbsteuer.

Entfallen solche Nebenkosten auf Gebäude und Grundstück gemeinsam, müssen die Anteile nach der Verkehrswertmethode herausgerechnet werden.

WISO Tipp

Als Eigentümer sollten Sie Ihre gekaufte Immobilie nach der Verkehrswertmethode bewerten lassen. Andernfalls laufen Sie Gefahr, dass der Gebäudewert zu niedrig angesetzt wird und sich damit die Abschreibungsmöglichkeiten verringern.

WISO Tipp

Vereinbaren Sie mit dem Bauträger vertraglich eine Aufteilung des Kaufpreises auf den Gebäudeanteil sowie den Anteil an Grund und Boden. Das Finanzamt akzeptiert diese Aufteilung, wenn sie ihm einigermaßen plausibel erscheint.

Nachträgliche Anschaffungskosten bei Immobilien entstehen für Aufwendungen, die nach dem rechtswirksamen Abschluss eines Kaufvertrags durchgeführt werden, um das Gebäude in einen betriebsbereiten Zustand zu versetzen.

Nachträgliche Anschaffungskosten

Die Rechtsprechung orientiert sich dabei an den Vorschriften des § 255 HGB (mehr dazu im Kapitel Werbungskosten auf Seite 186 ff.)

Lineare Abschreibung Diese Abschreibungsmethode kann man als Bauherr eines Neubaus wie auch als Käufer von Gebrauchtimmobilien auf alle vermieteten Wohnobjekte anwenden. Bemessungsgrundlage sind die Herstellungs- beziehungsweise Anschaffungskosten. Hat man sich einmal für die lineare Abschreibung entschieden, muss diese Methode während der gesamten Nutzungsdauer der Immobilie beibehalten werden.

Die Höhe des Abschreibungssatzes hängt vom Alter der Immobilie ab:

- Bei Immobilien, die nach dem 31.12.1924 fertiggestellt wurden, beträgt sie 2 Prozent.
- Bei Immobilien, die vor dem 1.1.1925 fertiggestellt wurden, 2,5 Prozent.

Höhere Abschreibungssätze sind möglich, wenn die voraussichtliche Nutzungsdauer nur noch sehr gering ist (§ 7 Abs. 4,2 EStG) – das muss man aber gegenüber dem Finanzamt glaubhaft machen können. Normalerweise reicht es, wenn man die Abweichung vom Normalfall darlegt (zum Beispiel wegen erhöhter Beanspruchung) und die Nutzungsdauer schätzt. Das Finanzamt kann das nur verwerfen, wenn die Schätzung »eindeutig außerhalb des angemessenen Schätzrahmens« liegt.

Nachträgliche Herstellungs- und Anschaffungskosten vergrößern die Bemessungsgrundlage. Der neue Gesamtbetrag wird dann wieder mit 2 beziehungsweise 2,5 Prozent abgeschrieben. Im Endeffekt verlängert man damit die unterstellte Abschreibungsdauer von 50 beziehungsweise 40 Jahren.

WISO Tipp

Sie sind auf der absolut sicheren Seite, wenn Sie die Nutzungsdauer der Immobilie durch einen Gutachter schätzen lassen. Nach einem Urteil des Finanzgerichts Köln muss das Finanzamt ein solches Gutachten als ausreichenden Beleg akzeptieren (Urteil v. 23.1.2001, AZ: 8 K 6294/95).

Erhöhte Abschreibungen Erhöhte Abschreibungen gibt es nur noch für sehr wenige vermietete Wohnobjekte, die jetzt erst fertiggestellt werden. Diese Abschreibungsmöglichkeit beschränkt sich derzeit auf:

- Gebäude in Sanierungsgebieten (§ 7 h EStG)
- Gebäude als Baudenkmale (§ 7 i EStG)
- Gebäude mit außergewöhnlicher Abnutzung

Ebenso wie selbst genutzte Immobilien werden auch vermietete Wohnobjekte in Sanierungs- beziehungsweise städtebaulichen Entwicklungsgebieten besonders gefördert, in diesem Fall durch erhöhte Abschreibungen (§ 7 h EStG). Dabei ist es egal, ob es sich um ein ganzes Gebäude oder Teile davon, um eine Eigentumswohnung oder um einzelne Räume handelt.

Erhöhte Abschreibungen kann nur in Anspruch nehmen, wer eine entsprechende Bescheinigung der Gemeindebehörde vorweisen kann. Aus der Bescheinigung muss hervorgehen, dass das Gebäude in einem Sanierungsgebiet liegt, in welcher Höhe Aufwendungen entstanden sind und ob beziehungsweise wie hohe Zuschüsse man erhalten hat. Diese werden aus der Bemessungsgrundlage herausgerechnet.

Für alle Baumaßnahmen nach dem 31. 12. 2003 gelten folgende Abschreibungssätze: Im Jahr der Herstellung und in den folgenden sieben Jahren können jeweils 9 Prozent der Herstellungskosten und in den folgenden vier Jahren jeweils 7 Prozent abgesetzt werden (für alle Baumaßnahmen vor diesem Termin: zehn Jahre lang 10 Prozent).

Begünstigt werden die (nachträglichen) Herstellungskosten, also Modernisierungs- und Instandsetzungskosten, sowie Aufwendungen, die der Erhaltung, Erneuerung und funktionsgerechten Verwendung eines Gebäudes nützen, um es wegen seiner geschichtlichen, künstlerischen und städtebaulichen Bedeutung erhalten zu können. Anschaffungsnaher Aufwand – also Erhaltungsaufwand, der über 15 Prozent des Kaufpreises liegt – kann damit ebenfalls steuerlich erhöht abgesetzt werden.

Baudenkmale Anders als bei der Sonderabschreibung für Baudenkmale (siehe unten) muss die Bescheinigung nicht zwingend die Höhe der begünstigten Herstellungskosten ausweisen (BFH-Urteil v. 4. 5. 2004, AZ: XI R 38/01).

Erhöhte Abschreibungsmöglichkeiten gibt es auch für Baumaßnahmen an vermieteten Wohnobjekten, die Baudenkmale sind (§ 7i EStG). Um in den Genuss der Steuervergünstigungen zu kommen, muss man sich für alle diese Maßnahmen mit den zuständigen Behörden abgestimmt haben. Bei den Baudenkmalen wird ein Bescheinigungsverfahren vorgeschrieben, das ausweist, welche Aufwendungen man hatte und, falls geschehen, wie hoch die geflossenen Zuschüsse sind. Ansprechpartner dafür ist die für Denkmalschutz und -pflege zuständige Behörde.

Die erhöhten Abschreibungen betragen hier ebenfalls im Jahr der Herstellung und in den folgenden sieben Jahren jeweils 9 Prozent sowie in den darauf folgenden vier Jahren jeweils 7 Prozent für

WISO Tipp

Unter steuerlichen Gesichtspunkten ist es nicht sinnvoll, dass Sie ein bereits völlig renoviertes Baudenkmal kaufen, um es zu vermieten. Denn dann lässt sich keine erhöhte, sondern nur die normale lineare Abschreibung vornehmen.

alle Baumaßnahmen, mit denen nach dem 31.12.2003 begonnen wurde (davor zehn Jahre lang 10 Prozent). Gefördert werden alle Arbeiten, die nach Art und Umfang zur Substanzerhaltung des Baudenkmals oder zu seiner sinnvollen Nutzung erforderlich sind, außerdem die Wiederherstellung eines beschädigten Baudenkmals oder seine Umgestaltung sowie unter Umständen eine Umsetzung. Keine erhöhten Abschreibungen dieser Art gibt es für Ausbauten und Erweiterungen. Begünstigt werden also die nachträglichen Herstellungskosten von Baumaßnahmen (anschaffungsnaher Aufwand).

Falls bei einem Umbau bestimmte Gebäudeteile entfernt oder ein Gebäude abgerissen werden muss, kann schließlich auch die Abschreibung für außergewöhnliche Abnutzung in Anspruch genommen werden.

Außerdem kann diese Abschreibungsart angewendet werden, wenn das Objekt durch Naturereignisse wie Brand, Wasser, Bergschäden, Schwammbildung oder Holzfäule beschädigt oder zerstört wurde.

Die Höhe der Abschreibung wird nach den Kosten bemessen, die anfallen würden, um die Schäden zu beseitigen. Einen festen Abschreibungssatz gibt es nicht. Der geschätzte Wertverlust kann in voller Höhe abgesetzt werden, danach wird die lineare Abschreibung fortgesetzt.

Werden die Schäden tatsächlich beseitigt, darf man die Aufwendungen sofort als Erhaltungsaufwand absetzen. Fallen nach einer erhöhten Abschreibung wegen außergewöhnlicher Abnutzung wieder Herstellungskosten an, muss die neue Bemessungsgrundlage anhand folgender Formel ermittelt werden:

Ursprüngliche Anschaffungs-/Herstellungskosten
– erhöhte Abschreibung
+ neue Herstellungskosten

Danach muss wieder die alte Abschreibungsmethode angewendet werden, es sei denn, das Gebäude wurde komplett abgerissen und ein neues erstellt.

In der Tabelle auf der nachfolgenden Seite finden Sie die verschiedenen Abschreibungsmöglichkeiten noch einmal zusammengefasst.

WISO Tipp

Diese Abschreibungsmöglichkeit für außergewöhnliche Abnutzung gilt jedoch nicht, wenn Sie auf einem neu erworbenen Grundstück ein Gebäude abreißen, das technisch oder wirtschaftlich nicht verbraucht ist – etwa um eine neue Immobilie zu errichten oder um ein unbebautes Grundstück veräußern zu können.

Tabelle: Abschreibungsmöglichkeiten bei vermieteten Immobilien seit 1.1.2006

	Lineare AfA	Erhöhte AfA (§§ 7 h, i EStG)
Geförderte Objekte	sämtliche vermieteten Wohnobjekte	Baudenkmal oder Gebäude im Sanierungs-/Entwicklungsgebiet, außergewöhnliche Abnutzung
Geförderte Person	Bauherr, Erwerber	Bauherr, Erwerber
Bemessungsgrundlage	Anschaffungs-/Herstellungskosten des Gebäudes	Herstellungskosten, außerdem Erhaltungsaufwand
Beginn der Förderung	im Jahr der Fertigstellung/ Anschaffung	Bei Fertigstellung bzw. Abschluss der Bauarbeiten
Abschreibungssätze	50 Jahre 2 % oder 40 Jahre 2,5 %	8 Jahre 9 %, 4 Jahre 7 % bei außergewöhnlicher Abnutzung bis zu 100 %

Wechsel von Selbstnutzung zu Vermietung

Es kommt häufig vor, dass eine ursprünglich selbst genutzte Immobilie später einmal vermietet wird. Dann stellt sich die Frage, wie das vermietete Wohnobjekt steuerlich behandelt werden muss.

Für die Abschreibungssumme wird unterstellt, dass von Anfang an eine steuerliche Abschreibung vorgenommen wurde. Mit anderen Worten: Bemessungsgrundlage sind zunächst die ursprünglichen Herstellungs- oder Anschaffungskosten zum Zeitpunkt des Baus oder Kaufs der Immobilie. Davon müssen aber die Beträge abgezogen werden, die bei entsprechender Anwendung der linearen Abschreibung auf den Zeitraum entfallen, in dem die Immobilie noch selbst genutzt wurde. Man bildet quasi einen hypothetischen Restwert beziehungsweise Buchwert zum Zeitpunkt des Übergangs von der Selbstnutzung zur Vermietung. Dafür empfiehlt es sich, das Finanzamt (oder den Steuerberater) einzuschalten, um realistische Zahlen zugrunde zu legen.

Beispiel

Herstellungskosten einer neuen Immobilie: 250 000 Euro, auf den Gebäudeteil entfallen 210 000 Euro, das Wohnobjekt wird vier Jahre selbst genutzt, anschließend vermietet.

Ursprüngliche Herstellungskosten: 210 000 Euro, lineare AfA von 4 x 2 Prozent, ergibt einen Buchwert nach vier Jahren von 193 200 Euro. Mit diesem Betrag wird die Immobilie zu Beginn der Vermietungsphase bewertet. Die lineare Abschreibung wird an dieser Stelle fortgesetzt; mit der linearen AfA von jährlich 2 Prozent.

Wechsel von Vermietung zu Selbstnutzung oder Verkauf

Wer eine bisher vermietete Immobilie selbst nutzen oder verkaufen möchte, kann den in diesem Zusammenhang angefallenen Renovierungsaufwand nur steuermindernd geltend machen, wenn er noch auf die Vermietungszeit entfällt. Die Grenzen sind dabei eng gezogen.

Wenn Instandsetzungen erst nach dem Ende des Mietvertrags durchgeführt werden, können dadurch entstandene Aufwendungen nicht mehr als Werbungskosten bei den Vermietungseinkünften abgezogen werden, weil sie bereits untrennbar mit der geplanten Eigennutzung der Immobilie zusammenhängen. Das gilt auch dann, wenn der Mieter die im Mietvertrag vereinbarten Schönheitsreparaturen nicht durchgeführt hat und zahlungsunfähig ist, sodass der (ehemalige) Vermieter seine Ansprüche nicht mehr durchsetzen kann (BFH-Urteil v. 17. 12. 2002, AZ: IX R 6/99).

WISO Tipp

Absehbare Instandsetzungsarbeiten sollten Sie noch vor Ende der Vermietung durchführen lassen. Dann können die entsprechenden Aufwendungen noch als Werbungskosten bei den Vermietungseinkünften berücksichtigt werden.

Wenn ein Verkäufer Instandsetzungen im Zusammenhang mit der Veräußerung noch während der Vermietungszeit durchführen lässt, dürfen die Aufwendungen dafür nicht als Werbungskosten abgezogen werden (BFH-Urteil v. 14. 12. 2004, AZ: IX R 34/03). Besonders schlechte Karten hat man, wenn dies auch noch ausdrücklich im Kaufvertrag geregelt ist.

Solche Arbeiten sollten nicht im Kaufvertrag erwähnt werden und es sollte möglichst viel Zeit bis zum Notartermin verstreichen. Dann wird das Finanzamt schwerlich belegen können, dass die Instandsetzung nur wegen des späteren Verkaufs erfolgt ist.

Steuerliche Probleme kann es übrigens durch Abstandszahlungen geben, wenn Vermieter den Auszug eines Mieters beschleunigen wollen. Die Zahlungen sind nicht als Werbungskosten abzugsfähig, wenn der Vermieter die Immobilie nach dem Auszug des Mieters selbst bewohnt (BFH-Urteil v. 7. 7. 2005, AZ: IX R 38/03).

Vermietung unter Marktmiete

Einige Immobilieneigentümer möchten ihren Kindern oder anderen Angehörigen, möglicherweise auch guten Freunden, das Wohneigentum günstiger überlassen, also unter den üblichen Marktpreisen vermieten. Inwieweit dann Werbungskosten voll steuerlich geltend gemacht werden können, hängt entscheidend davon ab, dass die Miete nicht zu niedrig angesetzt ist. Die gesetzliche Regelung seit 2012 besagt: Beträgt die Miete mindestens 66 Prozent der ortsüblichen Marktmiete, wird der Werbungskostenabzug voll anerkannt. Ohne Prüfung wird eine Gewinnerzielungsabsicht unterstellt.

Liegt die Marktmiete unter 66 Prozent, verliert man einen Teil der abzugsfähigen Kosten. Der Fiskus interpretiert das nämlich so, dass man seine Wohnung teilweise unentgeltlich überlässt, und dafür können dann auch keine Werbungskosten geltend gemacht werden. Für den entgeltlichen Teil wird die Einkunftserzielungsabsicht dann nicht noch mal geprüft (BFH-Urteil v. 22.7.2003, AZ: IX R 59/02). Die Finanzverwaltung hat dabei klargestellt, dass man zum Vergleich den untersten Wert innerhalb einer Mietpreisspanne wählen kann (OFD Rheinland, Kurzinformation Einkommensteuer 82/2007 v. 17.12.2007).

Beispiel

Eine Wohnung wird für 300 Euro vermietet. Tatsächlich bekäme man als Marktmiete 750 Euro. Das Finanzamt legt das so aus, dass 60 Prozent der Wohnung unentgeltlich überlassen wurden. Für diesen Teil können keine Werbungskosten geltend gemacht werden. Mit anderen Worten: Nur 40 Prozent der tatsächlichen Werbungskosten werden steuerlich anerkannt.

WISO Tipp

Sie sollten aber daran denken, diese Vorzugsmiete bei Mieterhöhungen auf dem Markt ebenfalls anzuheben, sonst rutschen Sie schnell unter die 66-Prozent-Grenze.

Bei Erhaltungsaufwand steht man vor dem gleichen Problem. Liegt die Miete unter 66 Prozent der ortsüblichen Vergleichsmiete, so können die Aufwendungen nur in eingeschränktem Maße abgesetzt werden. Auf das obige Beispiel bezogen, würde der Erhaltungsaufwand wieder nur zu 40 Prozent anerkannt. Diese Regelung kann aber ebenso gut auch zum eigenen Vorteil umgemünzt werden: Wer an Freunde oder Verwandte vermietet, sollte knapp über 66 Prozent der Marktmiete und mindestens 66 Prozent der umgelegten Betriebskosten verlangen. Dann hat man geringere Mieterträge und kann dennoch die Werbungskosten voll und ganz beim Fiskus geltend machen. Ein steuersparender Verlust ist sicher.

Einen sogenannten Gestaltungsmissbrauch sieht das Finanzamt, wenn das Mietmodell einzig und allein dazu dient, geltendes Recht zu umgehen, zum Beispiel durch eine »Überkreuzvermietung«. Dabei werden nahezu identische Wohnungen gegenseitig vermietet.

Keinen Gestaltungsmissbrauch sieht der Bundesfinanzhof dagegen, wenn zum Beispiel jemand ein Haus kauft und an seine Eltern vermietet, selbst aber unentgeltlich im Haus seiner Eltern wohnt. Bedingung: Die Vermietung an die Eltern muss den fremdüblichen (ortsüblichen) Bedingungen entsprechen. Der Bundesfinanzhof begründet sein Urteil sinngemäß damit, dass durch die unentgeltliche Überlassung an die Eltern nur mit einem der beiden Immobilien steuerliche Verluste generiert werden (Urteil v. 14. 1. 2003, AZ: IX R 5/00).

Grundsätzlich akzeptiert das Finanzamt anfängliche Verluste bei der Vermietung, wenn man glaubhaft machen kann, dass man langfristig einen Überschuss erzielen möchte. Das bedeutet: Über mehrere Jahre gerechnet müssen auch beim Vermieten an Freunde und Angehörige die Einnahmen die Werbungskosten übersteigen.

Im Übrigen hat der Bundesfinanzhof das Vermieten einer Wohnung an die eigenen Kinder steuerrechtlich bessergestellt. Danach ist ein Mietvertrag mit einem unterhaltsberechtigten, erwachsenen und noch nicht verheirateten Kind auch dann anzuerkennen, wenn das Kind die Miete – und das ist das Neue – aus dem Barunterhalt der Eltern zahlt. Die Eltern können Verluste aus der Vermietung steuerlich geltend machen (Urteile v. 19. 10. 1999, AZ: IX R 30/98 und IX R 39/99). Jetzt ist es möglich, dass die Eltern dem Kind den Unterhalt voll bar zahlen und das Kind überweist ihnen die Miete im Wesentlichen mit Mitteln aus diesem Barunterhalt zurück.

WISO Tipp

Sie brauchen als Eltern den geschuldeten Barunterhalt sogar nicht voll an Ihr Kind überweisen, sondern bereits gekürzt um die monatliche Warmmiete.

Allerdings verknüpft der Fiskus die volle steuerliche Anerkennung an gewisse Bedingungen:

– Der Mietvertrag muss so gestaltet sein, als wäre er mit Fremden abgeschlossen worden (Fremdvergleich). Er muss also zivilrechtlich wirksam geschlossen sein und in einer Art und Weise, wie er üblicherweise auch mit Dritten vereinbart wird. Dabei muss der Vertrag keineswegs schriftlich fixiert sein, sondern er kann auch formlos und mündlich geschlossen worden sein. Wichtig ist nur, dass die vertraglichen Hauptpflichten, also die Überlassung der Wohnung sowie die Zahlung der Miete, erfüllt sind. Dies geht aus einem weiteren Urteil des Bundesfinanzhofs hervor (Urteil v. 19. 10. 1999, AZ: IX R 80/97).

- Eine verbilligte Miete ist nicht in den Fremdvergleich einzubeziehen, sondern ein Kriterium bei der Prüfung der Einkunftserzielungsabsicht (BFH-Urteil v. 31.7.2007, AZ: IX R 8/07).
- Die Vermietung an das Kind darf kein Scheingeschäft sein. Man darf also mit dem Kind keine Vereinbarungen treffen, dass es gar nicht von der Miete belastet wird, also zum Beispiel durch Rücküberweisungen letztlich gar keine Miete zahlt.
- Die Mietwohnung muss sich außerhalb des elterlichen Hausstandes befinden, darf also zum Beispiel nicht Teil einer von den Eltern selbst genutzten Immobilie sein.
- Und natürlich gilt hier erst recht die 66-Prozent-Regel zur ortsüblichen Vergleichsmiete (siehe oben).

Übrigens Vorsicht, falls man auf die Idee verfallen sollte, dem Kind beziehungsweise Angehörigen die Miete zu stunden und sie sich später zum Beispiel in einem Einmalbetrag zahlen zu lassen. Solche und ähnliche Konstruktionen sieht der Fiskus gar nicht gerne. Einem solchen Mietverhältnis hat das Finanzgericht München die Anerkennung verweigert (Urteil v. 13.7.2000, AZ: 10 K 4502/97).

Steuerfallen

Wer sich an bestimmte Spielregeln hält, kann als Vermieter von Immobilien sehr viel von Steuervorteilen profitieren. Es gibt aber auf der anderen Seite ganz grundlegende Regularien, nach denen man sich richten muss, um nicht in eine Steuerfalle zu geraten.

WISO Tipp

Eine Ausnahme von der 10-jährigen Frist gilt, wenn Sie die Immobilie zwischen Anschaffung beziehungsweise Fertigstellung und Veräußerung oder aber im Jahr der Veräußerung und den beiden vorangegangenen Jahren ausschließlich selbst genutzt haben.

Spekulationsfrist Der Verkauf einer Immobilie ist steuerfrei, solange zwischen Kauf und Verkauf eine bestimmte Frist liegt. Diese Spekulationsfrist für Veräußerungsgewinne beträgt bei privaten Grundstücken zehn Jahre.

Bei unentgeltlichem Erwerb wird dem Einzelrechtsnachfolger die Anschaffung durch den Rechtsvorgänger zugerechnet. In diesem Fall also Achtung: Auch der Einzelrechtsnachfolger kann bei einem Verkauf des Grundstücks in die Spekulationsbesteuerung geraten.

Wer die Spekulationsfrist nicht einhält, erzielt in den Augen des Fiskus bei einem Überschuss einen so genannten Spekulationsgewinn – und da wird kräftig zugelangt. Ausschlaggebend ist das jeweilige Datum der beiden Kaufvertragsabschlüsse beim Notar.

Ein Spekulationsgewinn kann anfallen, wenn eine Immobilie voll-, teil- oder unentgeltlich vermietet wurde. Die Spekulationsfrist spielt also keine Rolle, wenn der Verkäufer die Immobilie zwischen Kauf beziehungsweise Fertigstellung und Verkauf zu eigenen Wohnzwecken genutzt hat. Es genügt auch, wenn er sie im Jahr der Veräußerung und in den beiden vorangegangenen Jahren ausschließlich selbst genutzt hat.

Eine Aufteilung ist auch notwendig, wenn eine Mischnutzung der Immobilie vorliegt, wer also einen Teil der Immobilie zu eigenen Wohnzwecken genutzt und einen Teil vermietet hat. Die Aufteilung erfolgt nach dem Verhältnis der Nutzflächen, es sei denn, die Aufteilung nach Nutzflächen führt zu einem unangemessenen Ergebnis, weil zum Beispiel die selbst genutzte Wohnung im Gegensatz zur vermieteten Wohnung sehr hochwertig ausgestattet ist (siehe auch das Kapitel Mischnutzung auf Seite 212 ff.).

Ähnlich wie bei einer Mischnutzung verhält es sich, wenn man die Immobilie unter Marktmiete vermietet hatte (siehe auch das Kapitel Vermietung unter Marktmiete auf Seite 204 ff.). Abschreibungen, die für den entgeltlichen Teil geltend gemacht wurden, erhöhen im Nachhinein den Spekulationsgewinn.

Bis 512 Euro bleibt ein Spekulationsgewinn steuerfrei. Wird dieser Betrag überschritten, muss die gesamte Summe versteuert werden. Dabei ist es dem Fiskus egal, ob man wirklich die Absicht hatte, zu spekulieren, oder ob man aus finanziellen Gründen gezwungen ist, zu verkaufen.

Für Spekulationsverluste ist ein Verlustvortrag auf kommende Steuerjahre möglich. Dieser Verlustvortrag wirkt auf alle noch nicht bestandskräftig veranlagten Jahre zurück.

Ein Spekulationsgewinn/-verlust wird nach folgender Methode berechnet: Vom Verkaufspreis werden die Anschaffungskosten abgezogen, dazu die durch den Verkauf entstandenen Werbungskosten. Zu diesem Betrag werden die Abschreibungsbeträge addiert, die bis zum Verkauf in Anspruch genommen wurden. Das Ergebnis ist der Spekulationsgewinn oder Spekulatiosverlust.

WISO Tipp

Steuerminderungen, die für den vermieteten Teil der Immobilie durch Abschreibungen in Anspruch genommen wurden, werden durch einen Verkauf innerhalb der Spekulationsfrist quasi wieder rückgängig gemacht. Denn die Abschreibungen reduzieren ja den ursprünglichen Kaufpreis, ergo sind die Differenz zum Verkaufspreis und damit der (zu versteuernde) Spekulationsgewinn höher.

WISO Tipp

Haben Sie in diesen zehn Jahren einen Verlust erlitten, das heißt also einen Spekulationsverlust, kann dieser nicht mit anderen Einkünften verrechnet werden. Die einzige Möglichkeit, die Ihnen bleibt, besteht darin, einen solchen Verlust mit einem Spekulationsgewinn zu verrechnen.

Beispiel:

Kaufpreis einer neuen Immobilie: 225 000 Euro, Verkaufspreis: 260 000 Euro nach knapp sechs Jahren (innerhalb der Spekulationsfrist). Als Werbungskosten können 4000 Euro geltend gemacht werden. Der Gebäudeanteil (180 000 Euro) wurde bis dahin linear abgeschrieben (6 x 2 Prozent), damit ergeben sich Abschreibungsbeträge von insgesamt 21 600 Euro. Die Rechnung:

	Verkaufspreis	260 000 Euro
−	Kaufpreis	225 000 Euro
−	Werbungskosten	4 000 Euro
+	Abschreibungsbeträge	21 600 Euro
=	Spekulationsgewinn	52 600 Euro

WISO Tipp

Wenn Sie eine Immobilie kurz nach der Spekulationsfrist verkaufen, besteht die Gefahr, dass das Finanzamt einen geltend gemachten Werbungskostenüberschuss (etwa durch Schuldzinsen oder Renovierungskosten) für die Jahre der Vermietung nicht anerkennt. Der Fiskus unterstellt dann, dass Sie die Immobilie von vornherein veräußern und in der Zeit zwischen Kauf und Verkauf gar keine Einkünfte erzielen wollten.

Diesen Spekulationsgewinn muss man nun mit seinem persönlichen Einkommensteuersatz nach der Anlage KSO versteuern – und das wird sicher nicht wenig sein, weil man mit den zusätzlichen Einkünften schlagartig in eine sehr hohe Progression geraten kann.

Drei-Objekte-Grenze Wer allzu häufig Immobilien kauft und wieder verkauft, wird unter Umständen ebenfalls Probleme mit dem Finanzamt kriegen. Ab einem bestimmten Punkt geht der Fiskus nämlich von einem gewerblichen Immobilienhandel aus und nimmt dem Eigentümer die private Vermögensverwaltung nicht mehr ab.

Aus der Rechtsprechung heraus hat sich die so genannte Drei-Objekte-Grenze entwickelt, die besagt: Man darf innerhalb von fünf Jahren problemlos drei Objekte verkaufen, ob Ein- und Zweifamilienhäuser oder Eigentumswohnungen. Bei Ehepaaren gilt diese Grenze jeweils für beide, das heißt, jeder Ehepartner kann drei Objekte steuerfrei veräußern. Aber Vorsicht mit dieser Definition: Bei der Klärung der Frage, ob gewerblicher Immobilienhandel vorliegt, ist sehr viel wichtiger, ob der Fiskus eine Veräußerungsabsicht schon beim Kauf einer Immobilie unterstellt. In diesem Fall hilft es wenig, wenn man beteuert, dass dies nicht so gewesen ist.

Dabei kann man gar nicht vorsichtig genug sein: Wenn man zum Beispiel ein Grundstück oder ein Mehrfamilienhaus kauft, danach aufteilt und wieder verkauft, und zwar jedes Teil einzeln für sich als Parzelle oder Eigentumswohnung, dann gilt jedes davon als ein Objekt, denn es wird eine Veräußerungsabsicht unterstellt, als man das Objekt kaufte.

Anders ist die Situation dann, wenn man über mehrere Jahre – die Rechtsprechung geht hier von mindestens zehn Jahren aus – ein Mehrfamilienhaus zur Vermietung genutzt hat. Wenn man das Objekt dann in Eigentumswohnungen umwandelt, um es an verschiedene Erwerber zu verkaufen, ist der Gewinn daraus steuerfrei. Es lag nach Ansicht des Fiskus ursprünglich keine Veräußerungsabsicht zugrunde.

Insofern kann die Drei-Objekte-Grenze allenfalls als Faustregel dienen. Übrigens: Wer beruflich direkt oder indirekt mit der Baubranche zu tun hat, bei dem legen die Finanzbehörden sehr viel strengere Maßstäbe an. Dies gilt nicht nur für Makler oder Bauunternehmer, sondern auch für Bauingenieure oder Architekten.

WISO Tipp

Wenn Sie befürchten, als Gewerblicher eingestuft zu werden, sollten Sie vorher beim Steuerberater nachfragen oder noch besser, gleich beim Finanzamt. Denn wenn man Sie dort erst einmal in den Fängen hat, müssen Sie nicht nur Einkommen-, sondern auch noch Gewerbesteuer zahlen.

Bauabzugsteuer Alle Unternehmer, die Bauleistungen in Deutschland in Auftrag geben, müssen seit dem 1.1.2002 bei Zahlungen 15 Prozent der Rechnung (inklusive Mehrwertsteuer) einbehalten und als sogenannte Bauabzugsteuer an das Finanzamt der Baufirma überweisen. Zu den Bauleistungen zählt alles, was gemäß der Baubetrieb-Verordnung zur Herstellung, Instandsetzung und -haltung, Änderung und Beseitigung von Bauwerken dient.

Mit der Bauabzugsteuer soll die Schwarzarbeit am Bau eingedämmt werden. Wer als Unternehmer eine Baufirma beauftragt, haftet für die korrekte Zahlung. Verstößt er gegen die Regelung, muss er mit einem hohen Bußgeld bis zu 25000 Euro rechnen.

Von der Bauabzugsteuer ist unter Umständen auch derjenige betroffen, der zum Beispiel als Selbstständiger die Immobilie überwiegend zu beruflichen Zwecken nutzt. Das Gleiche gilt, wenn man eine Immobilie bewohnt, gleichzeitig aber andere Teile des Mehrfamilienhauses vermietet und daraus Einkünfte erzielt. Aber es gibt dabei eine wichtige Einschränkung: Als privater Vermieter ist nur betroffen, wer mehr als zwei Wohnungen im Privatbesitz hat.

Ausnahmen gibt es auch generell für Aufträge unter 15000 Euro im Jahr. Das heißt aber: Wer von ein und derselben Firma über das ganze Jahr hinweg Arbeiten machen lässt, die insgesamt den Wert von 15000 Euro übersteigen, muss die Bauabzugsteuer abführen, und zwar nicht nur für den letzten Auftrag, sondern – im Nachhinein – auch für alle anderen Aufträge. Das Geld muss er über einen amtlichen Vordruck an das zuständige Finanzamt abführen.

WISO Tipp

Sie haften als Immobilieneigentümer dafür, falls die Höhe der Bauabzugsteuer zu gering angesetzt ist.

Dieses komplizierte Prozedere kann man sich sparen, wenn die Baufirma eine Freistellungsbescheinigung vorlegen kann. Die bekommt die Firma, wenn sie pünktlich ihre Steuer gezahlt hat. Falls sich im Nachhinein herausstellen sollte, dass die Bescheinigung unrechtmäßig oder möglicherweise sogar gefälscht war, ist man aus der Haftung raus.

Schenkungsteuer Immobilienschenkungen unter Ehegatten bleiben übrigens normalerweise steuerfrei, wenn das Haus ausschließlich zu eigenen Wohnzwecken genutzt wird und sich der Lebensmittelpunkt dort befindet. Das sieht jedoch anders aus, wenn in dem Haus eine Wohnung vermietet wird. Dann fällt nach einer Entscheidung des Finanzgerichts Rheinland-Pfalz für das komplette Gebäude Schenkungsteuer an (Urteil v. 18. 2. 1999, AZ: 4 K 2180/98).

Eine Immobilienschenkung ist übrigens steuerrechtlich gesehen erst ausgeführt, wenn der Beschenkte jederzeit verlangen kann, dass die Eigentumsänderung im Grundbuch eingetragen wird. Das gilt selbst dann, wenn die Auflassung bereits beurkundet wurde und der Schenker die Eigentumsumschreibung im Grundbuch bewilligt hat. Dies hat der Bundesfinanzhof entschieden (BFH-Urteil v. 2. 2. 2005, AZ: II R 26/02). Entsprechend wird das dann zu diesem Zeitpunkt gültige Schenkungsteuergesetz angewendet, auch wenn die Schenkung selbst unter Umständen schon Jahre zurück liegt.

Ein ähnliches Problem stellt sich, wenn eine noch zu errichtende Wohnung Gegenstand einer mittelbaren Grundstücksschenkung ist. Die gilt nämlich dann erst als ausgeführt, wenn die Auflassung erklärt, die Eintragung ins Grundbuch bewilligt und die Immobilie fertiggestellt ist, so ein BFH-Urteil (Urteil v. 23. 8. 2006, AZ: II R 16/06). Erst wenn alle drei Voraussetzungen erfüllt sind, wird die Schenkungsteuer fällig. Daraus mag zunächst ein Zinsvorteil erwachsen, weil die Steuer erst später gezahlt werden muss, doch der Beschenkte geht natürlich das Risiko ein, dass sich inzwischen die Steuergesetzgebung zu seinen Ungunsten verändert hat. Und noch eine Steuerfalle: Wird ein Geldbetrag erst zu einem Zeitpunkt verschenkt, an dem der Kaufvertrag für eine Immobilie bereits unterzeichnet ist, liegt keine mittelbare Grundstücksschenkung vor. Das gilt selbst dann, wenn sich Schenker und Beschenkter schon vor dem Notartermin einig waren, dass es zur Schenkung kommen soll und dass das Geld zur Kaufpreistilgung eingesetzt werden muss (BFH-Urteil v. 1. 6. 2004, AZ: IX R 61/03) Folge: Bei der Schenkungsteuer ist der gesamte geschenkte

Geldbetrag zu versteuern und nicht nur der niedrigere Steuerwert des Grundstücks. Immerhin: Wird die Immobilie später vermietet, gehört der geschenkte Betrag dann allerdings zu den Anschaffungskosten und wirkt sich über die Gebäudeabschreibung steuermindernd aus.

Finanzierungsstrategie für Vermieter

Für Selbstnutzer von Immobilien sind Versicherungsdarlehen ziemlich ungeeignet, und zwar wegen der damit einhergehenden Risiken, die der Darlehensnehmer (unnötigerweise) auf sich nimmt (siehe das Kapitel Versicherungsdarlehen auf Seite 101 ff.). Dies hängt vor allem damit zusammen, dass ein Versicherungsdarlehen bis zum Ende der Zinsbindungsfrist tilgungsfrei, der Schuldenberg also konstant hoch bleibt.

Was sich dort als Nachteil erweist, ist für den Vermieter von Immobilien hingegen ein großer Vorteil, denn er kann seine Schuldzinsen steuerlich voll absetzen.

Wie beim Versicherungsdarlehen üblich, wird während der Laufzeit nicht getilgt, sondern erst am Ende in einem Betrag mithilfe der Versicherungssumme und der angesammelten Überschussanteile. Diese Erträge sind zumindest zur Hälfte steuerfrei (Halbeinkünfteverfahren), wenn die Laufzeit der Verträge mindestens 12 Jahre beträgt und die Auszahlung frühestens ab dem vollendeten 62. Lebensjahr erfolgt.

Das heißt, der Vermieter kann unter Umständen doppelt von einem Versicherungsdarlehen profitieren: zum einen vom Schuldzinsenabzug, zum anderen von den steuerfreien Zinserträgen.

Die Rendite einer Versicherung sind die Habenzinsen. Die Zinsersparnisse sind eingesparte Sollzinsen, die man sich, zumindest theoretisch, wie Habenzinsen vorstellen muss, frei nach dem Motto: Geld, das man nicht ausgibt, hat man. Weil sich dies zunächst etwas kompliziert anhört, hier ein Beispiel:

WISO Tipp

Um zu wissen, wann sich ein Versicherungsdarlehen für Sie als Vermieter lohnt, oder ob es doch sinnvoller ist, ein normales Hypothekardarlehen aufzunehmen, müssen Sie die Rendite einer angebotenen Versicherung mit dem vergleichen, was bei der Tilgung eines Darlehens die sich daraus ergebenden Zinsersparnisse bringen (nach Abzug des persönlichen Steuersatzes).

Beispiel

Es wird eine Versicherung angeboten, die eine steuerfreie Rendite von 5,5 Prozent ausweist. Gleichzeitig besteht die Möglichkeit, ein Hypothekendarlehen mit einem Zinssatz von 7 Prozent aufzunehmen. Der persönliche Steuersatz liegt bei 30 Prozent. Was ist nun besser, die (steuerfreien) Zinserträge bei der Versicherung oder die Zinsersparnisse (nach Steuern) bei Tilgung des Darlehens?

Zunächst muss man ausrechnen, was beim Hypothekendarlehen nach Abzug der Einkommensteuer auf die Zinserträge (Rechnungsungenauigkeiten durch Sparerfreibeträge müssen in Kauf genommen werden) effektiv an Zinsen zu sparen ist. Die Rechnung: 7 Prozent x (100 – 30) = 4,9 Prozent

Das Ergebnis besagt, dass die Tilgung des Hypothekendarlehens effektiv eine Zinsersparnis von 4,9 Prozent bringen kann. Verglichen mit der Rendite der Lebensversicherung von 5,5 Prozent zeigt sich: Der Abschluss des Versicherungsdarlehens ist günstiger. Hier ist es sinnvoller, Beiträge in die Versicherung einzuzahlen, um Zinsen zu bekommen, als Tilgungsbeiträge beim Hypothekendarlehen zu leisten, um Zinsen zu sparen.

Allerdings muss man sich dabei im Klaren sein, dass Risiken, die für Selbstnutzer gelten, auch auf den Vermieter zutreffen. Zum einen gibt es Probleme, wenn man die Immobilie vorzeitig verkaufen möchte. Das reduziert die Ablaufleistung einer Versicherung erheblich und kann sogar bedeuten, dass man bei einer Kündigung kurz nach der Vertragsunterzeichnung eine negative Rendite hat – trotz Steuervorteilen. Dazu kommt, dass diese Steuervorteile nur wirklich genutzt werden können, wenn der Vertrag länger als zwölf Jahre läuft – bis jetzt jedenfalls. Bei vorzeitiger Kündigung hält der Fiskus nachträglich die Hand auf.

Letzten Endes garantiert auch niemand die Ablaufleistung. Es kann durchaus sein, dass die Ablaufleistung und damit die Rendite der Versicherung deutlich geringer ausfallen als vom Versicherer vorhergesagt.

Mischnutzung

Es gibt die »reinen« Formen einer Vermietung oder die einer Selbstnutzung der Immobilie und daneben natürlich immer wieder Fälle, bei denen beides möglich ist. Mischnutzung nennt man das. Das ist dann der Fall, wenn man in seinem Mehrfamilienhaus eine Wohnung bezieht und die restlichen Bereiche vermietet. Oder man ist Eigentümer eines Einfamilienhauses mit Einliegerwohnung. Eine weitere Möglichkeit: Der eine Teil des Hauses wird zu eigenen Zwecken genutzt, der Rest dient den betrieblichen, zum Beispiel als Arztpraxis oder Architekturbüro.

Bei einer Mischnutzung müssen in der Regel die Anschaffungs- oder Herstellungskosten des Gesamtobjektes aufgeteilt werden. Maßstab für die Aufteilung des Objektes ist das Nutzflächenverhältnis des eigenbewohnten Teils zum anders genutzten. Dabei muss nicht nur die Wohnfläche berücksichtigt werden, sondern auch alle Zubehörräume wie Keller, Speicher und Garage. Allerdings ist die Aufteilung nach Flächen nicht zwingend. Sind die Gebäudeteile unterschiedlich gut nutzbar, ist auch deren Aufteilung nach Verkehrswerten zulässig. Dies kommt insbesondere in Betracht, wenn die Aufteilung nach Flächen wegen der unterschiedlichen Nutzbarkeit zu einem sachwidrigen Ergebnis führt, urteilt der BFH (Urteil v. 25.5.2005, AZ: IX R 46/04). Der Verkehrswert bei Mietwohngrundstücken kann dann sowohl durch das Sachwert- als auch das Ertragswertverfahren ermittelt werden.

Entsprechend diesem Nutzflächenverhältnis darf der Immobilieneigentümer für den vermieteten (oder gewerblich genutzten) Teil auch Abschreibungen geltend machen.

Beispiel

Der Eigentümer baut ein Zweifamilienhaus, Herstellungspreis 400000 Euro, zwei gleich große Wohnungen, die eine nutzt er selbst, die andere vermietet er. Der Gebäudeanteil an den Kosten beträgt 325000 Euro.

In diesem recht vereinfachten Beispiel soll davon ausgegangen werden, dass auch die Zubehörräume genau 50:50 aufgeteilt sind und damit auch das Nutzungsverhältnis. Das bedeutet:

Für den vermieteten Teil hat man Einkünfte aus Vermietung und Verpachtung und kann entsprechend Abschreibungen vornehmen, in diesem Fall eine lineare AfA. Aber Vorsicht: Bemessungsgrundlage sind hier nur die Anschaffungskosten für den Gebäudeteil, also umgerechnet 162500 Euro (325000 Euro geteilt durch 2).

Eigentümer einer gemischtgenutzten Immobilie können nur für den fremdgenutzten Teil Werbungskosten ansetzen. Das gilt auch für den Schuldzinsenabzug. Entscheidend dabei ist: Für den eigengenutzten Teil ist der Schuldzinsenabzug nicht möglich, bei dem vermieteten Teil können die Schuldzinsen hingegen als Werbungskosten voll geltend gemacht werden. Das heißt, bei einer gemischtgenutzten Immobilie sollte man den selbst genutzten Teil möglichst aus Eigenmitteln finanzieren, den vermieteten Teil aus dem Fremddarlehen, um die Schuldzinsen steuerlich absetzen zu können.

Beispiel

Bau eines Zweifamilienhauses, Herstellungspreis 400000 Euro, zwei gleich große Wohnungen, die eine wird selbst genutzt, die andere vermietet. Um das Rechenbeispiel zu vereinfachen: Zur Finanzierung dieser Immobilie steht Eigenkapital von 200 000 Euro zur Verfügung, die andere Hälfte wird über ein Darlehen mit einem Zinssatz von 7 Prozent finanziert. Das ergibt eine jährliche Belastung von 14 000 Euro.

Diese Schuldzinsen von 14 000 Euro im Jahr können nun als Werbungskosten voll abgesetzt werden. Bei einem Steuersatz von 35 Prozent ist das immerhin eine jährliche Steuerersparnis von 4900 Euro.

Der Bundesfinanzhof hat in mehreren Urteilen zum Zinsabzug eine endgültige Regelung vorgeschrieben (Urteil v. 27. 10. 1998, AZ: IX R 44/95, IX R 19/96 und IX R 29/96). Danach kann ein Bauherr Darlehenszinsen prinzipiell als Werbungskosten abziehen, wenn der Kredit tatsächlich zur Finanzierung des vermieteten Hausteils verwendet wurde. Das Hauptproblem dürfte allerdings sein, dem Finanzamt diese Trennung zwischen eigen- und fremdfinanziertem Teil sowie die entsprechende Zuordnung auf den eigen- und fremdgenutzten Bereich der Immobilie plausibel zu machen. Wichtig dabei ist die Unterscheidung der Kosten, die eindeutig auf den vermieteten Teil entfallen, und jener, die dem ganzen Gebäude zuzuordnen sind. Auf den vermieteten Teil entfallende Herstellungskosten müssen gesondert abgerechnet werden. Alle Zahlungen, die eindeutig zugerechnet werden können, wie Aufwendungen für Fliesen, Teppichboden oder Sanitärinstallationen, sollten deshalb gesondert ausgewiesen werden.

Wer ein gemischtgenutztes Gebäude kaufen will, sollte den Gesamtkaufpreis auf die einzelnen Wohnungen aufteilen und dies auch ausdrücklich im notariellen Vertrag festhalten. Optimal ist es dabei, wenn ein Darlehen, das für den vermieteten Teil genutzt wird, bis auf den Cent mit dem Anschaffungspreis übereinstimmt, der nach dem Notarvertrag auf die Mietwohnung entfällt.

Einen besonderen Trick gibt es, falls eine Immobilie unter dem Verkehrswert erworben wird, die zum Teil selbst genutzt und teilweise vermietet werden soll. Durch geschicktes Aufteilen des Kaufpreises kann nämlich ein höherer Werbungskostenabzug gesichert werden: Im Kaufvertrag wird festgelegt, dass die Wohnungen, die später vermietet werden sollen, zum tatsächlichen Verkehrswert erworben werden, während der selbst genutzte Teil unter dem Verkehrswert gekauft wird. Eine solche Aufteilung ist nach dem Bundesfinanzhof zulässig (Urteil v. 1. 4. 2009, AZ: IX R 35/08). Sie wäre steuerlich nur dann nicht anzuerkennen, wenn es sich um eine Scheinvereinbarung handelt oder für die vermieteten Wohnungen mehr bezahlt wird, als sie tatsächlich wert sind.

WISO Tipp

Bei der Herstellung der Immobilie sollten Sie von vornherein darauf achten, dass die Handwerker für beide Gebäudeteile getrennte Rechnungen vorlegen. Überlegenswert ist außerdem, für beide Gebäudeteile getrennte Bau- beziehungsweise Werkverträge abzuschließen.

Die Rechnungen für den fremdgenutzten Teil müssen eindeutig mit den Darlehensmitteln bezahlt werden. Daher müssen für beide Immobilienteile getrennte Konten eingerichtet werden. Alle Rechnungen für Kosten, die direkt dem fremdgenutzten Teil zuzuordnen sind, werden vom Darlehenskonto bedient. Alle Aufwendungen für den eigengenutzten Teil werden mit Eigenmitteln bezahlt, also vom laufenden Girokonto oder von Ersparnissen. Unter Umständen ist es sinnvoll, für den vermieteten Teil als Kredit speziell ein Versicherungsdarlehen abzuschließen.

Schwierigkeiten können auftreten, wenn die Mittel nicht reichen, um den eigengenutzten Teil komplett aus eigener Tasche zu finanzieren. In diesem Fall sollte man zwei Darlehensverträge abschließen: Der eine dient der Vollfinanzierung des zur Vermietung genutzten Immobilienteils, der andere zur Restfinanzierung des selbst genutzten Teils.

Ähnlich sollte man als Hauseigentümer einer gemischtgenutzten Immobilie mit den Reparaturen (Erhaltungsaufwand) verfahren, wobei Kosten nicht immer eindeutig dem vermieteten Gebäudeteil zuzuordnen sind – zum Beispiel die Ausgaben für den Dachstuhl oder für eine Heizungsanlage. Diese Kosten müssen in der Regel nach dem Verhältnis der Wohn- beziehungsweise Nutzflächen aufgeteilt werden.

Doch auch das Prinzip ist nicht immer so eindeutig, wie folgendes Urteil belegt: Wird eine Fassadenverkleidung angebracht und lassen sich die Aufwendungen dafür eindeutig einem vermieteten Obergeschoss zuordnen, sind die Aufwendungen in voller Höhe sofort als Werbungskosten abziehbar, selbst wenn dabei für das ganze Gebäude der Dachüberstand verlängert und die Regenrinnen erneuert werden müssen (BFH-Urteil v. 25. 9. 2007, AZ: IX R 43/06). Im Urteilsfall ging es um ein Zweifamilienhaus, bei dem die Vermieter selbst im Erdgeschoss wohnten.

Zum Schluss ein weiterer Steuertrick, mit dessen Hilfe ein Ehepaar ein teils vermietetes, teils eigengenutztes Zweifamilienhaus auf das Kind übertrug und ihm dabei die größtmögliche Gebäudeabschreibung sicherte. Die Eltern vermachten ihrer Tochter das Eigentum an ihrem Zweifamilienhaus mit zwei etwa gleich großen Wohnungen. An der Erdgeschosswohnung behielten sie sich ein lebenslanges Wohnrecht vor und nutzten die Wohnung weiterhin selbst. Das Dachgeschoss war und blieb fremdvermietet, Vermieter war jetzt die Tochter. Vor der Übertragung des Hauses ermittelten die Eltern nur den Wert der Dachgeschosswohnung einschließlich des darauf entfallenden Anteils am Grund und Boden. Dann

WISO Tipp

Sinnvollerweise sollten Sie alle Tilgungsleistungen dann zunächst ausschließlich in das Darlehen für den selbstgenutzten Bereich stecken, um bei dem anderen möglichst lange den Schuldzinsenabzug zu bekommen.

verkauften sie die Dachgeschosswohnung zum Verkehrswert an die Tochter. Das Eigentum an der Erdgeschosswohnung sollte nach dem Kaufvertrag unentgeltlich auf die Tochter übergehen. Der Kaufpreis wurde also voll der Dachgeschosswohnung zugeordnet. Dies führte zu einer höheren Abschreibung der vermieteten Wohnung.

Der Bundesfinanzhof segnete dieses Steuersparmodell ab (Urteil v. 27.7.2004, AZ: IX R 54/02). Er begründete das damit, dass steuerlich gesehen die Immobilie aus zwei unterschiedlich genutzten Wirtschaftsgütern bestehe. Werden beide Wohnungen »getrennt« verkauft, müsse das Finanzamt das anerkennen. Dies sei keine unzulässige Aufteilung eines möglichen Gesamtkaufpreises. Finanziert die Tochter aus diesem Beispiel den Kaufpreis fremd, darf sie auch die dabei anfallenden Finanzierungskosten voll als Werbungskosten absetzen. Voraussetzung ist, dass sie den Kaufpreis auch tatsächlich zahlt, der Kaufpreis also nicht nur pro forma im Kaufvertrag steht.

Falls ein Wohnrecht vom Inhaber nicht mehr ausgeübt wird und die Eigentümer die Immobilie mit seiner Zustimmung an Dritte vermieten, sind die Einnahmen den Eigentümern zuzurechnen. Deswegen können sie die im Vorfeld der Vermietung angefallenen Aufwendungen als Werbungskosten abziehen (FG Hessen, Urteil v. 30.7.2009, AZ: 13 K 1121/07).

Solche Steuertricks sollte man nie ohne vorherige Beratung mit dem Steuerberater machen, denn allzu schnell kann man sich dabei in irgendwelchen Steuerfallstricken verheddern.

Fazit

Die Selbstnutzung einer Immobilie wird heute – von wenigen Ausnahmen abgesehen – steuerlich nicht mehr gefördert. Stattdessen greift der Staat mit verbilligten Darlehen und Zuschüssen unter die Arme. Mit dem Wohn-Riester wird derzeit – mäßig erfolgreich – versucht, Immobilieneigentum als eine Form der privaten Altersvorsorge mit staatlichen Mitteln zu unterstützen. Kapitalanleger, die in Immobilien investieren, können dagegen in unterschiedlicher Form davon steuerlich profitieren. Allerdings müssen sie dabei auf jedes Detail achten, damit ihnen das Finanzamt und Finanzgerichte keinen Strich durch die Rechnung machen.

Rechtliche
Grundlagen

Immer wieder wird man auf dem Weg zur eigenen Immobilie neben den finanziellen und steuerlichen Aspekten mit rechtlichen Fragen konfrontiert. Das soll Thema dieses Kapitels sein, wobei in diesem Abschnitt nur jene juristischen Probleme angesprochen werden, die mehr oder weniger direkt mit der Immobilienfinanzierung verknüpft sind. Das betrifft in erster Linie den Kreditvertrag, und zwar von der Darlehensanfrage über die Zusage bis hin zur Darlehensauzahlung. Doch auch schon bei der Unterzeichnung eines Kauf- oder Bauvertrags sollte man sich an einige Regeln halten, die später Kummer ersparen werden.

Kreditvertrag

Wer ein passendes Grundstück zum Bauen oder eine Wunschimmobilie zum Kaufen gefunden hat, wird sich auf die Suche nach einem Darlehensgeber machen. Dazu müssen als Erstes die dafür notwendigen Beleihungsunterlagen zusammengesucht werden. Ohne diese Unterlagen wird kein seriöser Kreditgeber irgendein Darlehen geben.

Wichtig sind in jedem Fall die persönlichen Papiere. Je nachdem, für welche Art Immobilienerwerb man ein Darlehen haben will, braucht man außerdem teilweise sehr unterschiedliche Dokumente und Nachweise. Deshalb hier zwei kurze Checklisten, was diese Beleihungsunterlagen alles enthalten müssen:

Checkliste: Persönliche Unterlagen

Einkommensnachweis	bei Arbeitnehmern die letzten drei Gehaltsabrechnungen, letzte(r) Einkommensteuererklärung/-bescheid; bei Selbstständigen Bilanzen der vergangenen zwei Jahre sowie aktuelle Zahlen, dazu jüngste(r) Einkommensteuererklärung/-bescheid
Eigenkapitalnachweis	Depotauszüge, Sparkonten, Bauspar-/Versicherungsverträge
Selbstauskunft	bisherige Kreditengagements

Checkliste: Objektunterlagen

Kauf eines Hauses	Kauf einer Wohnung	Bau
☐ Baupläne ☐ Wohn- und Nutzflächenberechnung ☐ Berechnung des umbauten Raums ☐ Lageplan mit Gebäude ☐ Baubeschreibung ☐ aktueller Grundbuchauszug ☐ Flurkarte ☐ Auszug des Liegenschaftsbuches ☐ Gebäudeversicherungsnachweis ☐ Fotos des Gebäudes ☐ Verkaufspreis	☐ Grundrisszeichnung ☐ Verkaufsprospekt ☐ Teilungserklärung ☐ Hausgeldabrechnung bei Gebrauchtimmobilie ☐ Baupläne ☐ Lageplan mit Gebäude ☐ Baubeschreibung ☐ aktueller Grundbuchauszug ☐ Flurkarte ☐ Auszug des Liegenschaftsbuches ☐ Gebäudeversicherungspolice ☐ Fotos des Gebäudes ☐ Verkaufspreis ☐ Kaufvertrag oder Kaufvertragsentwurf (bei endgültiger Darlehenszusage) ☐ bei Vermietungsobjekt Mietverträge und Mieteinnahmenverzeichnis	☐ Baupläne ☐ Wohn- und Nutzflächenberechnung ☐ Berechnung des umbauten Raums ☐ Lageplan mit Gebäude ☐ Baubeschreibung ☐ Kostenvoranschlag/-aufstellung ☐ Werkvertrag ☐ aktueller Grundbuchauszug oder Ausfertigung des Grundstückskaufvertrags

Darlehensanfrage

Auf der Suche nach einem Kreditgeber kann man sich direkt an ein Institut wenden. Eine solche Darlehensanfrage ist kostenlos, da sie zunächst ganz unverbindlich ist.

Es können auch Kreditvermittler eingeschaltet werden. Diese haben meist ein Kontingent von mehreren Kreditgebern im Angebot. Die Vermittler sind in jedem Fall nicht unabhängig, weil sie Provisionen von den Instituten kassieren. Doch lohnt es sich durchaus, unverbindliche Angebote bei ihnen einzuholen. Kosten entstehen dabei nicht, und wenn man dem eigenen Institut ein besseres Vergleichsangebot vorlegen kann, erhält man dort vielleicht noch bessere Konditionen. Man muss allerdings darauf achten, dass der Kreditgeber auch wirklich alle Kosten seines Darlehensangebots nennt.

Das Angebot sollte wenigstens die wichtigsten Informationen über das Darlehen enthalten, also den Auszahlungsbetrag, die Zinsbindungsfrist, den Tilgungssatz, den Nominal- und Effektivzins sowie die Restschulden nach der Zinsbindungsfrist. Besonders wichtig ist, ob noch weitere Gebühren, also Nebenkosten, anfallen werden, die nicht im Effektivzins enthalten sind.

Liegen verschiedene Angebote vor, sollte man noch nicht direkt zuschlagen. Das Institut, das letztlich den Zuschlag erhält, wird eine vorläufige Darlehenszusage machen. Dabei wird es diese Zusage entweder für unverbindlich erklären – »freibleibend« heißt das in der Fachsprache – oder die angegebenen Konditionen nur bis zu einem bestimmten Zeitpunkt anbieten. Vor einer endgültigen Zusage werden die von dem Kunden vorgelegten Unterlagen noch einmal geprüft.

WISO Tipp

Sie sollten wenigstens fünf oder sechs verschiedene Institute auf ihre Angebote ansprechen und Konditionen vergleichen.

WISO Tipp

Sie sollten das Angebot eines Instituts nicht sofort annehmen, selbst wenn es das günstigste sein sollte. Der Kreditgeber wird möglicherweise bereit sein, noch weitere Zugeständnisse zu machen.

Darlehensantrag

Mit der vorläufigen Darlehenszusage erhält man in der Regel einen entsprechenden Darlehensantrag. Diesen sollte man allerdings erst unterschreiben, wenn ganz sicher ist, dass man das Darlehen auch wirklich von diesem Institut haben will. Sollte man es sich nämlich anders überlegen, werden unter Umständen schon Gebühren fällig.

Spätestens jetzt ist der Zeitpunkt gekommen, an dem man parallel zu den Verhandlungen mit dem Kreditgeber auch mit dem Verkäufer von Grundstück oder Haus beziehungsweise Wohnung ins Reine gekommen sein

WISO Tipp

Deshalb sollten Sie sich überlegen, mit dem Verkäufer des Grundstücks oder der Immobilie vorsichtshalber einen Vorvertrag abzuschließen, um damit zunächst die Finanzierung abzusichern. Den notariellen Kaufvertrag müssen Sie dann erst später unterschreiben.

sollte. Normalerweise sollte zwar erst die Finanzierung geklärt werden, bevor ein Kaufvertrag unter Dach und Fach kommt. Andererseits kann es auch empfindlich viel Geld kosten, wenn man, nachdem ein Darlehensantrag erst einmal unterschrieben wurde, davon wieder zurücktreten muss – wenn beispielsweise der Kauf des Grundstücks geplatzt ist. Die Kreditinstitute verlangen dann vielfach Entschädigungszahlungen wie Bearbeitungsgebühren oder Bereitstellungszinsen.

Wer als Kreditnehmer öffentliche Zuschüsse erhält, darf weder den Kaufvertrag für das Haus oder die Wohnung abschließen noch mit dem Bau der Immobilie beginnen, bevor nicht die staatliche Mittel bewilligt wurden.

Im Übrigen wird die Regel »Finanzierung vor Kaufvertrag« auch nicht immer so streng gesehen: Wenn absehbar ist, dass die Finanzierung keine Probleme bereitet, wird der Verkäufer sicher bereit sein, den Vertrag beim Notar abzuschließen, ohne dass der Kredit schon unter Dach und Fach ist.

Darlehenszusage

Nachdem der Darlehensantrag gestellt wurde, prüft der Kreditgeber, ob er den gewünschten Betrag zur Verfügung stellt. In der Regel dauert es zwei bis drei Wochen, manchmal auch länger, bis man die Darlehenszusage bekommt.

Bestandteile des Darlehensvertrags

In dem Kapitel Finanzierungskosten sind bereits die Punkte aufgeführt, auf die man bei Abschluss eines Darlehensvertrags besonders achten sollte. Trotzdem sei an dieser Stelle noch einmal kurz auf die Bestandteile hingewiesen, die jeder Vertrag standardmäßig und nach gesetzlichen Vorgaben beinhalten muss. Ersatzweise können diese Angaben bereits dem Antragsformular zu entnehmen sein.

- Der Kreditnehmer muss mit Namen und Anschrift in den Vertrag eingetragen sein. Sind mehrere Personen Eigentümer der Immobilie, sollten auch alle als Kreditnehmer aufgeführt sein.
- Der Kreditbetrag muss im Vertrag sowohl als Zahl wie auch in Buchstaben stehen. Beide Angaben müssen übereinstimmen. Im Zweifel hat der ausgeschriebene Betrag Gültigkeit.

- Der Zinssatz weist den jährlichen Nominalzins aus. Außerdem muss die Zahlungsweise geregelt sein: Zum einen nach Terminen, ob also monatlich, vierteljährlich, halbjährlich oder jährlich. Zum anderen wird die Fälligkeit festgelegt, also am Anfang der Abrechnungsperiode (vorschüssig) oder am Ende (nachschüssig), manchmal auch an vorher festgelegten Stichtagen.
- Hat man sich für variable Zinsen entschieden, gehört in den Vertrag auch ein Passus, der die Bedingungen für die Zinsanpassung festlegt. Vorsicht dabei vor möglichen Fallstricken (siehe den Abschnitt Variabler Zinssatz auf Seite 90 f.)!
- Außerdem steht im Kreditvertrag der Auszahlungskurs. Er ist immer als Prozentzahl ausgedrückt, in der Regel also zu 100 Prozent. Es sei denn, man hat ein Disagio (Damnum) vereinbart, dann wird als Auszahlungskurs zum Beispiel 95 Prozent angegeben. In diesem Fall wäre ein Disagio von 5 Prozent verabredet. Außerdem muss dem Vertrag in einem solchen Fall zu entnehmen sein, welcher Verrechnungszeitraum für das Disagio festgelegt wurde.
- Es müssen alle Kreditnebenkosten verzeichnet sein, solche, die bei der Berechnung des Effektivzinses einfließen (wie Bearbeitungsgebühren), aber auch jene, die zusätzlich hinzukommen (wie Schätzgebühren oder Bereitstellungszinsen). Der Kreditvertrag muss die Information enthalten, wie hoch letztlich der Effektivzins ist, genauer: der anfänglich effektive Jahreszins nach Preisangabenverordnung (siehe dazu das Kapitel Zinsberechnung auf Seite 74 f.).
- Wichtig ist zudem die Angabe über die Festschreibungszeit. Sie legt fest, wie lange die Zinsbindungsfrist dauert, wie lange man also den vereinbarten Zins zu zahlen hat. Zum Schluss dürfen die Angaben über die Höhe der Tilgung pro Jahr (Angaben in Prozent) nicht fehlen.
- Unter der Position »Sicherheiten« steht im Vertrag zunächst das Beleihungsobjekt. In den meisten Fällen ist das die Immobilie, die man bauen oder kaufen will – es sei denn, man verfügt über andere Sicherheiten. Außerdem wird hier als Sicherheit die Grundschuld eingetragen, dazu später mehr.
- Weiterer Vertragsbestandteil sind die sogenannten »Allgemeinen Geschäftsbedingungen«, in denen der Kreditgeber darüber informiert, welche Fristen nach Ende der Festschreibungszeit eingehalten werden müssen – das ist wichtig für die Anschlussfinanzierung – und welche weiteren Rechte und Pflichten der Kreditnehmer und das Institut im Einzelnen haben.

Widerrufsrecht Auch für Hypothekendarlehen gibt es ein Widerrufsrecht. Die normale Frist von zwei Wochen beginnt, sobald der Betroffene eine deutlich gekennzeichnete Belehrung zu seinem Widerrufsrecht erhält. Erfolgt der Vertragsabschluss vor Bekanntmachung des Widerrufsrechts, so verlängert sich die Frist auf einen Monat.

WISO Tipp

Sie sollten vertraglich vereinbaren, dass Ihr Darlehensgeber auf den Verkauf des Kredits in jedem Fall verzichtet. Der Aufpreis ist Verhandlungssache!

Immobilieneigentümer müssen darüber informiert werden, falls der Darlehensvertrag an Dritte weitergereicht wird. Außerdem muss schon beim Abschluss des Darlehensvertrags klar sein, ob ein Verkauf möglich ist. Entsprechende Details finden sich üblicherweise in den Allgemeinen Geschäftsbedingungen des Vertrags (siehe oben). Manche Kreditinstitute bieten inzwischen auch unverkäufliche Kredite an – natürlich mit einem entsprechenden Aufpreis.

Grundschuldbestellung

Bevor der Kreditgeber das Darlehen auszahlt, muss der Kreditnehmer für die Grundschuldbestellung und deren ranggerechte Eintragung ins Grundbuch sorgen. Beide Aufgaben übernimmt der Notar. Die dafür notwendigen Formulare werden meistens mit der Darlehenszusage mitgeschickt, sodass der Notar mit diesen Papieren eine Grundschuldbestellungsurkunde erstellen kann (siehe das Kapitel Kaufvertrag weiter unten). In das Grundbuch eingetragen werden zum einen Angaben über Lage und Größe des Grundstücks und über die jeweilige Nutzungsmöglichkeit. Das steht im Bestandsverzeichnis.

Abteilung I Wichtiger sind aber die sogenannten Abteilungen. In der Abteilung I wird der jeweilige Eigentümer des Grundstücks aufgeführt und die Grundlage der Eintragung, also die Voraussetzung dafür, Eigentümer des Grundstücks zu sein. In der Regel ist das der Kauf des Grundstücks (oder das Erbe).

Abteilung II In der Abteilung II stehen die Lasten und Beschränkungen. Hier wird vermerkt, wenn ein Dritter Rechte an dem Grundstück hat. Das können zum einen Nutzungs- oder Fahrrechte sein, wenn zum Beispiel der Nachbar auf dem Weg zu seiner Garage mit dem Auto das Grundstück quert. Das nennt man eine Grunddienstbarkeit. Eine andere Möglichkeit sind Nießbrauchrechte, also wenn die Eltern zum Beispiel ein ewiges Wohnrecht haben (siehe dazu das Kapitel Immobilie als Kapitalanlage auf Seite 10 ff.).

Abteilung III Für den Kreditgeber ist die Abteilung III wichtig. Dort werden nämlich Hypotheken, Grundschulden oder Rentenschulden vermerkt, also alle

Hypothekenverpflichtungen. In der Abteilung III erfährt man, wie hoch die Immobilie belastet ist. Unterstreichungen, die mit Datum und Unterschrift versehen sind, bedeuten, dass die jeweilige Eintragung keine Gültigkeit mehr hat und gelöscht ist.

Darlehensauszahlung

Wer eine Immobilie kauft, erhält das Darlehen in einem einzigen Betrag. Anders bei einem Bauvorhaben. Viele Institute zahlen die Summe standardmäßig in drei Teilbeträgen aus: Die erste Rate wird bei Rohabnahme fällig und beträgt 40 Prozent, meistens aber sogar 50 Prozent, weitere 30 Prozent werden bei der Fertigstellung der Innenarbeiten ausgezahlt und der Rest bei der Schlussabnahme. Der Baufortschritt muss dem Kreditgeber von der Behörde (Baufertigstellungsanzeigen) oder durch den Architekten bescheinigt werden.

Das Problem dabei ist, dass zum Beispiel die Makler- und Bauträgerverordnung eine andere Zahlungsaufteilung vorsieht, nämlich in viel kleineren Schritten. Deshalb die Empfehlung für alle Bauherren: Sie sollten mit dem Kreditgeber einen Auszahlungsmodus vereinbaren, der sich daran orientiert, wie die Zahlungen im Bauvertrag für den Baufortschritt festgelegt wurden. Sonst muss unter Umständen teuer zwischenfinanziert oder Bauzeitzinsen an den Kreditgeber gezahlt werden.

Kaufvertrag

Einen Kaufvertrag schließt man ab, wenn man eine Gebrauchtimmobilie kauft oder ein neu errichtetes Haus beziehungsweise eine Wohnung von einem Bauträger erwirbt. In jedem Fall muss dabei ein Notar eingeschaltet werden.

Um den Immobilieninteressenten vor »Überrumpelungskäufen« zu bewahren, um ihm die Zeit zu geben, die finanziellen und wirtschaftlichen Folgen des Kaufs noch einmal zu überdenken, muss ihm der Kaufvertrag nach dem Gesetz in aller Regel zwei Wochen vor dem notariellen Beurkundungstermin vorliegen. Die Formulierung »in aller Regel« weist darauf hin, dass es sich nur um eine Soll-Bestimmung handelt, jedenfalls so die Interpretation einiger juristischer Experten.

Man sollte daher den Notar ausdrücklich dazu auffordern, den Vertragsentwurf in der gesetzlich vorgegebenen Frist zuzusenden.

WISO Tipp

Sie sollten den Notar nach Details im Kaufvertrag befragen, falls Ihnen irgendeine Formulierung unklar ist. Es ist eine wichtige Aufgabe des Notars, den Inhalt des Vertrages zu erläutern.

WISO Tipp

Fragen Sie Verwandte oder Freunde nach Notaren und lassen Sie sich einen empfehlen. Eine weitere Möglichkeit ist, sich an die Notarkammer zu wenden, die mit Adressen weiterhelfen wird.

Dessen erste Aufgabe besteht darin, den Kaufvertrag so unmissverständlich zu formulieren, dass er den Wünschen und Erklärungen beider Seiten entspricht. Anschließend muss er das Vertragswerk beurkunden. Bei beiden Schritten ist er zu absoluter Neutralität verpflichtet. Er darf also zum Beispiel die Höhe des Kaufpreises in keiner Weise kommentieren. Andererseits muss er beide Vertragsparteien genau über den Inhalt des Vertrages aufklären. Das ist ganz besonders für den Käufer wichtig, da dieser in der Regel weit weniger Erfahrung mitbringt als der Verkäufer.

Obwohl ein Notar eigentlich neutral sein sollte, kommt es dennoch vor, dass Notare einmal als käufer-, ein andermal als verkäuferfreundlich gelten. Zwar muss das keineswegs heißen, dass der vom Verkäufer vorgeschlagene Notar parteiisch ist, aber wenn der Verkäufer auffällig darauf besteht, einen ganz bestimmten Notar zu wählen, sollte man sich unbedingt einen eigenen suchen. Denn als Käufer hat man das Recht dazu.

Den Vertragsentwurf sollte man sich vor dem Notartermin in aller Ruhe durchlesen, Änderungs- oder Ergänzungswünsche einbringen und sich Fragen für bestimmte Vertragsinhalte zurechtlegen, die nicht verstanden werden. Unter Umständen lohnt es sich, dafür einen Rechtsanwalt einzuschalten – was natürlich extra kostet. Falls man übrigens den Vertrag ablehnt und das Geschäft deshalb nicht zustande kommt, wird der Notar trotzdem Gebühren verlangen.

Teilungserklärung

Wer eine Eigentumswohnung kauft, braucht eine sogenannte Teilungserklärung. Sie ist mindestens genauso wichtig wie der Kaufvertrag selbst. Darin wird ein Mehrfamilienhaus in Miteigentumsanteile aufgeteilt, die Lage und Größe der Eigentumswohnungen beschrieben und mögliche Sondereigentumsrechte beziehungsweise Sondereigentumsnutzungsrechte werden aufgezählt. Auch die Teilungserklärung muss von einem Notar beantragt werden, und zwar beim Grundbuchamt. Daraus ergeben sich für den Eigentümer einer Wohnung Rechte (und Pflichten).

Sondereigentum Als Sondereigentum wird die Wohnung bezeichnet sowie alles, was sonst speziell zu dieser Wohnung gehört, also Keller- oder Dachbodenräume, Gemeinschaftseigentum Balkone, eine Garage und so weiter. Gemeinschaftseigentum hingegen ist alles, was der Eigentümergemeinschaft gemeinsam gehört: typischerweise die Außenwände, der Hausflur samt Tür, das Treppenhaus, ein Fahrrad- oder ein Waschkeller sowie Außenanlagen.

Sondernutzungsrechte erlauben bestimmten Miteigentümern das alleinige Nutzungsrecht am Gemeinschaftseigentum. So kann die Außenanlage zwar allen gehören, aber bestimmte Teile davon, etwa Rasenflächen, dürfen nur von einer bestimmten Partei tatsächlich genutzt werden. Abstellplätze können also entweder zum Sondereigentum gehören oder als Sondernutzungsrechte für das Gemeinschaftseigentum festgelegt sein.

Sondernutzungsrechte

Die Teilungserklärung enthält auch eine Gemeinschaftsordnung. Darin wird zum Beispiel festgelegt, wie das Sondereigentum genutzt werden darf, also ob man die eigenen vier Wände nur zu Wohnzwecken oder auch anders verwenden kann. Außerdem wird darin die Kostenverteilung für Instandsetzung und Instandhaltung sowie für Wasser, Strom und sonstige Gebühren geregelt und es werden die Rechte und Pflichten der Eigentümerversammlung festgehalten.

WISO Tipp

Sie sollten speziell auf eventuelle Auflagen achten, wenn es um den Wiederverkauf einer Wohnung geht. Eine Gemeinschaftsordnung kann zum Beispiel den Passus enthalten, dass Miteigentümer dem Verkauf zustimmen müssen.

Eigentümerversammlung

In der Eigentümerversammlung werden alle Entscheidungen gefällt, die das Gemeinschaftseigentum betreffen. Normalerweise gilt in so einer Versammlung, dass jeder Eigentümer eine Stimme hat (Kopfprinzip). In der Praxis wird von dieser Stimmrechtsverteilung aber häufig abgewichen. In der Teilungserklärung oder aber bei der ersten Eigentümerversammlung können die Eigentümer sich darauf einigen, dass sich das Stimmrecht zum Beispiel nach der Größe des Miteigentumsanteils richtet oder der Eigentümer mehrerer Wohnungen entsprechend mehr Stimmen auf sich vereinigt.

Der Miteigentumsanteil wird in 1/1000 ausgedrückt, wobei die gesamte Immobilie und das Grundstück zusammen die Basisgröße bilden, also 1000/1000.

WISO Tipp

Sie sollten vor dem Kauf der Immobilie ermitteln, wie das Stimmrecht verteilt ist. Gilt das Kopfprinzip nicht, sollten Sie in den Protokollen der Eigentümerversammlung nachlesen, wie die Mehrheit im Einzelfall entschied und ob sich die Ergebnisse mit den eigenen Ansichten decken. Falls nicht, könnte das ein Grund sein, auf einen Kauf zu verzichten.

Beispiel

Haus und Grundstück haben eine Gesamtnutzfläche von 1250 m². Pro Quadratmeter Wohn- und Nutzfläche ergibt sich daraus ein Anteil von $(1000/1250)/1000 = 0{,}80/1000$. Hat man zum Beispiel eine 130 Quadratmeter große Wohnung, beträgt der Miteigentumsanteil 104/1000.

WISO Tipp

Fragen Sie vor dem Kauf einer Wohnung immer nach dem aktuellen Stand der Instandhaltungsrücklage, die die Eigentümergemeinschaft bis dahin angesammelt hat. Sobald Sie Eigentümer der Wohnung sind, übernehmen Sie damit auch genau den Teil der Instandhaltungsrücklage, der dem Miteigentumsanteil entspricht.

Dieser Miteigentumsanteil ist von großer Bedeutung für die Abrechnung von Kosten, die nicht verbrauchsabhängig sind. Auch die Bemessung der Instandhaltungsrücklage richtet sich danach. Diese Rücklage wird in der Regel auf Beschluss der Eigentümerversammlung gebildet, und zwar durch monatliche Beiträge, die zunächst nur pauschal erhoben werden. Doch letztlich richtet sich deren Höhe bei der jährlichen Schlussabrechnung nach dem Miteigentumsanteil.

Im Umkehrschluss sollte man sich auch informieren, welche Instandsetzungsarbeiten bisher durchgeführt wurden beziehungsweise mit welchen demnächst zu rechnen ist. Danach müssen die zu erwartenden Kosten mit der angesammelten Instandhaltungsrücklage verglichen werden. Stellt man dabei fest, dass große Teile von dringend notwendigen Reparatur- und Modernisierungsarbeiten durch die Instandhaltungsrücklage nicht gedeckt sein werden, muss man einkalkulieren, dass dafür zusätzlich zum vereinbarten Kaufpreis Kosten entsprechend dem Miteigentumsanteil anfallen werden. Auch hier lohnt sich ein Blick in die Protokolle der Eigentümerversammlung: Falls in den Protokollen von Baumaßnahmen die Rede ist, die bisher noch nicht durchgeführt wurden, sollte man den Kaufpreis entsprechend nach unten reduzieren oder im Kaufvertrag festhalten, dass der Voreigentümer die Kosten übernimmt.

Bestandteile des Kaufvertrags

WISO Tipp

Wenn möglich sollten Sie selbst zum Notartermin gehen. Denn dort können notfalls Unklarheiten beseitigt, vielleicht sogar noch Vertragsänderungen erwirkt werden.

Die Bestandteile eines Kaufvertrages, also die darin enthaltenen Angaben, sind größtenteils standardisiert. Zunächst werden die beiden Vertragsparteien, also Verkäufer und Käufer, aufgeführt. Dabei können sich beide Seiten auch vertreten lassen. Dem Vertreter muss allerdings eine Vollmacht gegeben werden, die notariell beglaubigt sein muss und deshalb nicht gerade billig ist.

Wollen mehrere Personen (zum Beispiel ein Ehepaar) Eigentümer werden, müssen alle (beide) vor dem Notar erscheinen. Es sei denn, der eine vertritt den anderen. Auch dafür ist eine notariell beglaubigte Vollmacht notwendig, die im Übrigen sehr weitgehend sein muss, damit es nicht plötzlich vor dem Notar bei der Unterzeichnung des Kaufvertrags zu unerwarteten Problemen kommt, weil die Vollmacht nicht alle Vertragsregelungen abdeckt. Auch die Verkäuferseite muss vollzählig erschienen sein. Wenn bekannt ist, dass es auf Verkäuferseite mehrere Eigentümer gibt, sollte man sich die Vollzähligkeit vom Notar ausdrücklich bestätigen lassen. Ist dies nicht der Fall, sollte man konsequent eine spätere Vollmachtsbestätigung ablehnen – diese müsste man nämlich selbst bezahlen.

Die nächsten Positionen des Kaufvertrags betreffen das Kaufobjekt. Dabei geht es zunächst um die Grundbesitzangaben. Hier wird zum Beispiel vermerkt, wenn ein Dritter Rechte an dem Grundstück hat, zum Beispiel Nutzungs- oder Fahrrechte über das Grundstück zu einer Garage. Außerdem werden hier Hypotheken, Grundschulden oder Rentenschulden vermerkt, also alle Hypothekenverpflichtungen, die in der Abteilung II und III des Grundbuchs wiederzufinden sind (siehe das Kapitel Kreditvertrag auf Seite 220 ff.).

Kaufobjekt

Handelt es sich um eine Eigentumswohnung, wird an dieser Stelle auf die Teilungserklärung Bezug genommen (siehe oben), und zwar mit dem Hinweis, dass sie Vertragsbestandteil ist. Daraus geht auch hervor, wie groß der Miteigentumsanteil ist, welche Sondernutzungsrechte man hat und welche zusätzlichen Baumaßnahmen Vertragsbestandteil sind, die in der Bauausschreibung nicht erwähnt werden – beispielsweise wenn man eine zusätzliche Wand hat einziehen lassen. Entsprechende Informationen können dann auch in einer Anlage enthalten sein, auf die an dieser Stelle verwiesen wird und die damit auch Vertragsbestandteil ist.

Teilungserklärung

Falls Renovierungsarbeiten notwendig sind, die der Verkäufer trägt, oder ein Neubau noch nicht fertiggestellt ist, gehört an diese Stelle auch das genaue Datum für den Bezugstermin.

Nächster Vertragspunkt ist der Kaufpreis. Bei einer noch nicht fertiggestellten Wohnung sollte man in jedem Fall einen Festpreis vereinbaren. Dabei sollte man darauf achten, dass alle anfallenden Kosten enthalten sind. Dazu zählen alle Ausgaben für die schlüsselfertige Übergabe sowie alle einmaligen Abgaben und Beiträge bis zur Übergabe. Wenn diese Kosten nicht mit einfließen, läuft man Gefahr, dass der Gesamtpreis sehr viel höher ausfällt als der im Kaufvertrag vereinbarte Festpreis.

Wird das Objekt erst noch gebaut, sollten Teilzahlungstermine vereinbart werden, und zwar Zug um Zug, wie das die Makler- und Bauträgerverordnung für Bauverträge vorsieht (siehe das Kapitel Bauvertrag auf Seite 231 ff.).

Egal, ob die Immobilie kurz vor Vollendung steht oder sich noch im Bau befindet, gilt Folgendes: Bei einer noch nicht fertigge-

WISO Tipp

Falls Zweifel bestehen, dass der Bezugstermin eingehalten werden kann, sollten Sie Konventionalstrafen für Verzögerungen vereinbaren. Denn hier gilt das Gleiche wie für einen Bauvertrag: Verzögerungen beim Einzug ins neue Heim sind immer mit Mehrkosten verbunden.

WISO Tipp

Auch beim Kaufvertrag müssen Sie den Teilzahlungsplan mit dem Kreditgeber vorher absprechen, um unnötige Mehrkosten für Zwischenfinanzierung oder Bereitstellungszinsen zu vermeiden.

stellten Immobilie sollte man in jedem Fall bis zur endgültigen Übergabe und vollständigen Fertigstellung eine Schlusszahlung vereinbaren. Sie beträgt mindestens 3,5 Prozent vom Kaufpreis.

Keine Nebenabreden Auf Nebenabreden sollte man tunlichst verzichten und dies auch ausdrücklich im Kaufvertrag vermerken. Wer zum Beispiel manipuliert und den Kaufpreis niedriger ausweist, um Grunderwerbsteuer zu sparen, für den kann es gefährlich werden. Zum einen wird es sehr teuer, wenn der Fiskus dahinterkommt. Zum anderen macht das den Kaufvertrag unwirksam. So hat man zum Beispiel keine rechtliche Handhabe, wenn der Verkäufer jemanden findet, der mehr für die Immobilie zahlt.

Abnahme Wie beim Bauvertrag (siehe dort) sollte man bei Neuimmobilien eine Abnahme vereinbaren. Diese sollte in jedem Fall in schriftlicher Form vereinbart und dabei von vornherein im Vertrag erklärt werden, dass ein Sachverständiger die Abnahme begleitet. Das erspart Ärger, wenn es um die Beseitigung von Mängeln und die Gewährleistung geht. Letztere wiederum sollte wie im Bauvertrag nach dem BGB geregelt sein, also mit einer Frist von bis zu fünf Jahren (siehe das Kapitel Bauvertrag auf Seite 231 ff). Bei Gebrauchtimmobilien sollte man sich im Kaufvertrag um eine Klausel bemühen, die vorsieht, dass auch für bis dahin unsichtbare Mängel eine Gewährleistung besteht. Das wird allerdings schwierig sein, da der Verkäufer wenig Interesse daran hat, auch für solche Schäden zu haften. In der Regel heißt es daher leider: gekauft wie gesehen.

Auflassungsvormerkung Da es einige Zeit dauert, bis man als Eigentümer der Immobilie ins Grundbuch eingetragen ist, sieht der Kaufvertrag in der Regel eine Auflassungsvormerkung vor. Diese Vormerkung ermöglicht es, dass der Käufer bis zur endgültigen Eintragung ins Grundbuch abgesichert ist und die Immobilie nicht ein zweites Mal verkauft wird. Lasten und Nutzen der Immobilie gehen in der Regel aber schon mit der Übergabe der Immobilie an den Erwerber über. Im Kaufvertrag muss dafür ein konkreter Termin genannt sein. Bei neuen Immobilien ist dieser Termin identisch mit der Bezugsfertigkeit und der anschließenden Abnahme.

Mit dem Nutzen- und Lastenübergang muss der Erwerber ab diesem Tage alle Gebühren und Abgaben übernehmen. Das gilt zum Beispiel auch für die Grundsteuer.

Grundschuldbestellung Die Prüfung aller Unterlagen von Behörden und Kreditinstitut dauert dann ein paar Wochen. Parallel zur Auflassungsvormerkung veranlasst der Notar die Bestellung, also die Eintragung einer Grundschuld. Den Nachweis darüber kann der Käufer an sein Kreditinstitut weitergeben, das daraufhin

WISO Tipp

Eine Auflassungsvormerkung ist kein endgültiger Schutz vor Gläubigern des Verkäufers, wenn dieser aus irgendwelchen Gründen zahlungsunfähig wird. Schutz genießen Sie erst, wenn Sie definitiv Eigentümer sind.

das Darlehen zur Finanzierung der Immobilie auszahlt. Außerdem informiert der Notar das Finanzamt. Wenn der Käufer die Grunderwerbsteuer gezahlt hat, schickt das Finanzamt dem Notar eine Unbedenklichkeitsbescheinigung. Anschließend schickt der Notar dem Käufer eine Fälligkeitsanzeige über den Kaufpreis. Für den Käufer besteht nun eine festgelegte Frist, in der er den Kaufpreis an den Verkäufer überweisen muss. Sobald der Kaufpreis gezahlt ist, wird die endgültige Umschreibung des Eigentums wiederum durch den Notar erfolgen. Der Käufer wird nun in das Grundbuch als rechtmäßiger Eigentümer der Immobilie eingetragen.

Fälligkeitsanzeige

Unter Umständen wird zur Abwicklung des Kaufvertrags ein Notaranderkonto eröffnet, zum Beispiel wenn ein Verkäufer im Ausland sitzt. Dieses Konto wird vom Notar treuhänderisch verwaltet. Es dient dem sicheren Geldtransfer und der Eigentumssicherung des Käufers. Erst nach korrekter Eintragung des Käufers in das Grundbuch als neuer Eigentümer der Immobilie überweist der Notar das Geld an den Verkäufer. Vorab sollte geklärt werden, wem wann die Zinsen aus diesem Anderkonto zufallen. Das muss im Kaufvertrag festgehalten werden.

Etwas komplizierter wird der ganze Vorgang, wenn ein Bauträger die Immobilie schlüsselfertig verkauft, denn dann steht ebenfalls ein finanzierendes Kreditinstitut hinter ihm. Dieses Institut muss ein Freigabeversprechen abgegeben haben, dass es mit dem Fertigstellen der Immobilie und der Kaufpreiszahlung auf die eigenen Grundpfandrechte verzichtet. Mit anderen Worten werden dann die Grundpfandrechte des Verkäufer-Kreditgebers an die des Käufer-Kreditgebers abgetreten.

WISO Tipp

Falls Sie auf ein Notaranderkonto verzichten, weil der Kaufpreis Zug um Zug fällig wird, so müssen in jedem Fall die Schritte Auflassungsvormerkung, Grundbestellung und Übergabe erledigt sein, bevor Sie den Kaufpreis zahlen. Darauf müsste der Notar ohnehin hinweisen!

Bauvertrag

Grundsätzlich ist ein Bauvertrag auch wirksam, wenn er nicht in schriftlicher Form zustande kommt. Aber man erspart sich eine Menge Ärger bis hin zu Gerichtsprozessen, wenn alles schriftlich festgehalten wird.

Vorbeugen ist besser als heilen. Ein Notar ist zwar verpflichtet, über Details des Vertrages zu informieren und auf Besonderheiten hinzuweisen, aber das gilt nun einmal für beide Seiten, auch für den Anbieter. Ein Notar muss neutral bleiben. Ein Rechtsanwalt hingegen vertritt allein die Interessen des Käufers bezie-

WISO Tipp

Gerade bei Bauvorhaben kann es nicht schaden, wenn zusätzlich zum Notar ein versierter Rechtsanwalt den Vertrag durchsieht.

hungsweise Bauherrn und kostet zwischen 100 und 150 Euro. Das sollte die Sache wert sein!

Im Bauvertrag müssen zunächst alle Leistungen des Auftragnehmers in Art und Umfang genau erfasst werden. Deshalb sollte in jedem Fall eine Bauausschreibung Bestandteil des Vertrages sein. Darin ist festgehalten, welche Arbeiten ausgeführt werden müssen und in welcher Qualität und Ausstattung das zu geschehen hat. Für Schallschutz und Wärmedämmung sollten die aktuellen (DIN-)Normen im Bauvertrag aufgeführt sein.

WISO Tipp

Falls während der Bauphase zusätzliche Arbeiten vereinbart werden, sollten Sie sofort dafür sorgen, dass dies schriftlich festgehalten und im Bauvertrag nachträglich mit aufgenommen wird.

Wichtig ist dabei, dass der Bauvertrag alle Bauarbeiten beinhaltet. Das heißt auch mögliche zusätzliche Kosten, wenn zum Beispiel beim Bau festgestellt wird, dass eine (andere) Drainage notwendig wird.

Außenarbeiten, wie etwa das Anlegen von Gehwegen oder Anschlüsse an öffentliche Versorgungsleitungen, sollten ebenfalls im Vertrag festgehalten und damit im Preis berücksichtigt werden.

Wichtiger Bestandteil des Vertrages sind konkrete Termine für den Baubeginn und für die (schlüsselfertige) Übergabe der Immobilie sowie die Fertigstellungstermine für die dazwischen liegenden Bauabschnitte.

WISO Tipp

Sie sollten mit dem Bauunternehmer Konventionalstrafen vereinbaren, die mit jedem Tag, um den sich die Fertigstellung der Immobilie verzögert, fällig werden.

Durch mögliche Bauverzögerungen muss man in jedem Fall damit rechnen, dass zusätzliche Kosten entstehen, angefangen bei Bauzeitzinsen, die der Kreditgeber verlangen wird, bis hin zu einer Übergangswohnung oder zu den Kosten dafür, die Möbel in dieser Zeit irgendwo unterzubringen. Seriöse Bauträger werden sich gegen eine solche vertragliche Vereinbarung nicht wehren.

Im Bauvertrag sollte ein Festpreis vereinbart sein. Dieser Preis gilt dann nicht nur für die vorher vereinbarte Bauzeit, sondern auch darüber hinaus, wenn Bauverzögerungen durch den Auftragnehmer verursacht werden.

Zahlungstermine Ein wesentlicher Punkt im Vertrag ist auch die Zahlungsweise des Baupreises. Es sollte genau vereinbart sein, wann die jeweiligen Zahlungstermine sind, und zwar mit Abschlagszahlungen und Schlusszahlung sowie Sicherheitseinbehalt. Denn üblicherweise zahlt man beim Bau einer Immobilie nicht in einem Betrag, sondern nach einem festen Zahlungsplan. Ein Anhaltspunkt dafür ist die Makler- und Bauträgerverordnung. Danach werden die ersten 30 Prozent des Baupreises fällig, wenn folgende Schritte erledigt sind:

– Der Vertrag muss rechtskräftig sein.
– Es muss eine Baugenehmigung für die Immobilie vorliegen.

- Im Grundbuch muss für den Bauherrn eine Auflassungsvormerkung eingetragen sein. Das bedeutet, man ist zwar noch nicht endgültig als Eigentümer eingetragen, aber mit dieser Vormerkung ist der Eigentumsanspruch gesichert. Man ist also davor geschützt, dass das Grundstück inzwischen an einen anderen Eigentümer verkauft wird.
- Alle alten Belastungen im Grundbuch müssen gelöscht sein.
- Die Erdarbeiten auf dem Grundstück müssen begonnen haben.

Die restlichen 70 Prozent werden nach Baufortschritt bezahlt, und zwar ebenfalls in Teilabschnitten, wobei bei den folgenden Prozentangaben die Restsumme wieder mit 100 Prozent gleichgesetzt wird:
- Fertigstellung des Rohbaus: 40 Prozent
- Installation der Leitungen und Rohre sowie Verputzen der Innenwände: 25 Prozent
- Einsetzen der Fenster und Türzargen sowie Treppeneinbau: 15 Prozent
- Fertigstellung und Übergabe: 15 Prozent
- nach Abschluss der Restarbeiten und Beseitigung der Mängel, die bei der Endabnahme festgestellt wurden: 5 Prozent (oder umgerechnet 3,5 Prozent vom ursprünglichen Baupreis)

Selbstverständlich kann in einem Bauvertrag zugunsten des Bauherrn von diesem Zahlungsmodus abgewichen werden.

Klauseln, wonach man sich dem Bauträger gegenüber der sofortigen Zwangsvollstreckung unterwerfen muss, falls man seinen Zahlungsverpflichtungen nicht nachkommt, sind unwirksam (BGH-Urteil v. 22. 10. 1998, AZ: VII ZR 99/97). Eine Zahlungspflicht des Erwerbers beziehungsweise des Bauherrn tritt nur stufenweise entsprechend den jeweiligen Bauabschnitt ein. Unterwerfungsklausel

Im Vertrag sollte auch von vornherein die Abnahme des Baus vereinbart sein, und zwar schriftlich in Form eines Abnahmeprotokolls. Zur Abnahme sollte ein Sachverständiger hinzugezogen werden. Abnahmeprotokoll

Empfehlenswert ist es, sich dafür an eine neutrale Stelle zu wenden. Die örtliche Industrie- und Handelskammer zum Beispiel kann solche Gutachter benennen. Schon im Kapitel Immobilienerwerb wurde darauf hingewiesen, dass Vereine und Verbände ebenfalls die Möglichkeit bieten, während der Bauphase regelmäßig einen Sachverständigen einzuschalten.

Im Bauvertrag muss außerdem geklärt werden, in welcher Form und in welchem Umfang der Auftragnehmer die Gewährleistung bei Mängeln übernimmt, vor allem aber, wie lange der Zeitraum

WISO Tipp

Sinnvoll ist es auch, wenn Sie einen solchen Sachverständigen schon bei der Fertigstellung einzelner Bauabschnitte hinzuziehen. Das verringert das Risiko versteckter Mängel.

dafür ist. Dabei ist ausschlaggebend, ob der Bauvertrag nach dem Bürgerlichen Gesetzbuch (BGB) oder aber nach der sogenannten Verdingungsordnung für Bauleistungen Teil B (VOB/B) geschlossen wurde.

BGB-Vertrag Bei einem Vertrag nach dem BGB sind die Haftungsregelungen für den Auftraggeber günstiger: Die Verjährungsfrist für Arbeiten an Bauwerken beträgt hier fünf Jahre, während es bei der VOB nur vier Jahre sind. Darunter fallen alle Hochbauten, aber auch Einzelarbeiten wie der Einbau von Sanitärinstallationen, Türen- und Fensterbau, die Verlegung von Teppichböden oder die Isolierung von Außenwänden.

WISO Tipp

Unterm Strich ist ein BGB-Bauvertrag für Sie als Bauherrn günstiger.

Die VOB/B hat wiederum den Vorteil, dass dem Bauherrn das Recht eingeräumt wird, den Bauentwurf auch nach Vertragsabschluss noch zu ändern. Diese Bestimmung rührt daher, dass die VOB/B ursprünglich einmal nur für öffentliche Bauten gedacht war. Das BGB hingegen macht Änderungswünsche schwer – und teuer, weil der Auftragnehmer darauf pochen kann, dass der Vertrag eingehalten wird.

www.hausundgrund.de Im Internet findet sich unter der Adresse www.hausundgrund.de das Muster eines Bauvertrags für ein Einfamilienhaus, das die Hauseigentümerschutzgemeinschaft »Haus & Grund« zusammen mit dem Zentralverband des deutschen Baugewerbes entwickelt hat. Es wird immer auf den neuesten Stand der Gesetzgebung gebracht und soll einen fairen Ausgleich zwischen den Interessen des Bauherrn und der Baufirma bieten. Außerdem findet sich dort ein Bauvertragsmuster für einzelne Gewerke, also Handwerkerleistungen wie Zimmerer-, Fassaden- oder Fliesenarbeiten.

Fazit

Um den Bau oder Kauf einer Immobilie vertraglich unter Dach und Fach zu bringen, schließt der zukünftige Immobilieneigentümer neben dem Kreditvertrag mit dem Finanzierer einen Bau- oder Kaufvertrag ab. In jedem Fall muss dabei ein Notar eingeschaltet werden, den man sich möglichst selbst aussuchen sollte. Es kommt auf jedes Detail in diesen Verträgen an – jede Veränderung im Nachhinein kostet unnötig Geld. Deshalb die oberste Regel: Zeit lassen!

Register